AF834406

Das Erwerberkonzept

SCHRIFTEN ZUM DEUTSCHEN UND EUROPÄISCHEN ARBEITSRECHT

Herausgegeben von Frank Bayreuther

Band 12

PL ACADEMIC RESEARCH

Falko Daub

Das Erwerberkonzept

Arbeitsrechtliche Aspekte von Erwerberkonzepten
bei der übertragenden Sanierung

PL ACADEMIC RESEARCH

Bibliografische Information der Deutschen Nationalbibliothek
Die Deutsche Nationalbibliothek verzeichnet diese Publikation in der Deutschen Nationalbibliografie; detaillierte bibliografische Daten sind im Internet über http://dnb.d-nb.de abrufbar.

Zugl.: Berlin, Freie Univ., Diss., 2012

Umschlaggestaltung:
© Olaf Glöckler, Atelier Platen, Friedberg

D 188
ISSN 1865-634X
ISBN 978-3-631-63472-1

© Peter Lang GmbH
Internationaler Verlag der Wissenschaften
Frankfurt am Main 2013
Alle Rechte vorbehalten.
PL Academic Research ist ein Imprint der Peter Lang GmbH.

Peter Lang – Frankfurt am Main · Bern · Bruxelles · New York · Oxford · Warszawa · Wien

Das Werk einschließlich aller seiner Teile ist urheberrechtlich geschützt. Jede Verwertung außerhalb der engen Grenzen des Urheberrechtsgesetzes ist ohne Zustimmung des Verlages unzulässig und strafbar. Das gilt insbesondere für Vervielfältigungen, Übersetzungen, Mikroverfilmungen und die Einspeicherung und Verarbeitung in elektronischen Systemen.

www.peterlang.de

Inhaltsverzeichnis

Abkürzungsverzeichnis

a.A.	andere Auffassung
Abs.	Absatz
a.E.	am Ende
AGB-DDR	Arbeitsgesetzbuch der Deutschen Demokratischen Republik
AGG	Allgemeines Gleichbehandlungsgesetz
AP	Arbeitsrechtliche Praxis *(Loseblattsammlung)*
ArbG	Arbeitsgericht
ArbGG	Arbeitsgerichtsgesetz
Art.	Artikel
AuR	Arbeit und Recht *(Zeitschrift)*
Az.	Aktenzeichen
BAG	Bundesarbeitsgericht
BAG GS	Bundesarbeitsgericht, Großer Senat
BB	Der Betriebs-Berater *(Zeitschrift)*
BBiG	Berufsbildungsgesetz
BeckRS	Beck-Rechtsprechung (*bei Beck-Online*)
Beil.	Beilage
BetrAVG	Gesetz zur Verbesserung der betrieblichen Altersversorgung
BetrVG	Betriebsverfassungsgesetz
BGB	Bürgerliches Gesetzbuch
BGBl I	Bundesgesetzblatt Teil 1
BGH	Bundesgerichtshof
BPersVG	Bundespersonalvertretungsgesetz
BT	Bundestag
BT-Drs.	Bundestagsdrucksache
BVerfG	Bundesverfassungsgericht
bzw.	beziehungsweise
DB	Der Betrieb *(Zeitschrift)*
ders.	derselbe
D.h.	Das heißt
DZWIR	Deutsche Zeitschrift für Wirtschafts- und Insolvenzrecht *(Zeitschrift)*
EAS	Europäisches Arbeits- und Sozialrecht, Rechtsvorschriften, Systematische Darstellungen und Entscheidungssammlung

EuGH	Europäischer Gerichtshof
Fn.	Fußnote
Fnn.	Fußnoten
GG	Grundgesetz
GmbH	Gesellschaft mit beschränkter Haftung
GmbHG	Gesetz betreffend die Gesellschaften mit beschränkter Haftung
i.d.F.	in der Fassung
InsO	Insolvenzordnung
i.S.d.	im Sinne des
KG	Kommanditgesellschaft
KSchG	Kündigungsschutzgesetz
KO	Konkursordnung
KTS	Konkurs, Treuhand, Sanierung *(Zeitschrift)*
LAG	Landesarbeitsgericht
M&A	Mergers & Acquisitions *(Fusionen und Übernahmen)*
MDR	Monatsschrift für Deutsches Recht *(Zeitschrift)*
MuSchG	Mutterschutzgesetz
m.w.N.	mit weiterem Nachweis
NJW	Neue Juristische Wochenschrift *(Zeitschrift)*
Nr.	Nummer
Nrn.	Nummern
NZA	Neue Zeitschrift für Arbeitsrecht *(Zeitschrift)*
NZG	Neue Zeitschrift für Gesellschaftsrecht *(Zeitschrift)*
NZI	Neue Zeitschrift für Insolvenz und Sanierung *(Zeitschrift)*
RdA	Recht der Arbeit *(Zeitschrift)*
Rn.	Randnummer
Rnn.	Randnummern
SeemannsG	Seemannsgesetz
SGB IX	Sozialgesetzbuch Buch IX
sog.	sogenannt
SozplKonkG	Gesetz über den Sozialplan im Konkurs- und Vergleichsverfahren
TzBfG	Gesetz über Teilzeitarbeit und befristete Arbeitsverträge
u.a.	und andere
Unterabs.	Unterabsatz
v.	vom
Vgl.	Vergleiche
z.B.	Zum Beispiel
ZfA	Zeitschrift für Arbeitsrecht (*Zeitschrift*)
ZGR	Zeitschrift für Unternehmens- und Gesellschaftsrecht *(Zeitschrift)*
ZIP	Zeitschrift für Wirtschaftsrecht *(Zeitschrift)*

I. Einleitung

Im Rahmen eines Insolvenzverfahrens erfolgen über 90 % der erfolgreichen Restrukturierungen auf Grundlage einer sog. übertragenden Sanierung.[1] Bei einer übertragenden Sanierung werden die werthaltigen Aktiva eines Unternehmens auf einen Erwerber übertragen, wobei die Verbindlichkeiten (Passiva) bei dem insolventen Unternehmensträger verbleiben. D.h., es erfolgt eine Trennung des werthaltigen Unternehmens von seinem überschuldeten Unternehmensträger.[2]

Um das insolvente Unternehmen für einen potentiellen Erwerber „attraktiv" zu machen, bedarf es regelmäßig einer Senkung der laufenden Kosten. Da die Personalkosten bei den meisten Unternehmen einen wesentlichen Teil der laufenden Kosten ausmachen, ist meist auch ein Personalabbau unvermeidbar, um eine übertragende Sanierung überhaupt zu ermöglichen.[3] Hierbei ist es sinnvoll, die Vorstellungen eines potentiellen Erwerbers von der zukünftigen Organisation des insolventen Unternehmens bereits in die Übernahmeverhandlungen einfließen zu lassen.[4] Auf diese Weise kann der Insolvenzverwalter einen möglichst hohen Kaufpreis für das insolvente Unternehmen erzielen und für die Gläubiger des Insolvenzschuldners eine höhere Befriedigung erlangen. Von einer solchen konzertierten Aktion profitieren daher sowohl die Insolvenzgläubiger als auch der Erwerber. In der Praxis wird der Erwerb eines insolventen Unternehmens daher nicht selten von der vorherigen Durchführung bestimmter Umstrukturierungsmaßnahmen durch den Insolvenzverwalter nach den Vorgaben des Erwerbers abhängig gemacht. In diesem Fall spricht man von einem sog. Erwerberkonzept.

Unter Hinweis auf die zahlreichen arbeitsrechtlichen Probleme wollten einige Autoren in der Literatur die Zulässigkeit arbeitsrechtlicher Umstrukturierungen auf Grundlage eines Erwerberkonzeptes bereits insgesamt ablehnen.[5] Mit seiner Entscheidung vom 20. März 2003[6] hat der für Betriebsübergänge zuständige 8. Senat des BAG eine vielbeachtete Grundsatzentscheidung zur Umsetzung eines Erwerberkonzeptes getroffen. Diese Entscheidung wurde in der Literatur

1 Vgl. Undritz, ZGR 2010, 201 (205).
2 Siehe zum Begriff der übertragenden Sanierung unten: IV.A.
3 Vgl. Wellensiek, NZI 2002, 233 (235).
4 Vgl. *Bertram* in Gottwald, Insolvenzrechts-Handbuch, § 106, Rn. 75.
5 Vgl. z.B. Kreitner, Seite 110 ff.; Habscheid, RdA 1989, 88 (93 f.).
6 BAG v. 20.03.2003, 8 AZR 97/02, NZA 2003, 1027.

als „Meilenstein" im Rahmen der Auslegung des § 613a BGB aufgenommen[7], ließ jedoch auch viele Fragen in Bezug auf den Umgang mit Erwerberkonzepten weiterhin unbeantwortet.

Auch die bisherigen Darstellungen in der Literatur konnten der Diskussion zu den im Zusammenhang mit Erwerberkonzepten auftretenden zahlreichen arbeitsrechtlichen Fragestellungen kein Ende setzen. Hierfür lassen sich eine Vielzahl von Gründen finden. Zum Teil sind die Darstellungen von einem fehlerhaften Verständnis in Bezug auf die Funktion und den Regelungsgegenstand von § 613a BGB geleitet. Häufig wird nicht hinreichend zwischen den Regelungsbereichen des § 613a BGB, des KSchG, der InsO und des BetrVG differenziert, weswegen Argumente zum Teil an den systematisch falschen Stellen diskutiert werden und somit zu nicht sachgerechten Ergebnissen führen. Hinzu kommt bei einigen Autoren auch ein systematisches Fehlverständnis in Bezug auf eine vom Insolvenzverwalter auf Grundlage eines Erwerberkonzeptes ausgesprochene Kündigung.

Gegenstand der nachfolgenden Untersuchung sind die arbeitsrechtlichen Probleme bei der Umsetzung eines Erwerberkonzeptes durch den Insolvenzverwalter im Vorfeld einer übertragenden Sanierung. Im Mittelpunkt steht dabei die Kündigung von Arbeitsverhältnissen durch den Insolvenzverwalter auf Grundlage eines Erwerberkonzeptes. Zwar ist eine übertragende Sanierung sowohl im Regelinsolvenz- als auch im Insolvenzplanverfahren möglich.[8] In der Praxis hat das Insolvenzplanverfahren allerdings nur eine untergeordnete Bedeutung, da dieses als zu umständlich und langwierig empfunden wird.[9] Die nachfolgenden Ausführungen beschränken sich daher auf das Regelinsolvenzverfahren.

A. Problemstellung und Gang der Untersuchung

Im Zusammenhang mit der Umsetzung eines Erwerberkonzeptes durch den Insolvenzverwalter im Vorfeld einer übertragenden Sanierung ergeben sich eine Vielzahl arbeitsrechtlicher Probleme. Dieses Problemfeld ist keinesfalls neu sondern wird in der juristischen Literatur bereits seit Jahrzehnten diskutiert. Die nachfolgende Untersuchung ist in drei Themenkomplexe eingeteilt, die sich mit § 613a BGB (Ziffer II.), den Vorgaben des KSchG (Ziffer III.) sowie der InsO (Ziffer IV.) befassen.

---

7 Vgl. Annuß/Stamer, NZA 2003, 1247 (1249).

8 Vgl. *Braun/Franke* in Braun, InsO, Vor §§ 217 – 269, Rn. 1.

9 Vgl. *Braun/Franke* in Braun, InsO, Vor §§ 217 – 269, Rn. 19; Wellensiek, NZI 2002, 233 (238); Deneke, Seite 21.

Eine übertragende Sanierung stellt im Regelfall einen Betriebsübergang i.S.d. § 613a BGB dar, weswegen dessen arbeitnehmerschützende Regelungen zu beachten sind. Es erschien sinnvoll, die Untersuchung mit § 613a BGB zu beginnen. Würde nämlich diese Norm der Umsetzung eines Erwerberkonzeptes generell entgegenstehen, so würde sich eine anschließende Untersuchung der Vorgaben des KSchG sowie der InsO erübrigen. Unter welchen Umständen die Umsetzung eines Erwerberkonzeptes gegen § 613a BGB verstoßen kann, ist Gegenstand der nachfolgenden Untersuchungen unter Ziffer II. Zwar hat das bereits erwähnte Urteil des BAG vom 20. März 2003[10] in diesem Zusammenhang bereits einige Fragen beantwortet. Um zu verstehen, unter welchen Umständen die Umsetzung eines Erwerberkonzeptes gegen § 613a BGB verstoßen kann, ist ein tiefgreifendes Verständnis des § 613a BGB gleichwohl unentbehrlich. Dabei stellt sich insbesondere die Frage, ob § 613a Abs. 4 Satz 1 BGB, wonach die Kündigung eines Arbeitsverhältnisses wegen des Übergangs eines Betriebs oder eines Betriebsteils unwirksam ist, der Umsetzung eines Erwerberkonzeptes durch den Insolvenzverwalter entgegensteht. Dies gilt es auch im Hinblick auf § 613a Abs. 4 Satz 2 BGB zu untersuchen, der bestimmt, dass das Recht zur Kündigung eines Arbeitsverhältnisses trotz zeitlicher Nähe zu einem Betriebsübergang aus anderen Gründen unberührt bleibt. Dieses Kapitel widmet sich zunächst der Anwendbarkeit und Reichweite von § 613a BGB im Rahmen eines Insolvenzverfahrens und stellt sowohl die rechtsdogmatische Einordnung als auch die Voraussetzungen des Kündigungsverbotes gemäß § 613a Abs. 4 Satz 1 BGB dar.

Personelle Änderungen unterliegen zudem den Beschränkungen des KSchG. Hierbei stellt sich die Frage, unter welchen Bedingungen eine „Kündigung auf Grundlage eines Erwerberkonzeptes" im Anwendungsbereich des § 1 KSchG rechtmäßig ist. Dem Kündigungsschutz des KSchG widmet sich das dritte Kapitel dieser Arbeit. In diesem wird zunächst die Umsetzung eines Erwerberkonzeptes als betriebsbezogener Kündigungsgrund analysiert. Danach werden die Auswirkungen von Weiterbeschäftigungsmöglichkeiten im Hinblick auf eine auf Grundlage eines Erwerberkonzeptes ausgesprochenen Kündigung sowie das Entstehen eines Wiedereinstellungsanspruches untersucht. Im Anschluss werden die Vorgaben des KSchG zur Durchführung einer Sozialauswahl auf die spezielle Situation eines Erwerberkonzeptes übertragen.

Das vierte und letzte Kapitel dieser Arbeit stellt die insolvenzrechtlichen Besonderheiten bei der Umsetzung eines Erwerberkonzeptes im Vorfeld einer übertragenden Sanierung dar. Hiezu soll zunächst ein kurzer Überblick über das Verfahren einer übertragenden Sanierung gegeben werden. Anschließend werden die in der InsO geregelten Modifikationen behandelt, die bei Personalmaßnahmen im Rahmen eines Insolvenzverfahren zu beachten sind. In diesem Zusammenhang

10 BAG v. 20.03.2003, 8 AZR 97/02, NZA 2003, 1027.

wird auch auf die kollektiven Beteiligungsrechte des Betriebsrates in Bezug auf einen Interessenausgleich und Sozialplan in der Insolvenz eingegangen, sofern dies im Zusammenhang mit Betriebsänderungen auf Grundlage eines Erwerberkonzeptes im Vorfeld einer übertragenden Sanierung von Interesse ist.

B. Abgrenzung der Kündigung auf Grundlage eines Erwerberkonzeptes von anderen Personalentscheidungen und Charakteristik eines Erwerberkonzeptes

In der arbeits- und insolvenzrechtlichen Literatur wird der Begriff „Erwerberkonzept" weithin verwendet, ohne dass die konkreten Wesensmerkmale eines solchen definiert werden. Dies liegt sicherlich nicht zuletzt daran, dass verschiedene Ansätze dazu vertreten werden, ob bzw. unter welchen Voraussetzungen die Kündigung eines Insolvenzverwalters auf Grundlage eines Erwerberkonzeptes rechtlich überhaupt zulässig sein soll. Je nachdem, welche Anforderungen ein Autor an die Zulässigkeit entsprechender Personalmaßnahmen stellt, verschiebt sich somit auch das konkrete Bild des Erwerberkonzeptes. Im Folgenden sollen zunächst einige Rechtsinstitute abgegrenzt werden, die zwar auf einer ähnlichen Interessenlage basieren können, in rechtlicher Hinsicht aber gerade kein Erwerberkonzept darstellen. Anschließend soll charakterisiert werden, was unter einem Erwerberkonzept im Rahmen dieser Arbeit zu verstehen ist.

1. Kündigung auf Grundlage eines eigenen Sanierungskonzeptes des Insolvenzverwalters

Einem Insolvenzverwalter ist es unbestritten möglich, nach Maßgabe eines eigenen Sanierungskonzeptes Restrukturierungsmaßnahmen in dem Betrieb der Insolvenzschuldnerin durchzuführen.[11] Bei der Umsetzung eines solchen Sanierungskonzeptes kann der Insolvenzverwalter selbstverständlich auch Kündigungen aussprechen.[12] Saniert ein Insolvenzverwalter einen Betrieb im Rahmen einer Fortführung des insolventen Unternehmens, so sind Kündigungen zur Re-

11 Vgl. z.B. Schrader/Straube, Insolvenzarbeitsrecht, VI., Rn. 56; *Preis* in Erfurter Kommentar, § 613a BGB Rn. 168.

12 Vgl. z.B. Hess, Insolvenzarbeitsrecht, § 113, Rn. 1; siehe zur Kündigungsberechtigung des Insolvenzverwalters sowie des vorläufigen Insolvenzverwalters auch unten: IV.C.1.

duzierung der Personalkosten sogar regelmäßig unvermeidbar. Charakteristisch für die Kündigung auf Grundlage eines Erwerberkonzeptes ist es, dass der Insolvenzverwalter die konzeptionelle Sanierungsentscheidung nicht selber trifft. Diese stammt vielmehr vom Erwerber, mithin von einem externen Dritten. Der Erwerber trifft bereits vor der Übernahme des Betriebes die konzeptionellen Entscheidungen über die zukünftige personelle Struktur des Übertragungsobjektes und somit auch bezüglich der Zukunft des Betriebes und der dort beschäftigten Arbeitnehmer.

2. Kündigungsforderung des Erwerbers

Eine Kündigung auf Grundlage eines Erwerberkonzeptes ist nicht gleichzustellen mit der reinen Forderung des Erwerbers, einen bestimmten Arbeitnehmer zu kündigen. Ein solcher Fall lag z.B. der Entscheidung des BAG vom 26. Mai 1984 zu Grunde; hier lehnte der Erwerber die Übernahme eines *bestimmten* Arbeitnehmers allein deshalb ab, weil ihm dieser „zu teuer sei".[13]

Im Unterschied zur Kündigung auf Grundlage eines Erwerberkonzeptes lag der Kündigung in diesem Fall gerade kein Konzept zur personellen Restrukturierung des zu übernehmenden Betriebes vor.[14] Vielmehr beschränkte sich die Forderung des Erwerbers darauf, einen bestimmten Arbeitnehmer nicht zu übernehmen. Bei einer Kündigung auf Grundlage eines Erwerberkonzeptes handelt es sich hingegen um eine betriebsbedingte Kündigung. Wie *Willemsen* bereits zutreffend ausführte, unterliegt die personelle Auswahlentscheidung somit nicht der freien Disposition des Erwerbers.[15] In einem anschließenden Kündigungsschutzprozess wäre vielmehr darzulegen, dass die Grundsätze der Sozialauswahl gemäß § 1 Abs. 3 KSchG eingehalten wurden. Vor diesem Hintergrund besteht keine Vergleichbarkeit zu einer Kündigung auf Grundlage eines Erwerberkonzeptes.

13 Vgl. BAG v. 26.05.1983, 2 AZR 477/81, AP Nr. 34 zu § 613a BGB.

14 Vgl. *Dreher* in Bernsau, Betriebsübergang, § 613a BGB, Rn. 98; *Bernsau* in Bernsau, Betriebsübergang, InsO, Rn. 200.

15 Vgl. Willemsen, ZIP 1983, 411 (416).

3. Druckkündigung

Eine sog. „Druckkündigung“ liegt vor, wenn ein oder mehrere Dritte[16] unter Androhung von Nachteilen die Kündigung eines Arbeitsverhältnisses fordern. In Rechtsprechung und Literatur wird die Zulässigkeit einer Druckkündigung zwar unterschiedlich begründet, unter bestimmten Voraussetzungen aber ganz überwiegend nicht in Frage gestellt.[17]

Das charakteristische Element der Druckkündigung besteht darin, dass die Kündigung eines oder mehrerer Arbeitsverhältnisse unter der Androhung von erheblichen Nachteilen für den Arbeitgeber gefordert wird. Die Drohmittel können dabei vielgestaltig sein und reichen von Arbeitsverweigerung, Streik, Entzug von Aufträgen und Konzessionen, Einstellung von Lieferungen, Beendigung von Geschäftskontakten, massenhaften Eigenkündigungen von Arbeitnehmern, Verweigerung der Zusammenarbeit mit dem Arbeitnehmer bis hin zu physischer Gewalt.

Auch bei einer übertragenden Sanierung kann von einer nicht unerheblichen Drucksituation ausgegangen werden. In der Praxis ist es nämlich nicht unüblich, dass die Übernahme eines insolventen Unternehmens von der vorherigen Durchführung eines Erwerberkonzeptes abhängig gemacht wird. Setzt der Insolvenzverwalter das Sanierungskonzept des Erwerbers nicht um, bliebe daher häufig nur die Stilllegung des gesamten Betriebes. Eine mit einer Druckkündigung vergleichbare Drucksituation kann hierin jedoch nicht gesehen werden. Denn der von einem Erwerber ausgehenden Einflussnahme im Vorfeld einer übertragenden Sanierung fehlt nämlich das von der Rechtsordnung nicht gebilligte nötigende Element. In einer marktwirtschaftlich geprägten Geschäftswelt ist es ein normaler und gebilligter Vorgang, dass Unternehmen aufgrund von Konkurrenzdruck Betriebe oder Betriebsteile stilllegen müssen. Eine solche außerbetriebliche Drucksituation kann zu innerbetrieblichen Organisationsentscheidungen führen, die eine Kündigung rechtfertigen können. Solche Vorgänge sind für sich genommen als rechtsneutral zu qualifizieren und begründen daher keine Nötigungssituation, wie sie bei einer Druckkündigung gegeben ist.[18]

Darüber hinaus ist der Grund der Kündigung bei einer Druckkündigung im Vergleich zu einer Kündigung auf Grundlage eines Erwerberkonzeptes nicht identisch. Bei einer Druckkündigung spricht der Arbeitgeber auf Grund der Drohung eines Dritten und der daraus resultierenden Angst vor einer Notlage eine

---

16 Z.B. Betriebsrat, Gewerkschaft, Geschäftspartner oder andere Arbeitnehmer.

17 Vgl. m.w.N. *Dörner* in Ascheid, Kündigungsrecht, § 626 BGB, Rn. 336 ff.; *Berkowsky* in Münchener Handbuch Arbeitsrecht, § 143, Rn. 1 ff..

18 Vgl. *Kiel* in Ascheid, Kündigungsrecht, § 1 KSchG, Rn. 519.

Kündigung aus, die er ansonsten gar nicht hätte aussprechen wollen.[19] Bei einem Erwerberkonzept will aber der Insolvenzverwalter in der Regel selber die Sanierung des Betriebes.

Ein weiterer wesentlicher Unterschied liegt darin, dass der Erwerber nicht die Übernahme eines bestimmten Arbeitnehmers verweigern kann. Wie bereits zur reinen Kündigungsforderung durch den Erwerber ausgeführt, handelt es sich bei einer Kündigung auf Grundlage eines Erwerberkonzeptes um eine betriebsbedingte Kündigung. Im Anwendungsbereich des KSchG sind daher die Grenzen des § 1 KSchG und somit auch die Grundsätze der Sozialauswahl zu beachten. Wie *Willemsen* bereits zutreffend ausführte, unterliegt die personelle Auswahlentscheidung somit nicht der freien Disposition des Erwerbers.[20] Bei einer Druckkündigung geht es der druckausübenden Partei aber regelmäßig gerade darum, einen *bestimmten* Arbeitnehmer nicht zu übernehmen. Auch hierin ist ein wesentlicher Unterschied der beiden Rechtsinstitute zu sehen.

4. Charakteristik eines Erwerberkonzeptes

Ohne den notwendigen Inhalt eines Erwerberkonzeptes näher zu definieren, ist der juristischen Literatur ein gemeinsamer Grundgedanke zu einem Erwerberkonzept zu entnehmen. Bei einem Erwerberkonzept handelt es sich immer um ein unternehmerisches Konzept zur personellen Umstrukturierung eines Betriebes, wobei dieses ganz regelmäßig den Wegfall von Arbeitsplätzen vorsieht. Im Unterschied zum eigenen Sanierungskonzept eines Unternehmers oder des Insolvenzverwalters wurde das Konzept nicht von demjenigen erstellt, der zur Umstrukturierung berechtigt ist. Das Erwerberkonzept stellt ein Sanierungskonzept dar, welches von dem zukünftigen Erwerber des Betriebes erstellt wird. Der Erwerber plant also bereits die personelle Umstrukturierung des Betriebes, bevor dieser überhaupt auf ihn übergegangen ist. Da der Erwerber vor dem Betriebsübergang nicht befugt ist, entsprechende Maßnahmen selber umzusetzen, müssen diese vor der übertragenden Sanierung von dem Insolvenzverwalter vollzogen werden. Auch ein Ausspruch von Kündigungen hat vor dem Betriebsübergang daher von dem Insolvenzverwalter zu erfolgen. Es ist der Erwerber, von dem zumindest die Grundidee, wenn nicht sogar das vollständige Konzept zur konkreten Personalmaßnahme stammt.

---

19 Vgl. *Berkowsky* in Münchener Handbuch Arbeitsrecht, § 143, Rn. 3.

20 Vgl. Willemsen, ZIP 1983, 411 (416).

II. Verstoß gegen § 613a BGB

Das folgende Kapitel soll Aufschluss über den notwendigen Inhalt eines Erwerberkonzeptes nach Maßgabe des § 613a BGB geben. Hierzu wird untersucht, ob und unter welchen Voraussetzungen eine Kündigung des Insolvenzverwalters auf Grundlage eines Erwerberkonzeptes gegen § 613a BGB verstößt. In der gebotenen Kürze sollen hierzu zunächst Anwendbarkeit und Reichweite des § 613a BGB im Rahmen eines Insolvenzverfahrens dargestellt werden. Des Weiteren gilt es, die einzelnen Tatbestandsmerkmale daraufhin zu analysieren, ob diese eine Einschränkung in Bezug auf die Kündigung eines Arbeitnehmers durch den Insolvenzverwalter auf Grundlage eines Erwerberkonzeptes enthalten.

A. Anwendbarkeit und Reichweite von § 613a BGB in der Insolvenz

Die grundsätzliche Anwendbarkeit von § 613a BGB in der Insolvenz war zwar auch noch lange nach dessen Einführung umstritten[21], inzwischen ist diese allerdings allgemein anerkannt. Der folgende Abschnitt soll daher lediglich eine kurze Übersicht zu dem Streit um Anwendbarkeit und Reichweite des § 613a BGB im Rahmen eines Insolvenzverfahrens geben, um das heutige Verständnis des Regelungsgegenstandes dieser Norm näher zu beleuchten.

1. Europarechtliche Vorgaben

Sofern es um die Anwendbarkeit von § 613a BGB in der Insolvenz geht, ist zunächst ein kurzer Blick auf das Europarecht notwendig. § 613a BGB wurde anlässlich der Novellierung des BetrVG 1972 in das BGB aufgenommen und entsprach bereits damals weitgehend den Vorgaben der „Richtlinie zur Angleichung der Rechtsvorschriften der Mitgliedstaaten über die Wahrung von Ansprüchen der Arbeitnehmer beim Übergang von Unternehmen, Betrieben oder Unterneh-

21 Vgl. ausführlich zum früheren Streitstand: Laux, Seite 5 ff..

mens- oder Betriebsteilen"[22]. Weitere Änderungen erfolgten durch den am 21. August 1980 in Kraft getretenen Artikel 1 Nr. 5 des „Arbeitsrechtlichen EG-Anpassungsgesetzes"[23] vom 13. August 1980 sowie in Umsetzung der Änderungs-Richtlinie 98/50/EWG mit Wirkung zum 1. April 2002 durch das „Gesetz zur Änderung des SeemannsG und anderer Gesetze"[24] vom 23. März 2002.

§ 613a BGB beruht in seiner heutigen Fassung maßgeblich auf europarechtlichen Vorgaben und ist daher bei Zweifelsfragen europarechtskonform auszulegen.[25]

Mit Urteil vom 7. Februar 1985[26] stellte der EuGH fest, dass im eröffneten Konkursverfahren Artikel 1 Abs. 1 der Richtlinie 77/187/EWG vom 14. Februar 1977 nicht auf den Übergang eines Unternehmens, Betriebes oder Betriebsteils anwendbar sei, sofern das betreffende Unternehmen oder der betreffende Betrieb zur Konkursmasse gehöre. Gleichzeitig stellte der EuGH aber auch fest, dass es den Mietgliedsstaaten überlassen sei, „unabhängig vom Gemeinschaftsrecht die Grundsätze der Richtlinie auf einen solchen Übergang anzuwenden."[27] Somit ist für die Mitgliedstaaten unabhängig von der Richtlinie die Möglichkeit gegeben, die europarechtlichen Vorgaben zu § 613a BGB auch auf die Übertragung von Betrieben oder Betriebsteilen durch den Insolvenzverwalter anzuwenden. Das europäische Gemeinschaftsrecht gebietet dem deutschen Gesetzgeber insofern jedenfalls keine Grenzen und steht damit einer Anwendung des § 613a BGB in der Insolvenz nicht im Wege.

2. Anwendbarkeit des § 613a BGB in der Insolvenz

Die Anhänger der sog. „konkursrechtlichen Auffassung", die eine Anwendung des § 613a BGB bei einer Betriebsveräußerung durch den Konkursverwalter ablehnten, begründeten dies unter anderem mit dem Nichtvorliegen eines Rechtsgeschäfts i.S.d. § 613a BGB. Eine Betriebsveräußerung durch den Konkursverwalter sei ein unfreiwilliger Akt der Zwangsvollstreckung und somit ein Verwertungsakt i.S.d. § 117 Abs. 1 KO.[28] Auch läge ein Verstoß gegen den konkursrecht-

22 EG Richtlinie 2001/23/EG Abl. EG Nr. L 82/16; konsolidierte Fassung der Richtlinie 77/187/EWG Abl. EG Nr. L 61/26; geändert durch EG-RL98/50 v. 29.6.1998 ABl. EG Nr. L 201/88.

23 Artikel 1 Nr. 5 Gesetz über die Gleichbehandlung von Männern und Frauen am Arbeitsplatz und über die Erhaltung von Ansprüchen bei Betriebsübergang (Arbeitsrechtliches EG-Anpassungsgesetz), BGBl I, 1980, Seite 1308.

24 BGBl. I, 2002, Seite 1163.

25 Vgl. *Preis* in Erfurter Kommentar, § 613a BGB, Rn 1; Picot/Schnitker, Vorbemerkung Rn. 2.

26 Vgl. EuGH v. 07.02.1985, Rs 135/83, EAS Nr. 1 zu RL 77/187 Art. 1.

27 EuGH v. 07.02.1985, Rs 135/83, EAS Nr. 1 zu RL 77/187 Art. 1 (Abs. 7).

28 Vgl. m.w.N. Fuchs, Seite 116.

lichen Grundsatz der Gleichbehandlung aller Gläubiger (par conditio omnium creditorum) vor, da die Forderungen der Arbeitnehmer „konkursfest“ gemacht würden und die Anwendung des § 613a BGB zu einer mittelbaren Schmälerung der Konkursmasse führe.

Im Gegensatz zur konkursrechtlichen Auffassung wurde hingegen in Rechtsprechung[29] und Literatur[30] überwiegend die Anwendbarkeit des § 613a BGB bejaht. Begründet wurde diese Auffassung unter anderem mit dem Wortlaut der Norm. Diese differenziere nicht danach, ob die Veräußerung durch einen Konkursverwalter oder den Eigentümer selbst erfolge. Auch ein Verstoß gegen konkursrechtliche Grundsätze konnte überwiegend nicht erkannt werden.[31]

Spätestens mit Einführung der InsO – insbesondere des § 128 Abs. 2 InsO zum 1. Oktober 1996[32] – bestätigte der Gesetzgeber die bis dahin bereits ständige Rechtsprechung des BAG zur grundsätzlichen Anwendbarkeit des § 613a BGB in der Insolvenz.[33] Ungeachtet dessen, dass der Gesetzgeber in voller Kenntnis des Streits zur Anwendbarkeit des § 613a BGB keine entsprechende Sonderregelungen für Betriebsübergänge in die InsO aufgenommen hat, ergibt sich die Anwendbarkeit nunmehr zwingend aus den Regelungen der InsO. Nach der in § 128 Abs. 2 InsO getroffenen Regelung erstreckt sich die Vermutung nach § 125 Abs. 1 Satz 1 Nr. 1 InsO sowie die gerichtliche Feststellung nach § 126 Abs. 1 Satz 1 InsO im Falle eines Betriebsübergangs nämlich auch darauf, dass die Kündigung der Arbeitsverhältnisse nicht wegen des Betriebsübergangs erfolgt. § 128 Abs. 2 InsO nimmt somit direkten Bezug zu § 613a BGB. Eine entsprechende Regelung wäre sinnentleert, würde § 613a BGB in der Insolvenz keine Anwendung finden.

---

29 Vgl. z.B.: BAG v. 17.01.1980, 3 AZR 160/79, AP Nr. 18 zu § 613a BGB (siehe II. Nr.3. der Gründe); a.A. LAG Hamm v. 17.12.1981, 10 Sa 1381/80, ZIP 1982, 991.

30 Vgl. z.B.: Däubler, Das Arbeitsrecht 2 (8. Auflage 1981), Seite 650 f..

31 Vgl. z.B. Schmitt, BB 1978, 1724 (1726 f.).

32 Die §§ 113 und 120 bis 122 sowie 125 bis 128 InsO sind gemäß Art. 6 Arbeitsrechtliches Beschäftigungsförderungs-gesetz v. 25.09.1996 (BGBl I, 1996 , Seite 1478) bereits frühzeitig zum 01.10.1996 in Kraft getreten

33 Missverständlich ist insofern die Entscheidung des BAG v. 20.09.2006 (6 AZR 215/06, NZA 2007, 335), in welcher der 6. Senat zur Haftung eines Erwerbers nach § 25 Abs. 1 HGB in der Insolvenz Stellung nahm. Hierzu führte dieser am Ende der Entscheidung aus, das gefundene Ergebnis stünde auch im Einklang mit der Rechtsprechung zu § 613a BGB. Diese Vorschrift sei bei einer Betriebsveräußerung im Rahmen eines Insolvenzverfahrens nämlich *nicht* anwendbar. Es ist jedoch davon auszugehen, dass der 6. Senat hier lediglich die Haftung des Erwerbers nach § 613a BGB in Bezug nehmen wollte. Von einer Änderung der Rechtsprechung sollte daher nicht ausgegangen werden.

3. Eingeschränkte Wirkung des § 613a BGB in der Insolvenz

Neben der grundsätzlichen Anwendbarkeit des § 613a BGB im Falle des Übergangs eines Betriebes oder Betriebsteils eines insolventen Unternehmens ist auch die Reichweite der Norm im Rahmen eines Insolvenzverfahrens umstritten. Der in § 613a BGB gewährte Arbeitnehmerschutz kann sich in der Praxis als Sanierungshindernis darstellen. Höchste Priorität für den Insolvenzverwalter hat die bestmögliche Gläubigerbefriedigung.[34] Hierzu kann auch die Veräußerung des Betriebes oder eines Betriebsteils des insolventen Unternehmens notwendig werden. Sofern ein Erwerber aber uneingeschränkt sämtliche „arbeitsrechtlichen Altlasten" des insolventen Unternehmens übernehmen müsste, könnte dies eine Veräußerung und somit auch eine optimale Gläubigerbefriedung verhindern. Nach ständiger Rechtsprechung des BAG[35] ist § 613a BGB daher in der Insolvenz teleologisch zu reduzieren. Hierbei ist zwischen der Bestandsschutzfunktion des § 613a Abs. 1 und 4 BGB sowie der Haftung des Erwerbers gegenüber Arbeitnehmern gemäß § 613a Abs. 2 und 3 BGB zu differenzieren.

a) Teleologische Reduktion der Erwerberhaftung

Die teleologische Reduktion der Erwerberhaftung nach § 613a Abs. 2 und 3 BGB gegenüber Arbeitnehmern in der Insolvenz ist mittlerweile in ständiger Rechtsprechung anerkannt.[36] Die Begründung für diese nur eingeschränkte Wirkung wird zutreffend darin gesehen, dass der haftungsrechtliche Teil des § 613a BGB mit den Grundsätzen des Insolvenzverfahrens nicht in Übereinstimmung zu bringen ist.[37]

Die Abwicklung der Ansprüche im Rahmen eines Insolvenzverfahrens hat nach dem Grundsatz der gleichmäßigen Gläubigerbefriedigung (par conditio creditorum) zu erfolgen.[38] „Wenn (...) die bei der Veräußerung eines Betriebes übernommene Belegschaft einen neuen zahlungskräftigen Haftungsschuldner für bereits entstandene Ansprüche erhielte, wäre sie im Vergleich zu anderen Gläu-

---

34 Vgl. z.B. *Kießner* in Braun, InsO, § 1, Rn. 3; Becker, Insolvenzrecht, § 4, Rn. 129; Wellensiek, NZI 2002, 233 (234).

35 Vgl. grundlegend: BAG v. 17.01.1980, 3 AZR 160/79, AP Nr. 18 zu § 613a BGB.

36 Vgl. BAG v. 17.01.1980, 3 AZR 160/79, AP Nr. 18 zu § 613a BGB; BAG v. 16.02.1993, 3 AZR 347/92, NZA 1993, 643; BAG v. 15.01.2002, 1 AZR 58/01, NZA 2002, 1034; BAG v. 20.06.2002, 8 AZR 459/01, NZA 2003, 318; BAG v. 18.11.2003, 9 AZR 347/03, NZA 2004, 654; BAG v. 19.10.2004, 9 AZR 647/03, NZA 2005, 408.

37 Vgl. BAG v. 17.01.1980, 3 AZR 160/79, AP Nr. 18 zu § 613a BGB (530).

38 Vgl. Becker, Insolvenzrecht, § 6, Rn. 210.

bigern und vor allem auch gegenüber den ausgeschiedenen Arbeitnehmern unangemessen bevorzugt."[39] Diesen Vorteil würden die übergehenden Arbeitnehmer lediglich auf Kosten der restlichen Gläubiger erlangen. In Zeiten, in denen der Erwerb eines Betriebes oder Betriebsteils ohne vorherige eingehende Prüfung des Kaufobjektes – der sog. „Due Diligence“ – kaum denkbar ist, wäre nämlich davon auszugehen, dass einem potentiellen Erwerber der Umfang der übernommenen Haftung bekannt ist. Der Erwerber würde daher aller Wahrscheinlichkeit nach den Kaufpreis in Relation zur übernommenen Haftung herabsetzen. Dies würde zwangsläufig zu einer geringeren Befriedigung der übrigen Gläubiger führen.[40] Eine solche Privilegierung der übergehenden Arbeitnehmer würde dem Grundsatz der gleichmäßigen Gläubigerbefriedigung widersprechen. Bei einem Betriebsübergang haftet der Erwerber, der einen Betrieb oder Betriebsteil nach Eröffnung des Insolvenzverfahrens vom Insolvenzverwalter übernimmt, daher nicht für solche Verbindlichkeiten der Arbeitnehmer, die bereits vor Eröffnung des Insolvenzverfahrens entstanden sind oder erdient wurden.[41] In zeitlicher Hinsicht stellt dabei die Insolvenzeröffnung die maßgebliche Zäsur für die Haftungsbegrenzung dar; auf den Zeitpunkt des Betriebsübergangs kommt es hingegen nicht an.[42]

b) Vollumfängliche Wirkung des Bestandsschutzes in der Insolvenz

Die in Bezug auf die Erwerberhaftung bestehenden Bedenken bezüglich einer Kollision mit den insolvenzrechtlichen Verteilungsgrundsätzen greifen nicht in Bezug auf die Bestandsschutzfunktion des § 613a BGB. Hierzu führte das BAG[43] zutreffend aus, dass dem Schutz der Arbeitsplätze im Rahmen eines Insolvenzverfahrens eine besondere Bedeutung zukomme. Da für den wirtschaftlichen Zusammenbruch eines Unternehmens häufig auch eine verfehlte Personalpolitik oder ungenügende Rationalisierungen mitursächlich seien, sei es für eine Gesundung regelmäßig notwendig, dass die meisten Betriebe personell schrumpfen müssten. Dabei dürfe der Erwerber eines Betriebes in der Auswahl der zu übernehmenden Arbeitnehmer allerdings nicht frei sein. Auch dieser müsse die Grundsätze der sozialen Auswahl beachten.[44]

Die bei Nichtanwendung der Bestandsschutzes von § 613a BGB entstehende Lücke im Arbeitsplatzschutz sei darüber hinaus auch mit den betriebsverfas-

---

39 BAG v. 17.01.1980, 3 AZR 160/79, AP Nr. 18 zu § 613a BGB (530).
40 Vgl. BAG v. 17.01.1980, 3 AZR 160/79, AP Nr. 18 zu § 613a BGB (530).
41 Vgl.: Lembke, BB 2007, 1333 (1334); Menke, NZI 2003, 522 (522f.).
42 Vgl.: Annuß/Lembke, Arbeitsrechtliche Umstrukturierung, Seite 4 ff..
43 Vgl. BAG v. 17.01.1980, 3 AZR 160/79, AP Nr. 18 zu § 613a BGB (529).
44 Vgl. BAG v. 17.01.1980, 3 AZR 160/79, AP Nr. 18 zu § 613a BGB (529).

sungsrechtlichen Grundsätzen zu Interessenausgleich und Sozialplan unvereinbar. Bei einer Betriebsstilllegung müsste der Insolvenzverwalter im Rahmen der §§ 111 ff. BetrVG mit dem Betriebsrat über einen Interessenausgleich und Sozialplan verhandeln. Im Falle einer Betriebsveräußerung gilt dies jedoch nicht, da diese keine Betriebsänderung darstellt. Der Erwerber wäre daher an die Grundsätze von Interessenausgleich und Sozialauswahl nicht gebunden. Durch eine so entstehende Lücke im Betriebsverfassungsrecht wäre eine „Betriebsveräußerung im Konkurs (...) in einer Weise privilegiert, die sich nicht begründen ließe und zur Umgehung des Arbeitsplatzschutzes anreizen müsste."[45]

Zwar wurden in der Literatur teilweise geäußert, dass die uneingeschränkte Wirkung der Bestandsfunktion des § 613a BGB ebenso wie eine uneingeschränkte Erwerberhaftung die Veräußerungschancen bezüglich eines insolventen Betriebes negativ beeinflussen könne.[46] Letztendlich sind diese Nachteile aber im Interesse eines wirksamen Kündigungsschutzes hinzunehmen. Anderenfalls würde das System des Kündigungsschutzes mit Eröffnung des Insolvenzverfahrens ausgehebelt werden. Daher ist der Auffassung der Rechtsprechung zu folgen, wonach § 613a BGB in Bezug auf seine Bestandsschutzfunktion auch in der Insolvenz uneingeschränkt Anwendung findet.

4. Zwischenergebnis: Anwendbarkeit und Reichweite von § 613a BGB in der Insolvenz

Die mittlerweile anerkannte teleologische Reduktion der Haftung nach § 613a Abs. 2 und 3 BGB gegenüber Arbeitnehmern in der Insolvenz hat keine Auswirkungen auf die Bestandsschutzfunktion des § 613a BGB. Daher findet § 613a BGB auch in der Insolvenz uneingeschränkt Anwendung, soweit dieser den Bestand der Arbeitsverhältnisse schützen soll.[47] Für eine Kündigung, die ein Insolvenzverwalter auf Grundlage eines Erwerberkonzeptes ausspricht, gelten daher in Bezug auf § 613a BGB keine anderen Anforderungen als an eine Kündigung, die der Arbeitgeber außerhalb der Insolvenz ausspricht.

45 Vgl. BAG v. 17.01.1980, 3 AZR 160/79, AP Nr. 18 zu § 613a BGB (529).
46 Vgl. Henckel, ZGR 1984, 225 (228).
47 Vgl. *Bayreuther* in FAK Arbeitsrecht, § 613a BGB, Rn. 101

B. Rechtsdogmatische Einordnung von § 613a Abs. 4 BGB

Die Rechtsnatur des in § 613a Abs. 4 BGB enthaltenen Kündigungsverbotes wird bereits seit seiner Einführung durch das EG-Anpassungsgesetz vom 13. August 1980[48] diskutiert. Insbesondere dessen Verhältnis zum Kündigungsschutzgesetz steht dabei im Fokus der Diskussion. Zwar ist es um diesen Streit seit der Grundsatzentscheidung des zweiten Senats des BAG vom 31. Januar 1985 ruhiger geworden.[49] Aber auch in der jüngeren Literatur finden sich weiterhin kritische Stellungnahmen zu Rechtsnatur und dogmatischer Einordnung dieser Vorschrift.[50]

Hierzu werden neben der „Theorie von der deklaratorischen Konkretisierung der Sozialwidrigkeit“ und der „Theorie vom selbständigen Unwirksamkeitsgrund“ auch zwischen diesen Theorien vermittelnde Ansichten vertreten. Im Folgenden sollen die wesentlichen Punkte dieser Theorien kurz dargestellt werden.

1. Theorie von der deklaratorischen Konkretisierung der Sozialwidrigkeit

Zum einen wurde vertreten, § 613a Abs. 4 BGB enthalte eine rein deklaratorische Ausprägung der Sozialwidrigkeit und stelle mithin kein eigenständiges Kündigungsverbot i.S.d. § 13 Abs. 3 KSchG dar.[51] Ein solches käme nur in Betracht, sofern einer Norm ein eigenständiger, über § 1 KSchG hinausgehender, Regelungsgehalt zukomme.[52] Eben dieser wird § 613a Abs. 4 BGB zum Teil abgesprochen.

Ein eigenständiger Regelungsgehalt wird von Vertretern dieser Auffassung im Anwendungsbereich des KSchG verneint. Ob es sich um ein eigenständiges Kündigungsverbot oder lediglich eine deklaratorische Klarstellung handelt, hat hier regelmäßig keine Auswirkung. Dies ergibt sich aus folgender Überlegung:[53]

Sofern *kein* Betriebsübergang vorliegt, müsste ein kündigender Arbeitgeber im Rahmen eines Kündigungsschutzprozesses die soziale Rechtfertigung der Kündigung gemäß § 1 KSchG darlegen; § 613a BGB wäre hingegen mangels Betriebsübergang nicht anwendbar.

48 BGBl. I, 1980, S. 1308.

49 Vgl. BAG v. 31.01.1985, 2 AZR 530/83, NZA 1985, 593.

50 Vgl. z.B. Kindscher, Seite 7 ff.; Lipinski, NZA 2002, 75; Berkowsky, Die betriebsbedingte Kündigung (5. Auflage), § 9, Rn. 37 ff..

51 Vgl. Seiter, Seite 111 f.; Berkowsky, Die betriebsbedingte Kündigung (5. Auflage), § 9, Rn. 37 ff.; Wickler, Seite 33; Vossen, BB 1984, 1557 (1557 f.); Schaub, ZIP 1984, 272 (275).

52 Vgl. Berkowsky, DB 1983, 2683 (2685).

53 Vgl. Schaub, ZIP 1984, 272 (275).

Liegt aber ein Betriebsübergang vor, so bleibt gemäß § 613a Abs. 4 Satz 2 BGB das Recht des Arbeitgebers zur Kündigung des Arbeitsverhältnisses aus anderen Gründen unberührt. Ein Arbeitgeber müsste daher solche anderen Gründe darlegen, also Gründe, welche die Kündigung unabhängig von dem Betriebsübergang rechtfertigen. Liegen keine anderen Gründe vor, so wäre die Kündigung aber auch unabhängig von § 613a Abs. 4 BGB gemäß § 1 Abs. 1 KSchG rechtsunwirksam, da diese sozial ungerechtfertigt wäre. Bereits bevor § 613a Abs. 4 in Kraft getreten ist, war nämlich anerkannt, dass ein Betriebsübergang als solcher nicht als soziale Rechtfertigung einer Kündigung dienen könne.[54] Eine Kündigung, die allein auf einen Betriebsübergang gestützt würde, wäre daher im Anwendungsbereich des KSchG auch vor Einführung des § 613a Abs. 4 BGB sozial ungerechtfertigt gewesen.

Unterschiede ergeben sich hingegen außerhalb des Anwendungsbereichs des KSchG. Hat ein Arbeitnehmer die sechsmonatige Wartezeit des § 1 Abs. 1 KSchG nicht vollendet oder handelt es sich um einen Kleinbetrieb i.S.d. § 23 KSchG, so unterliegt eine Kündigung nicht den Beschränkungen des KSchG. Sofern § 613a Abs. 4 BGB ein eigenständiges Kündigungsverbot entnommen würde, führt dies in eben diesen Fällen zu einer Ausweitung des Kündigungsschutzes. Der Betriebserwerber müsste nämlich zur Rechtfertigung der Kündigung nunmehr „andere Gründe“ i.S.d. § 613a Abs. 4 Satz 2 BGB anführen, was ohne den Betriebsübergang nicht notwendig gewesen wäre. D.h., allein aus dem Umstand, dass der Betriebserwerber den Betrieb erworben hat, würde folgen, dass dieser besonderen kündigungsschutzrechtlichen Beschränkungen unterliegt. Hierbei sei es schwer nachvollziehbar, warum ein Betriebserwerber aufgrund des Betriebsübergangs nunmehr schlechter gestellt und im Umkehrschluss ein Arbeitnehmer besser gestellt werden solle und der Erwerber somit faktisch nicht mehr in den Genuss der kündigungserleichternden Vorschriften zu Wartezeit (§ 1 Abs. 1 Satz 1 KSchG) und Kleinbetrieb (§ 23 KSchG) kommen soll.[55]

Diese Auffassung wurde zum Teil auch in der Rechtsprechung vertreten. So vertrat das LAG Berlin mit Urteil vom 28. November 1983[56] die Auffassung, § 613a Abs. 4 BGB enthalte keinen eigenständigen Unwirksamkeitsgrund, sondern habe lediglich eine klarstellende Funktion. Die Vorschrift solle lediglich zum Ausdruck bringen, dass im Anwendungsbereich des KSchG allein der Betriebsübergang und der damit verbundene Wegfall der Arbeitsmöglichkeit beim Veräußerer des Betriebes keinen betriebsbedingten Grund für den Ausspruch einer Kündigung darstelle. Ein Arbeitsverhältnis, welches nicht in den Anwen-

54 Vgl. BAG v. 02.10.1974, 5 AZR 504/73, AP Nr. 1 zu § 613a BGB (siehe III. 3. der Gründe).

55 Vgl. Berkowsky, Die betriebsbedingte Kündigung (5. Auflage), § 9, Rn. 37 ff.; Berkowsky, DB 1983, 2683 (2685).

56 Vgl. LAG Berlin v. 28.11.1983, 12 Sa 97/83, DB 1984, 1151 f..

dungsbereich des KSchG falle, könne daher auch im Hinblick auf einen Betriebsübergang gekündigt werden.

Zwar spreche nach Ansicht des LAG Berlin der Wortlaut der Vorschrift für eine anderweitige Auslegung, dieses Ergebnis lasse sich aber anhand der Entstehungsgeschichte der Norm widerlegen. Die Einführung des § 613a Abs. 4 BGB diene nämlich der Umsetzung der Richtlinie des Rates der Europäischen Gemeinschaft vom 14. Februar 1977, welche besage, dass ein Betriebsübergang als solcher für den Veräußerer oder den Erwerber keinen Grund zur Kündigung darstelle. Da eine Kündigung nach deutschem Arbeitsrecht außerhalb des Anwendungsbereichs des KSchG aber gar keines Grundes bedürfe, könne die Transformation der Richtlinie ins innerdeutsche Recht nicht dahingehend verstanden werden, dass jede Kündigung aus Anlass eines Betriebsübergangs unwirksam sei.[57]

Entscheidend gegen eine Auslegung als allgemeinen Unwirksamkeitsgrund spreche der Sinn und Zweck der Vorschrift. Zum einen bezwecke § 613a BGB nämlich nicht eine Ausdehnung des Kündigungsschutzes auf solche Arbeitsverhältnisse, die anderenfalls keinen Kündigungsschutz genössen. Zum anderen führe die Annahme eines allgemeinen Unwirksamkeitsgrund zu sachwidrigen Ergebnissen. Ein entsprechender Kündigungsschutz wirke nämlich nach Ansicht des LAG Berlin – systemwidrig – lediglich zeitlich begrenzt. Es stehe nämlich außer Frage, dass auch dem Erwerber eines Kleinbetriebes das freie Kündigungsrecht wieder zuwachse, wenn durch Zeitablauf die Vermutung schwinde, dass die Kündigung in einem Zusammenhang mit der Betriebsveräußerung stehe. Hingegen wäre im zeitlichen Zusammenhang mit einem Betriebsübergang eine Kündigung nur aus anderen Gründen i.S.d. § 613a Abs. 4 Satz 2 BGB möglich. Hierbei könnte es sich nach Ansicht des LAG wiederum nur um solche Gründe handeln, die auch im Anwendungsbereich des KSchG Bestand hätten. Dies würde im Ergebnis dazu führen, dass ein Arbeitnehmer innerhalb eines beschränkten Zeitraumes vor und nach einem Betriebsübergang einen § 1 Abs. 2 KSchG ähnlichen Kündigungsschutz erlangen würde, der dann wieder entfällt. Ein solch zeitlich begrenzter Kündigungsschutz sei systemwidrig und daher abzulehnen.[58]

2. Theorie vom selbständigen Unwirksamkeitsgrund

Entgegen der soeben dargestellten Auffassung, welche § 613a Abs. 4 BGB lediglich deklaratorische Bedeutung zumisst, hat sich in der Literatur und Rechtsprechung die bereits frühzeitig vertretene Auffassung durchgesetzt, die Norm

---

57 Vgl. LAG Berlin v. 28.11.1983, 12 Sa 97/83, DB 1984, 1151 (siehe 3.3 der Gründe).

58 Vgl. LAG Berlin v. 28.11.1983, 12 Sa 97/83, DB 1984, 1151 (siehe 3.4 der Gründe).

enthalte einen selbständigen Unwirksamkeitsgrund.[59] Die Vertreter dieser Auffassung führen an, Wortlaut, Systematik sowie Sinn und Zweck der Norm sprächen für das Vorliegen eines selbständigen Kündigungsverbots.[60]

Der Wortlaut der Norm, wonach eine Kündigung des Arbeitsverhältnisses wegen des Übergangs eines Betriebes oder eines Betriebsteils unwirksam ist, deutet auf einen eigenständigen Unwirksamkeitsgrund hin. Dies wird im Übrigen auch von Anhängern der Theorie von der deklaratorischen Konkretisierung der Sozialwidrigkeit (mit Bedauern) eingeräumt.[61] Der Gesetzgeber geht nämlich von der *Unwirksamkeit* einer entsprechenden Kündigung aus. Wäre hingegen eine reine Klarstellung im Zusammenhang mit der sozialen Rechtfertigung der Kündigung i.S.d. des § 1 KSchG beabsichtigt gewesen, so hätte der Gesetzgeber als Rechtsfolge wohl nicht die *Unwirksamkeit* der Kündigung, sondern deren *Sozialwidrigkeit* angeordnet.[62]

Diese Auslegung wird auch durch einen Vergleich mit dem Wortlaut anderer vom KSchG unabhängiger Unwirksamkeitsgründe bekräftigt.[63] Z.B. heißt es auch in § 102 Abs. 1 Satz 3 BetrVG, eine ohne Anhörung des Betriebsrates ausgesprochene Kündigung sei *unwirksam*. Ebenso ordnet § 22 Abs. 4 Satz 1 BBiG die *Unwirksamkeit* einer außerordentlichen Kündigung eines Auszubildenden an, sofern die der Kündigung zu Grunde liegenden Tatsachen dem zur Kündigung Berechtigten bereits länger als zwei Wochen bekannt sind.

Auch die Gesetzessystematik spreche für einen vom KSchG losgelösten Unwirksamkeitsgrund. Wäre lediglich eine Klarstellung für § 1 KSchG gewollt, so wäre es wohl naheliegend gewesen, diese Vorschrift in das KSchG aufzunehmen.[64] Die Stellung der Norm im BGB deute auf den Willen des Gesetzgebers hin, „dass eine Angelegenheit außerhalb des Kündigungsschutzgesetzes im Rahmen des für alle geltenden Zivilrechts geregelt werden sollte."[65]

Zum Teil wird in der Literatur auch auf die europarechtliche Entstehungsgeschichte der Norm als Indiz für einen selbständigen Unwirksamkeitsgrund i.S.d. § 13 Abs. 3 KSchG verwiesen. *Lipinski* verweist darauf, dass § 613a Abs. 4 BGB auf Art. 4 Unterabs. 1 der Richtlinie 77/187/EWG beruht.[66] Dort heißt es:

---

59 Vgl. z.B. Eich, NJW 1980, 2329 (2334), welcher bereits im Jahr 1980 den aufgrund des Gesetzes über die Gleichbehandlung von Männern und Frauen am Arbeitsplatz eingefügten Abs. 4 damit kommentierte, Kündigungen wegen Betriebsübergangs seien gemäß § 134 BGB nichtig.

60 Vgl. Hanau, ZIP 1984, 141 (141).

61 Vgl. z.B. Hilger, ZGR 1984, 259 (261).

62 Vgl. Herschel, DB 1984, 612; Hanau, ZIP 1984, 141 (141).

63 Vgl. für eine Übersicht anderer Unwirksamkeitsgründe i.S.d. § 13 Abs. 3 KSchG: *Friedrich* in KR, § 13 KSchG, Rn. 211.

64 Vgl. Herschel, DB 1984, 612.

65 Vgl. Herschel, DB 1984, 612.

66 Vgl. Lipinski, NZA 2002, 75 (76).

„Der Übergang eines Unternehmens, Betriebs oder Betriebsteils stellt als solcher für den Veräußerer oder den Erwerber keinen Grund zur Kündigung dar. Diese Bestimmung steht etwaigen Kündigungen aus wirtschaftlichen, technischen oder organisatorischen Gründen, die Änderungen im Bereich der Beschäftigung mit sich bringen, nicht entgegen. Die Mitgliedstaaten können vorsehen, dass Unterabs. 1 auf einige abgegrenzte Gruppen von Arbeitnehmern, auf die sich die Rechtsvorschriften oder die Praxis der Mitgliedstaaten auf dem Gebiet des Kündigungsschutzes nicht erstrecken, keine Anwendung findet.“

Lipinski führt aus, dass es in Deutschland keine abgegrenzte Gruppe von Arbeitnehmern i.S.d. des Satzes 3 gebe, die gänzlich ohne Kündigungsschutz dastünde. Unabhängig von der Anwendbarkeit des KSchG komme nämlich sowohl den Mindestkündigungsfristen des § 622 BGB sowie – bei Vorliegen der jeweiligen Voraussetzungen – auch den besonderen Kündigungsschutzvorschriften wie z.B. § 85 ff. SGB IX oder § 9 MuSchG schützende Wirkung zu. Zudem sei mit der Rechtsprechung des BVerfG zur Kleinbetriebsklausel auch davon auszugehen, dass kein Arbeitnehmer unabhängig von der Anwendbarkeit des KSchG einer Kündigung durch den Arbeitgeber schutzlos ausgeliefert sei, da auch für diese die zivilrechtlichen Generalklauseln der §§ 138, 242 BGB einen Mindestschutz gewähren.[67] Daher bestehe für die Ausnahmebestimmung des Art. 4 Unterabs. 1 S. 3 in Deutschland kein Anwendungsbereich. Dies habe zur Folge, dass § 613a Abs. 4 BGB richtlinienkonform so ausgelegt werden müsse, dass er für alle Arbeitnehmer Anwendung finde, und zwar unabhängig von der Anwendbarkeit des KSchG.[68]

Maßgeblich wird auf den Sinn und Zweck des § 613a BGB abgestellt. *Willemsen* führte zur Auslegung des § 613a Abs. 4 BGB aus, dass dieser eine „spezialgesetzliche Ausprägung des allgemeinen Umgehungsverbots“ darstelle.[69] Die tragende Säule des § 613a BGB sei der Bestandsschutzgedanke, welcher dadurch verwirklicht werde, dass die Arbeitsverhältnisse in ihrer konkreten Ausgestaltung unverändert auf den Erwerber übergingen.[70] Sinn und Zweck des in § 613a Abs. 4 BGB enthaltenen Kündigungsverbotes sei es, zu verhindern, dass diese Rechtsfolge durch den Ausspruch einer Kündigung – sei es vor oder nach dem Betriebsübergang – verhindert werde. Somit kommt Abs. 4 eine Komplementärfunktion zu Abs. 1 zu. Da § 613a Abs. 1 BGB ohne Zweifel auch auf Arbeitsverhältnisse außerhalb des Anwendungsbereichs des KSchG Anwendung findet, müsse auch für diese – wie bei Arbeitnehmern die den vollen Schutz des KSchG genießen – sichergestellt werden, dass § 613a Abs. 1 BGB nicht über das Mittel einer Kündigung ausgeschaltet werden könne. „Folglich kann § 613a Abs. 4 BGB nicht auf den personellen Geltungsbereich des Kündigungsschutzgesetzes beschränkt sein.“[71]

67 Vgl. BVerfG v. 17.01.1998, 1 BvL 15/87, NZA 1998, 470 ff..
68 Vgl. Lipinski, NZA 2002, 75 (76).
69 Vgl. Willemsen, ZIP 1983, 411 (413).
70 Vgl. auch Borngräber, Seite 68.
71 Vgl. Willemsen, ZIP 1983, 411 (414).

Entgegen dem LAG Berlin[72] schloss sich das LAG Bremen der Auffassung an, dass zwischen der sozialen Rechtfertigung einer Kündigung im Rahmen des KSchG auf der einen und der Unwirksamkeit gemäß § 613a Abs. 4 BGB auf der anderen Seite zu differenzieren sei. In seinem Urteil vom 2. Februar 1982 führte es daher aus: „Die Künd. (...) waren mithin gemäß § 1 KSchG nicht gerechtfertigt. Sie waren auch nach § 613a Abs. 4 BGB unwirksam."[73]

3. Vermittelnde Ansichten

Neben den beiden oben genannten Auffassungen wurden auch vermittelnde Ansichten vertreten. *Henckel* führte z.B. aus: „§ 613a Abs. 4 Satz 1 BGB hat (...) keine selbständige Bedeutung, soweit der Arbeitnehmer unter den Schutz des Kündigungsschutzgesetzes fällt. Anders ist es nur, wenn das Arbeitsverhältnis noch nicht sechs Monate bestanden hat und deshalb der Arbeitnehmer nicht den Schutz des Kündigungsschutzgesetzes genießt."[74] *Henckel* deutet hier zumindest darauf hin, dass der Norm für Arbeitnehmer, die unter den Anwendungsbereich des KSchG fallen, lediglich eine deklaratorische Wirkung zukomme und diese keinen anderen Unwirksamkeitsgrund i.S.d. § 13 Abs. 3 KSchG darstelle. Die Wirksamkeit der Kündigung müsse in diesen Fällen nach der Auffassung *Henckels* immer anhand von § 1 KSchG geprüft werden. Für Arbeitnehmer, die keinen Kündigungsschutz nach dem KSchG genießen, erlange die Vorschrift hingegen eine eigenständige Bedeutung.

Folgerichtig kommt Henckel daher zu dem Ergebnis, dass – zumindest nach der vor dem 1. Januar 2004 geltenden Rechtslage – die Unwirksamkeit einer Kündigung wegen § 613a Abs. 4 Satz 1 BGB nur dann innerhalb der 3-Wochen-Frist der §§ 4, 7 KSchG geltend gemacht werden müsse, sofern das Arbeitsverhältnis unter den Schutz des KSchG falle. Vor dem 1. Januar 2004 lautete § 13 Abs. 3 KSchG nämlich:

> *„Im Übrigen finden die Vorschriften dieses Abschnitts auf eine Kündigung, die bereits aus anderen als den in § 1 Abs. 2 und 3 bezeichneten Gründen rechtsunwirksam ist, keine Anwendung."*

Arbeitsverhältnisse, die nicht unter das KSchG fallen, unterlagen daher auch nicht der Beschränkung der Präklusionsfrist des § 4 KSchG. Erst mit dem „Gesetz zu Reformen am Arbeitsmarkt" vom 24. Dezember 2003[75], welches am 1.

72 Vgl. LAG Berlin v. 28.11.1983, 12 Sa 97/83, DB 1984, 1151 f..
73 Vgl. LAG Bremen v. 02.02.1982, 4 Sa 392/81, AP Nr. 30 zu § 613a BGB (Blatt 233).
74 Vgl. Henckel, ZGR 1984, 225 (236).
75 BGBl. I, 2003, Seite 3002.

Januar 2004 in Kraft trat, wurden die Worte „mit Ausnahme der §§ 4 bis 7“ eingefügt. Arbeitnehmer die eigentlich weniger geschützt wären, da das KSchG auf deren Arbeitsverhältnisse keine Anwendung findet, konnten bis zum 1. Januar 2004 die Unwirksamkeit einer Kündigung wegen § 613a Abs. 4 Satz 1 BGB daher unabhängig von der Präklusionsfrist des § 4 KSchG auch noch zu einem späteren Zeitpunkt geltend machen. In Bezug auf die Kündigungsfrist wirkte sich somit das zum Schutz der Arbeitnehmer konzipierte KSchG zu deren Nachteil aus. Diesen Widerspruch erkannte selbstverständlich auch *Henckel*, meinte aber, dass er de lege lata hingenommen werden müsse.[76] *Hanau* vertrat hingegen die Auffassung, § 613a Abs. 4 BGB stelle zwar einen eigenständigen Unwirksamkeitsgrund dar, die §§ 4, 7 KSchG müssten aber dennoch entsprechend angewendet werden.[77]

4. Die Entscheidung des BAG vom 31. Januar 1985 – 2 AZR 530/82

Erst mit seiner Entscheidung vom 31. Januar 1985 – 2 AZR 530/83 – nahm der 2. Senat zur Rechtsnatur des § 613a Abs. 4 Satz 1 BGB Stellung. Dabei war dies nicht die erste Entscheidung des BAG zu § 613a Abs. 4 BGB. Bereits in seiner Entscheidung vom 26. Mai 1983 – 2 AZR 477/81 – hätte das BAG Ausführungen zur Rechtsnatur dieser Norm machen können.[78] Es beschränkte sich aber lediglich darauf, in dem Bericht über die Vorentscheidung des LAG Frankfurt a.M. zu erwähnen, dass dieses keine Veranlassung gesehen habe, zu der Frage Stellung zu nehmen, ob die Kündigung wegen eines Betriebsinhaberwechsels einen sonstigen Grund i.S.d. § 13 Abs. 3 KSchG darstelle oder lediglich nach § 1 KSchG zu beurteilen sei.[79] Dieser Punkt wurde im Rahmen der Entscheidungsgründe jedoch nicht weiter vertieft.

Erst ca. zwei Jahre später hat sich der 2. Senat des BAG mit ausführlicher Begründung der Auffassung angeschlossen, § 613a Abs. 4 Satz 1 BGB stelle ein eigenständiges Kündigungsverbot i.S.d. § 13 Abs. 3 KSchG, § 134 BGB dar und stelle nicht etwa lediglich den Begriff der Sozialwidrigkeit nach Maßgabe des § 1 KSchG klar.[80] Für diese Auslegung spreche neben dem Wortlaut insbesondere der systematische Zusammenhang mit § 613a Abs. 1 BGB. Maßgeblich stützte der 2. Senat seine Entscheidung auf die Komplementärfunktion des § 613a Abs.

---

76 Vgl. Henckel, ZGR 1984, 225, (236).

77 Vgl. Hanau, ZIP 1984, 141 (141 f.).

78 Vgl. BAG v. 26.05.1983, 2 AZR 477/81, AP Nr. 34 zu § 613a BGB.

79 Vgl. BAG v. 26.05.1983, 2 AZR 477/81, AP Nr. 34 zu § 613a BGB (siehe A. der Entscheidungsgründe).

80 Vgl. BAG v. 31.01.1985, 2 AZR 530/83, NZA 1985, 593.

4 BGB zu dessen Abs. 1 und folgt somit dem unter anderem von *Willemsen* näher dargestellten Umgehungsgedanken.[81]

5. Stellungnahme

Bereits der Wortlaut der Norm spricht eindeutig für ein eigenständiges Kündigungsverbot. Maßgeblich gegen eine rein deklaratorische Auslegung des § 613a Abs. 4 BGB spricht dessen Sinn und Zweck sowie der systematische Zusammenhang zu § 613a Abs. 1 BGB.

§ 613a Abs. 1 BGB erfüllt nach ständiger Rechtsprechung des BAG und der ganz herrschenden Ansicht in der Literatur drei Funktionen: Er bezweckt für den Fall einer Betriebsveräußerung (1.) den Schutz des Arbeitsplatzes in seiner derzeitigen Ausgestaltung sowie (2.) die Kontinuität des Betriebsrates und regelt (3.) die Haftungsverteilung des Veräußerers und des Erwerbers.[82] Zum Teil wird auch die Weitergeltung der kollektivrechtlichen Regelungen als eigener (4.) Schutzzweck genannt.[83]

Tragender Grundgedanke des § 613a Abs. 1 BGB ist dabei der Bestandsschutzgedanke. Das Arbeitsverhältnis soll in seinem derzeitigen Bestand geschützt werden und möglichst unbeeinflusst vom Betriebsübergang fortbestehen. Das Kündigungsverbot des § 613a Abs. 4 BGB soll verhindern, dass durch die Beendigung von Arbeitsverhältnissen dieser Schutzzweck des § 613a Abs. 1 BGB umgangen werden kann. Insofern muss § 613a Abs. 4 BGB in personeller Hinsicht die gleiche Reichweite haben wie § 613a Abs. 1 BGB. Nach seiner systematischen Stellung bei den arbeitsvertraglichen Vorschriften im BGB entfaltet § 613a Abs. 1 BGB Schutz für alle Arbeitsverhältnisse, unabhängig von der Anwendbarkeit des KSchG. Der Komplementärfunktion des § 613a Abs. 4 BGB zu § 613a Abs. 1 BGB würde es daher nicht gerecht werden, wenn dessen Wirkung an die Anwendbarkeit des KSchG gekoppelt wäre. Im Ergebnis ist daher der Rechtsprechung des BAG zu folgen, wonach § 613a Abs. 4 BGB ein eigenständiges Kündigungsverbot i.S.d. § 13 Abs. 3 KSchG darstellt.

---

81 Vgl. Willemsen, ZIP 1983, 411 (413).

82 Vgl. z.B. BAG v. 17.01.1980, 3 AZR 160/79, AP Nr. 18 zu § 613a BGB (siehe II., 2. der Entscheidungsgründe); *Preis* in Erfurter Kommentar, § 613a BGB, Rn. 2; *Pfeiffer* in KR, § 613a BGB Rn. 3; *Dreher* in Bernsau, Betriebsübergang, § 613a BGB, Rn. 6 f..

83 Vgl. z.B. *Pfeiffer* in KR, § 613a BGB Rn. 3; *Koch* in Schaub, Arbeitsrechts-Handbuch, § 117, Rn. 3.

C. Voraussetzungen des Kündigungsverbotes gemäß § 613a Abs. 4 BGB

Nachdem oben dargestellt wurde, dass § 613a Abs. 4 BGB auch in der Insolvenz uneingeschränkt Anwendung findet und von seiner Rechtsnatur her ein eigenständiges Kündigungsverbot darstellt, soll im Folgenden untersucht werden, ob und inwiefern § 613a Abs. 4 BGB der Kündigung eines Insolvenzverwalters auf Grundlage eines Erwerberkonzeptes entgegensteht.

Gemäß § 613a Abs. 4 Satz 1 BGB ist die Kündigung des Arbeitsverhältnisses eines Arbeitnehmers durch den bisherigen Arbeitgeber oder durch den neuen Inhaber wegen des Übergangs eines Betriebes oder eines Betriebsteils unwirksam. Das Recht zur Kündigung des Arbeitsverhältnisses aus anderen Gründen bleibt gemäß § 613a Abs. 4 Satz 2 BGB hingegen unberührt.

1. Kündigung eines Arbeitsverhältnisses

§ 613a Abs. 4 BGB setzt zunächst das Bestehen eines Arbeitsverhältnisses voraus. Da § 613a Abs. 4 BGB ein eigenständiges Kündigungsverbot i.S.d. § 13 Abs. 3 KSchG darstellt[84], ist es weder von Bedeutung, ob das Arbeitsverhältnis bereits sechs Monate bestanden hat oder der Schwellenwert des § 23 KSchG erreicht wurde. Auch ist es nicht von Bedeutung, ob es sich um eine ordentliche oder eine außerordentliche Kündigung handelt, der Wortlaut der Norm ist eindeutig und soweit ersichtlich, wird Gegenteiliges auch nicht vertreten.[85]

2. Kündigung wegen des Übergangs eines Betriebes oder Betriebsteils

§ 613a Abs. 4 Satz 1 BGB ordnet die Unwirksamkeit der Kündigung eines Arbeitsverhältnisses an, sofern diese „wegen des Übergangs eines Betriebs oder eines Betriebsteils" erfolgte. Dies hat zum Teil dazu geführt, dass die Kündigung des Veräußerers auf Grundlage eines Erwerberkonzeptes generell abgelehnt wurde.[86] Eine solch generelle Auslegung lässt jedoch die Wirkung des § 613a Abs. 4 Satz 2 BGB außer Acht. Das Recht zur Kündigung des Arbeitsver-

84 Siehe zur Rechtsnatur des Kündigungsverbots oben: II.B.

85 Vgl. z.B. *Preis* in Erfurter Kommentar, § 613a BGB, Rn. 153.

86 Vgl. Hüper, Seite 79; ArbG Wiesbaden v. 22.3.1979, 4 Ca 33/79, DB 1979, 1607; Posth, Seite 111.

hältnisses aus „anderen Gründen“ bleibt von der Regelung des Satzes 1 nämlich gemäß § 613a Abs. 4 Satz 2 BGB unberührt. Aus dem Konkurrenzverhältnis dieser beiden Sätze folgt die Frage, wann eine Kündigung „wegen“ eines Betriebsübergangs vorliegt. Dabei muss zunächst gefragt werden, ob die Vorschrift auf das subjektive Motiv des Arbeitgebers abstellt oder auf die objektive Ursache der Kündigung. Zum anderen ist fraglich, welchen Grad an Kausalität der Unwirksamkeitsgrund voraussetzt, mithin wann die Kündigung „wegen“ des Betriebsübergangs erfolgte.

a) Objektiver oder subjektiver Ansatz zur Bestimmung des Kündigungsgrundes?

Der Wortlaut des § 613a Abs. 4 Satz 1 BGB, wonach eine Kündigung wegen eines Betriebsübergangs unwirksam ist, gibt keinen Aufschluss darüber, ob ein objektiver oder ein subjektiver Ansatz zur Bestimmung des Unwirksamkeitsgrundes maßgeblich sein soll. Der Begriff „wegen“ kann nach dem allgemeinen Sprachgebrauch sowohl auf einen rein subjektiven Beweggrund des Arbeitgebers hinweisen als auch auf die Ursächlichkeit eines tatsächlich gegebenen Betriebsübergangs. Im Einzelnen werden hierzu verschiedene Ansätze vertreten.

(1) Objektiver Ansatz

Kindscher weist darauf hin, dass bereits die europäische Entstehungsgeschichte der Norm auf einen objektiven Ansatz hindeute.[87] In Art. 4 Abs. 1 Satz 1 der Richtlinie 77/187EWG heißt es, der Übergang eines Unternehmens, Betriebes oder Unternehmens- bzw. Betriebsteils stelle als solcher für den Veräußerer oder den Erwerber keinen Grund zur Kündigung dar. Hieraus deutet *Kindscher*, dass es zur Begründung der Kündigung allein auf die rechtliche Beurteilung des arbeitgeberseitigen Sachvortrages ankomme. Dessen Motive seien hingegen nicht maßgeblich.[88]

Zudem versteht *Kindscher* § 613a Abs. 4 Satz 1 BGB als Präklusionsnorm. Da Betriebsveräußerer und Betriebserwerber eine Kündigung nicht mit einem Betriebsübergang begründen dürfen, sei ein solcher folglich als Kündigungsgrund präkludiert.[89] Aufgrund dessen sieht *Kindscher* eine Parallele zu den Kündigungsgründen des § 1 KSchG und § 626 BGB. Diese seien allein danach zu beurteilen, ob im Zeitpunkt des Kündigungszugangs der entsprechende Kündigungsgrund

87 Vgl. Kindscher, Seite 114 f.

88 Vgl. Kindscher, Seite 115; so auch Schaub, ZIP 1984, 272 (276).

89 Vgl. Kindscher, Seite 202.

vorgelegen habe. Folglich seien dann auch der nicht berücksichtigungsfähige Umstand des Betriebsübergangs objektiv zu beurteilen. Nach seiner Auffassung dürfen weder Motiv noch Wissensstand des Arbeitgebers für die Prüfung der tatbestandlichen Voraussetzungen des § 613a Abs. 4 BGB eine Rolle spielen.[90]

(2) Subjektiver Ansatz

Lipinski verfolgt einen subjektiven Ansatz. Zwar erkennt auch er an, dass die Formulierung des Art. 4 Abs. 1 Satz 1 der Richtlinie 77/187EWG, wonach der Übergang eines Unternehmens, Betriebes oder Unternehmens- bzw. Betriebsteils als solcher für den Veräußerer oder den Erwerber keinen Grund zur Kündigung darstellt, auf einen objektiven Ansatz hindeute.[91] Einen Widerspruch zu dem von ihm vertretenen Ansatz sieht *Lipinski* hierin nicht. Nach der Rechtsprechung des EuGH seien nämlich bei der Prüfung eines Verstoßes gegen Art. 4 Abs. 1 der Richtlinie 77/187EWG lediglich objektive Umstände zu berücksichtigen. Da lediglich anhand von objektiven Umständen auf das subjektive Motiv des Kündigenden geschlossen werden könne, würden diese auch bei einem subjektiven Ansatz ausreichend berücksichtigt werden.[92]

Maßgeblich stellt Lipinski jedoch auf eine Parallele zu den Vorschriften der – mittlerweile weggefallenen – §§ 611a Abs. 1, 612 Abs. 3 BGB ab.[93] Diese verwendeten die dem § 613a Abs. 4 BGB ähnlichen Formulierungen „Kündigung (...) *wegen* seines Geschlechts" und „Vereinbarung einer geringeren Vergütung (...) *wegen* des Geschlechts". Für diese Bestimmungen, die sich jeweils gegen eine unmittelbare Diskriminierung wegen des Geschlechts wendeten, sei ein subjektiver Ansatz anerkannt gewesen. Deshalb liege es aufgrund der Ähnlichkeit der Formulierung nahe, auch für § 613a BGB einen subjektiven Maßstab anzulegen.[94]

Ursprünglich relativierte *Lipinski* diesen subjektiven Ansatz und räumte ein, dass sich aus der Formulierung „wegen des Betriebsübergangs" ergebe, dass das Kündigungsverbot des § 613a Abs. 4 BGB nicht ausschließlich subjektiv zu verstehen sei. Vielmehr handele es sich bei dem Tatbestandsmerkmal „Betriebsübergang" um ein objektives Merkmal, welches ebenfalls gegeben sein müsse.[95] Später findet sich dieser Hinweis bei *Lipinski* hingegen nicht mehr.[96]

---

90 Vgl. Kindscher, Seite 202.

91 Vgl. Lipinski, NZA 2002, 75 (77).

92 Vgl. Lipinski, NZA 2002, 75 (78).

93 Die Vorschriften der §§ 611a, 612 Abs. 3 BGB wurde durch das „Gesetz zur Umsetzung europäischer Richtlinien zur Verwirklichung des Grundsatzes der Gleichbehandlung" v. 14.08.2006 aufgehoben und in das AGG übertragen.

94 Vgl. Lipinski, NZA 2002, 75 (77).

95 Vgl. Lipinski, Sonderkündigungsschutz, Seite 48.

96 Vgl. Lipinski, NZA 2002, 75 (77 f.).

(3) Gemischt objektiv-subjektiver Ansatz

In seiner Rechtsprechung verfolgt das BAG einen gemischt objektiv-subjektiven Ansatz. Hierbei wird betont, dass es für die Anwendung des § BGB § 613a Abs. 4 BGB nicht genüge, wenn der Betriebsübergang lediglich der äußere Anlass für die Kündigung sei, sondern vielmehr müsse dieser der tragende Grund für die Kündigung gewesen sein.[97] Hierzu führte der 2. Senat aus:[98]

> *„Diese zur Anwendung des § 613a Abs. 4 BGB erforderliche Verbindung von subjektiven (tragendem Beweggrund) mit objektiven Umständen (Betriebsübergang) spricht allerdings dagegen, dieses Kündigungsverbot ausschließlich subjektiv zu determinieren und die Vorstellungen und Erwartungen des Arbeitgebers, es könne noch zu einem Betriebsübergang kommen, auch dann als Kündigung wegen des Betriebsüberganges zu werten, wenn in dieser Richtung vom Arbeitgeber noch nichts veranlaßt worden ist und keine objektiven Umstände diese Entwicklung andeuten."*

Maßgeblich ist nach der Rechtsprechung daher nicht die rein subjektive Motivation des Arbeitgebers. Es müssen bereits objektive Anhaltspunkte für einen Betriebsübergang vorliegen. Es kommt aber wesentlich auf den Betriebsübergang als Beweggrund der Kündigung an. Dieser Auffassung haben sich weite Teile der Literatur (mit zum Teil leicht abweichender Formulierung) angeschlossen.[99]

(4) Stellungnahme

Kindscher verkennt bereits die Rechtsnatur des § 613a Abs. 4 BGB und deutet diesen als reine Präklusionsnorm. Folgerichtig – aber dennoch unzutreffend – kommt er daher zu einer rein objektiven Auslegung des § 613a Abs. 4 BGB, welche im Ergebnis nicht überzeugen kann. Denn eine rein objektive Auslegung des § 613a Abs. 4 BGB kann bei Sachverhalten nicht zu einer adäquaten Lösung führen, bei denen mehrere konkurrierende Beweggründe vorliegen. Hier ist ein Rückgriff auf die subjektive Seite, also auf das Motiv des Arbeitgebers, unverzichtbar.

Auch eine rein subjektive Auslegung vermag nicht zu überzeugen. Zutreffend am objektiven Ansatz – und somit zugleich Kritik am rein subjektiven Ansatz – ist nämlich, dass stets zu prüfen ist, ob auch tatsächlich ein Betriebsübergang vorgelegen hat bzw. ein solcher geplant war. Maßgeblicher Sinn und Zweck des § 613a BGB ist es, im Falle eines Betriebsübergangs den Arbeitsplatz in seiner

---

97 Vgl. BAG v. 16.05.1988, 2 AZR 596/87, NZA 1989, 461 (463).

98 Vgl. BAG v. 16.05.1988, 2 AZR 596/87, NZA 1989, 461 (463).

99 Vgl. *Dreher* in Bernsau, Betriebsübergang, § 613a BGB, Rn. 248 ff.; *Wank* in Münchener Handbuch Arbeitsrecht, § 103, Rn. 10 ff.; *Preis* in Erfurter Kommentar, § 613a BGB, Rn. 155; *Zwanziger* in Kittner, KSchR, § 613a BGB, Rn. 197; Berkowsky, Betriebsbedingte Kündigung, § 10, Rn. 53; Annuß/Lembke, Arbeitsrechtliche Umstrukturierung, Rn. 118 f..

derzeitigen Ausgestaltung zu schützen. Der Arbeitsplatz soll durch den Betriebsübergang möglichst unbeeinflusst bleiben. Im Fokus der Norm steht mithin der Kontinuitätsgedanke. Um diesem Schutzzweck zu genügen, bedarf es zwingend eines objektiven Umstandes, nämlich eines Betriebsübergangs. Würde man hingegen § 613a BGB rein subjektiv prüfen, so würde auch eine Kündigung, die ein Arbeitgeber in der irrigen Annahme, seine Betriebsstilllegung stelle einen Betriebsübergang dar, unwirksam sein. Dies entspricht aber nicht dem Sinn und Zweck des § 613a BGB, da dieser eine damit verbundene Ausweitung des Bestandsschutzes der Arbeitsverhältnisse nicht bezweckt.

Auch *Lipinski*s Vergleich zu den Vorschriften der §§ 611a Abs. 1, 612 Abs. 3 BGB (bzw. mittlerweile entsprechend zum AGG) ist unzutreffend. Zwar verwenden diese Vorschriften einen ähnlichen Wortlaut. Von diesem kann aber nicht auf eine identische Auslegung der Normen geschlossen werden. Richtig ist zwar, dass bei den §§ 611a, 612 Abs. 3 BGB ein subjektiver Ansatz zur Bestimmung des Kündigungsgrundes anzulegen ist. Diese Vorschriften verfolgen aber einen anderen Schutzzweck als § 613a BGB. Die §§ 611a, 612 Abs. 3 BGB (bzw. nunmehr die entsprechenden Vorschriften im AGG) bezweckten den Schutz des Arbeitnehmers vor einer diskriminierenden Maßnahme des Arbeitgebers. Dabei soll der Arbeitnehmer gerade vor der diskriminierend motivierten Entscheidung des Arbeitgebers geschützt werden. Daher war auch nach dem subjektiven Beweggrund der Maßnahme zu fragen. § 613a BGB soll hingegen den Bestand des Arbeitsplatzes im Falle eines Betriebsübergangs schützen. Liegt ein solcher objektiv nicht vor, bedarf es keines entsprechenden Schutzes.

Im Ergebnis ist daher der Auffassung der Rechtsprechung und herrschenden Meinung in der Literatur zu folgen. Eine Kündigung „wegen eines Betriebsübergangs“ verstößt nur dann gegen § 613a BGB, wenn objektive Umstände auf einen Betriebsübergang schließen lassen und die Kündigung auch durch diesen Betriebsübergang motiviert ist.

b) Der Kausalzusammenhang zwischen dem Betriebsübergang und der Kündigung im Rahmen des Tatbestandes des § 613a Abs. 4 BGB

In einem engen Zusammenhang zu der soeben aufgezeigten Frage, ob ein objektiver oder subjektiver Ansatz zur Bestimmung des Tatbestandsmerkmals „wegen“ in § 613a Abs. 4 Satz 1 BGB anzusetzen ist, steht auch die Diskussion, welcher kausale Zusammenhang zwischen dem Betriebsübergang und dem Ausspruch der Kündigung notwendig ist.

Die äußerste denkbare Auffassung wäre, dass der Betriebsübergang für die Kündigung ursächlich im Sinne einer „conditio sine qua non“ sein muss. Dies wäre immer dann der Fall, wenn der Betriebsübergang nicht hinweggedacht werden kann, ohne dass auch die Kündigung in ihrer konkreten Form entfiele. Soweit ersichtlich, wird dieser Ansatz richtigerweise nicht ernsthaft vertreten, da dies zu einer enormen Ausweitung des Kündigungsschutzes führen würde. Sofern ein Betrieb im Wege eines Betriebsübergangs von Unternehmer A auf Unternehmer B übergehen würde und letzterer 20 Jahre später eine Kündigung ausspricht, würde diese Kündigung nach einem solchen Ansatz nämlich immer noch von § 613a Abs. 4 Satz 1 BGB erfasst. Ein Betriebsübergang – und läge dieser noch so lange in der Vergangenheit – könnte nämlich mit an Sicherheit grenzender Wahrscheinlichkeit nicht hinweggedacht werden, ohne dass die Kündigung in ihrer konkreten Form entfiele. Ein solch umfassender Bestandsschutz kann offensichtlich nicht beabsichtigt gewesen sein, wäre zudem systemfremd und wird daher auch allgemein abgelehnt.[100]

(1) Literaturansichten zum Kausalzusammenhang

Zu der Gewichtung des Beweggrundes „Betriebsübergang" werden in der Literatur verschiedene Positionen vertreten. Diese weichen zum Teil stark, zum Teil aber auch nur im Wortlaut voneinander ab. *Lipinski* kategorisierte bereits die möglichen Positionen zu der Frage, wann eine Kündigung „wegen des Betriebsübergangs" vorliegt, wie folgt:[101]

<u>Position 1</u>: Der Betriebsübergang ist das allein ursächliche Motiv für den Kündigungsentschluss.

<u>Position 2</u>: Der Betriebsübergang ist ein Motiv unter mehreren ursächlichen Motiven für den Kündigungsentschluss, unabhängig von seinem Gewicht.

<u>Position 3</u>: Der Betriebsübergang ist das überwiegende, d.h. tragende Motiv unter mehreren ursächlichen Motiven für den Kündigungsentschluss.

<u>Position 4</u>: Der Betriebsübergang ist ein mindestens gleichgewichtiges Motiv unter mehreren ursächlichen Motiven für den Kündigungsentschluss.

Lipinski selber vertritt die Position 1. Danach soll eine Kündigung wegen eines Betriebsübergangs nur dann gemäß § 613a Abs. 4 BGB unwirksam sein, wenn diese allein aus dem Motiv „Betriebsübergang" erfolgte.[102]

Regelmäßig finden sich in der Literatur Formulierungen die auf die Position 3 hindeuten. So formuliert z.B. *Pfeiffer*, eine Kündigung erfolge wegen des Betriebsübergangs, wenn der Betriebsübergang für den Ausspruch der Kündigung

100 Vgl. auch *Zwanziger* in Kittner, KSchR, § 613a BGB, Rn. 197; Lipinski, NZA 2002, 75 (78).
101 Vgl. Lipinski, NZA 2002, 75 (78).
102 Vgl. Lipinski, NZA 2002, 75 (78); so auch Hanau/Berscheid, Übertragende Sanierung, Rn. 21.

die wesentliche Ursache war.[103] Bei *Berkowsky* heißt es, eine Kündigung sei unwirksam, wenn der Betriebsübergang der tragende Beweggrund, das entscheidende Motiv für die Kündigung sei.[104] *Däubler/Zwanziger* meinen, eine Kündigung sei wegen des Betriebsübergangs ausgesprochen, wenn ihr Beweggrund wesentlich durch den Betriebsinhaberwechsel bedingt sei.[105] *Kreitner* führt aus, eine betriebsübergangsbedingte Kündigung liege vor, wenn das Motiv der Kündigung wesentlich durch den Betriebsübergang bedingt sei.[106] *Linck* schreibt, eine Kündigung sei nur dann gemäß § 613a Abs. 4 BGB unwirksam, wenn der Betriebsübergang der tragende Beweggrund für die Kündigung war.[107] Auch *Zöllner* formuliert ähnlich, dass die Kündigung wegen des Betriebsübergangs unwirksam sei, wenn diese wesentlich durch den Betriebsübergang bedingt sei, d.h., wenn der Betriebsübergang den tragenden Grund bilde.[108]

Preis grenzt den Tatbestand hingegen negativ ab. Das Kündigungsverbot soll dann nicht eingreifen, wenn es neben dem Betriebsübergang einen sachlichen Grund gibt, der aus sich heraus die Kündigung zu rechtfertigen vermag, so dass sich der Betriebsübergang nur als äußerer Anlass, nicht aber als tragender Grund für die Kündigung darstellt.[109] *Auch Wank* definiert den Unwirksamkeitsgrund negativ und verneint eine „Kündigung wegen Betriebsübergangs" i.S.d. § 613a Abs. 4 BGB, wenn sich der Arbeitgeber auf einen sachlichen Grund stützt, der auch ohne den Betriebsübergang die Kündigung rechtfertigt.[110]

(2) Stellungnahme

Die oben zitierten Auffassungen liegen dicht beieinander und werden bei einer Vielzahl von Fällen nicht zu unterschiedlichen Ergebnissen führen. Am überzeugendsten ist dennoch die von *Wank*[111] und *Preis*[112] vorgenommene Abgrenzung. Beide definieren das Tatbestandsmerkmal „wegen" negativ. Danach ist eine Kündigung dann nicht wegen eines Betriebsübergangs gemäß § 613a Abs. 4 BGB unwirksam, wenn sich der Arbeitgeber auf einen sachlichen Grund stützt, der auch ohne den Betriebsübergang die Kündigung rechtfertigt.

103 Vgl. *Pfeiffer* in KR, § 613a BGB, Rn. 186.
104 Vgl. Berkowsky, Betriebsbedingte Kündigung, § 10, Rn. 53.
105 Vgl. *Zwanziger* in Kittner, KSchR, § 613a BGB, Rn. 197.
106 Vgl. *Kreitner* in Küttner, Personalbuch, Betriebsübergang, Rn. 68.
107 Vgl. *Linck* in Schaub, Arbeitsrechts-Handbuch, § 134, Rn. 48.
108 Vgl. Zöllner, Arbeitsrecht, § 21, III, 10.
109 Vgl. *Preis* in Erfurter Kommentar, § 613a BGB, Rn. 154 f.; mit gleicher Tendenz auch Hanau/Berscheid, Übertragende Sanierung, Rnn. 23, 26.
110 Vgl. *Wank* in Münchener Handbuch Arbeitsrecht, § 103, Rn. 10.
111 Vgl. *Wank* in Münchener Handbuch Arbeitsrecht, § 103, Rn. 10.
112 Vgl. *Preis* in Erfurter Kommentar, § 613a BGB, Rn. 154 f..

Regelmäßig zu dem gleichen Ergebnis führt auch die von *Lipinski* positiv vorgenommene Abgrenzung, dass eine Kündigung wegen eines Betriebsübergangs nur dann gemäß § 613a Abs. 4 BGB unwirksam sei, wenn der Betriebsübergang das allein ursächliche Motiv für den Kündigungsentschluss darstelle. Hierbei meint *Lipinski*, es sei irrelevant, welches andere Motiv neben dem Betriebsübergang vorläge. Auch eine abwegige Kündigungsmotivation, wie etwa die Herkunft eines Arbeitnehmers, führe dazu, dass die Kündigung nicht gemäß § 613a BGB unwirksam wäre. Die Unwirksamkeit der Kündigung müsste sich dann aus anderen Normen ergeben, wie z.B. § 1 KSchG oder § 242 BGB.

Nur eine solche enge Auslegung vermag letztendlich zu überzeugen, da nur diese dem Zusammenhang der Sätze 1 und 2 des § 613a Abs. 4 BGB gerecht wird. Deutlich wird dies bei Sachverhalten, bei denen mehrere konkurrierende Beweggründe für die Kündigung vorliegen. Nach der Konzeption des § 613a Abs. 4 BGB soll eine Kündigung wegen eines Betriebsübergangs unwirksam sein (Satz 1), aus anderen Gründen aber weiterhin zulässig bleiben (Satz 2). Dies spricht dafür, dass bei der Konkurrenz mehrerer Kündigungssachverhalte, diese jeweils für sich zu prüfen sind und jeder für sich die Kündigung rechtfertigen kann. § 613a BGB soll nämlich gerade nicht vor Lebenssachverhalten schützen, die sich jeweils unabhängig von dem Betriebsübergang ergeben.[113] Daher kann es im Ergebnis nicht maßgeblich sein, ob der Betriebsübergang für den Kündigungsentschluss das tragende Motiv unter mehreren ursächlichen Motiven oder auch nur ein mindestens gleichgewichtiges Motiv unter mehreren ursächlichen Motiven darstellt. Zu prüfen wäre nämlich, ob jedes der Motive für sich genommen die Kündigung rechtfertigen kann.

3. Die Kündigung aus anderen Gründen i.S.d. § 613a Abs. 4 Satz 2 BGB

Gemäß § 613a Abs. 4 Satz 2 BGB bleibt das Recht zur Kündigung des Arbeitsverhältnisses „aus anderen Gründen“ unberührt. Wie bereits erwähnt, beruht diese Regelung in Satz 2 des § 613a Abs. 4 BGB auf Art. 4 Abs. 1 Satz 2 der Richtlinie 77/187EWG[114], wonach Kündigungen aus wirtschaftlichen, technischen oder organisatorischen Gründen zulässig sein sollen. Wann ein „anderer Grund“ i.S.d. § 613a Abs. 4 Satz 2 BGB die Kündigung rechtfertigen kann, ist unabhängig von dem Betriebsübergang je nach Einzelfall und der jeweils geltenden Rechtslage zu beurteilen. Das reine Vorliegen eines Erwerberkonzeptes stellt für sich genom-

113 Vgl. auch Ascheid, NZA 1991, 873 (878); Willemsen, ZIP 1983, 411 (413).

114 Heute: EG Richtlinie 2001/23/EG Abl. EG Nr. L 82/16.

men offensichtlich keinen „anderen Grund“ i.S.d. § 613a Abs. 4 BGB dar. Maßgeblich hat vielmehr der Inhalt des Erwerberkonzeptes zu sein. Hier ist danach zu differenzieren, ob das Arbeitsverhältnis in den Geltungsbereich des KSchG fällt oder nicht.

a) Im Anwendungsbereich des KSchG

Ist das KSchG anwendbar, so ist die Rechtmäßigkeit der Kündigung am Maßstab des § 1 KSchG zu messen. Die gesetzliche Wertung, die sich aus der wechselseitigen Beziehung zwischen Satz 1 und Satz 2 des § 613a Abs. 4 BGB ergibt, ist insoweit eindeutig. Der Arbeitgeber kann sich zur Begründung der Kündigung demnach nicht auf den Betriebsübergang berufen (Satz 1). Jeder andere Grund i.S.d. § 1 KSchG, der unabhängig vom Betriebsübergang die Kündigung zu rechtfertigen vermag, führt zu deren Wirksamkeit (Satz 2). Insofern ist lediglich der Argumentationsspielraum des Arbeitgebers verkleinert.[115]

An diesen Gedanken anknüpfend (miss-)versteht *Kindscher* die Rechtsnatur des § 613a Abs. 4 BGB als reine Präklusionsnorm für § 1 KSchG.[116] Im Ergebnis vermag dies im Geltungsbereich des KSchG auf den ersten Blick durchaus zu überzeugen. Ein solcher Ansatz wird jedoch der Tragweite der Norm nicht gerecht, da diese auch auf Arbeitsverhältnisse außerhalb des Anwendungsbereichs des KSchG Anwendung findet.

b) Außerhalb des Anwendungsbereichs des KSchG

Ist das KSchG im Rahmen der Kleinbetriebsregelung gemäß § 23 KSchG oder mangels erfüllter Wartezeit gemäß § 1 Abs. 1 KSchG unanwendbar, so kann der zur Kündigung berechtigende „andere Grund“ nicht am Maßstab des § 1 KSchG gemessen werden.[117] Ein Rückgriff auf § 1 KSchG würde in diesem Fall nämlich mittelbar den Anwendungsbereich des KSchG und somit auch den Bestandsschutz des Arbeitsverhältnisses ausweiten. Dies entspricht gerade nicht dem Sinn und Zweck des § 613a BGB, der das Arbeitsverhältnis zwar vor dem Betriebsübergang, aber eben nicht vor dem sonstigen Kündigungsrisiko schützen will. Des Weiteren würde dies auch der klaren Intention des Gesetzgebers widersprechen, den Schutz des KSchG Arbeitsverhältnissen in Kleinbetrieben oder bei kurzer Betriebszugehörigkeit vorzuenthalten.

---

115 Vgl. *Wank* in Münchener Handbuch Arbeitsrecht, § 103, Rn. 34.

116 Vgl. Kindscher, Seite 202.

117 Vgl. *Wank* in Münchener Handbuch Arbeitsrecht, § 103, Rn. 35.

§ 613a Abs. 4 BGB ist aber als eigenständiger Unwirksamkeitsgrund[118] auch auf diese Arbeitsverhältnisse anwendbar. Als Folge dessen kann sich der Arbeitgeber bei Kündigungen, die im Zusammenhang mit einem Betriebsübergang stehen, trotz Unanwendbarkeit des KSchG nicht auf seine Kündigungsfreiheit berufen. Er muss vielmehr die Motivation der ausgesprochenen Kündigung preisgeben, um darzulegen, dass diese eben nicht wegen des Betriebsübergangs erfolgte. Anderer Grund i.S.d. § 613a Abs. 4 Satz 2 BGB kann dann jede andere rational nachvollziehbare Entscheidung des Arbeitgebers sein. Er muss lediglich aufzeigen, dass nicht der Betriebsübergang der Kündigungsgrund war und somit auch nicht die Voraussetzungen des § 613a Abs. 4 Satz 1 BGB vorliegen. Zur Begründung der Kündigung kann der Arbeitgeber somit auf jeden von der Rechtsordnung gebilligten Grund zurückgreifen, sofern es sich hierbei nicht um einen Betriebsübergang handelt.[119]

c) Der Druck des Erwerbers als „anderer Grund" i.S.d. § 613a Abs. 4 Satz 2 BGB

Das Institut der sog. Druckkündigung ist in Rechtsprechung und Literatur ganz überwiegend anerkannt.[120] Hierbei handelt es sich um eine arbeitgeberseitige Kündigung, die auf Grund der Drohung eines Dritten mit schwerwiegenden Nachteilen für den Arbeitgeber ausgesprochen wird. Charakteristisches Element der Druckkündigung ist der sich aus dieser Drohung mit erheblichen Nachteilen ergebende Druck für den Arbeitgeber. Die Drohmittel können dabei recht vielgestaltig sein und reichen von Arbeitsverweigerung, Streik, Entzug von Aufträgen oder Konzessionen, Einstellung von Lieferungen, Beendigung von Geschäftskontakten, massenhafte Eigenkündigung von Arbeitnehmern, Verweigerung der Zusammenarbeit mit dem Arbeitnehmer bis hin zu physischer Gewalt. Da ein solcher Druck unter Umständen zur Zulässigkeit einer Kündigung führen kann, stellt sich die Frage, ob nicht auch der Druck eines Erwerbers im Rahmen einer übertragenden Sanierung einen „anderen Grund" i.S.d. § 613a Abs. 4 Satz 2 BGB darstellen kann. Dies könnte zum Beispiel dann der Fall sein, wenn der Erwerber die Übernahme des Unternehmens von der Kündigung eines oder mehrerer Arbeitnehmer abhängig macht, ohne dass hierfür jedoch ein betriebsbedingter Kündigungsgrund vorliegt.

---

118 Vgl. zur Rechtsnatur des § 613a Abs. 4 BGB oben: II.B.

119 Vgl. Willemsen, ZIP 1983, 411 (414); Hillebrecht, NZA 1989 Beil. 4, 10 (14); *Wank* in Münchener Handbuch Arbeitsrecht, § 103, Rn. 35.

120 Vgl. m.w.N. *Dörner* in Ascheid, Kündigungsrecht, § 626 BGB, Rn. 336 ff.; *Berkowsky* in Münchener Handbuch Arbeitsrecht, § 143, Rn. 1 ff.

Die Zulässigkeit einer solchen Kündigung wurde in der Literatur mit zum Teil unterschiedlicher Begründung bejaht.[121] *Westhelle* vertrat z.B. die Auffassung, die Kündung eines Arbeitnehmers sei betriebsbedingt i.S.d. § 1 Abs. 2 KSchG, wenn dadurch der Verkauf eines Unternehmens und die Verhinderung der Zerschlagung sowie die Rettung von 90% der Arbeitsplätze ermöglicht werde.[122] Nach seiner Auffassung sei es nicht hinzunehmen, dass selbst bei einer Unmöglichkeit der Sanierung des Insolvenzschuldners, ein Erwerber die Nichtübernahme eines einzelnen Arbeitnehmers nicht zur conditio sine qua non der Übernahme mache könne.[123] *Neumann-Duesberg* vertrat die Auffassung, unter diesen Umständen komme zwar eine betriebsbedingte Kündigung nicht in Betracht. Lehne aber der Erwerber die Übernahme ohne Personalbereinigung ab, dann sei die vom Erwerber als Kaufbedingung gemachte *fristlose* Entlassung der in Zukunft nicht mehr verwendbaren Arbeitnehmer von § 626 BGB gedeckt.[124]

Willemsen trat dem mit folgendem vielzitierten Extrembeispiel entgegen: „Ein notleidender Betrieb mit 100.000 Arbeitnehmern soll an einen kapitalkräftigen Interessenten verkauft werden. Dieser ist mit allem einverstanden, nur nicht mit der Übernahme des Arbeitnehmers Y (...). Y besteht dagegen darauf, übernommen zu werden (...).“[125] *Willemsen* beantwortete die Frage danach, ob an einer solchen Forderung die Rettung der übrigen 99.999 Arbeitsplätze scheitern solle, mit einem klaren „ja“. Dies ergebe sich gerade aus dem Sinn und Zweck des § 613 a BGB, wobei nach seiner Auffassung auch das Scheitern einer gewünschten und volkswirtschaftlich sinnvollen Sanierung in Kauf genommen werden müsse.[126]

Auch das BAG hat mit seinem Urteil vom 26. Mai 1983 die Möglichkeit verneint, im Rahmen eines Betriebsübergangs entgegen § 613a Abs. 4 BGB Druckkündigungen auszusprechen.[127] Zutreffend verweist der 2. Senat darauf, aus der Entstehungsgeschichte, dem Gesetzestext sowie dem Zweck des § 613a Abs. 4 BGB ergebe sich, dass „Kündigungen, die gerade wegen des Betriebsübergangs auf Druck des Erwerbers ausgesprochen werden, ausgeschlossen werden sollten.“[128]

---

121 Vgl. Caspers, Seite 129, Rn. 295; Vossen, BB 1984, 1557 (1559); Grunsky, ZIP 1982, 772 (776); ders., AP Nr. 34 zu § 613a BGB (siehe unter 2.); Westhelle, ZIP 1982, 619; Neumann-Duesberg, NJW 1972, 665 (668); Heckelmann, ZfA 1972, 425 (474).

122 Vgl. Westhelle, ZIP 1982, 619 (623).

123 Vgl. Westhelle, ZIP 1982, 619 (622 f.).

124 Vgl. Neumann-Duesberg, NJW 1972, 665 (668); Heckelmann, ZfA 1972, 425 (474).

125 Willemsen, ZIP 1983, 411 (414, letzter Absatz, unter Ziffer 2.1).

126 Vgl. Willemsen, ZIP 1983, 411 (415); so auch *Pfeiffer* in KR, § 613a BGB, Rn. 189.

127 Vgl. BAG v. 26.05.1983, 2 AZR 477/81, AP Nr. 34 zu § 613a BGB (siehe unter B.III.1. der Entscheidungsgründe).

128 BAG v. 26.05.1983, 2 AZR 477/81, AP Nr. 34 zu § 613a BGB (B.III.1. der Entscheidungsgründe); vgl. auch Willemsen, ZIP 1983, 411 (415); *Dreher* in Bernsau, Betriebsübergang, § 613a BGB, Rn 254.

Dieser Auffassung ist sowohl im Ergebnis als auch in der Begründung zu folgen. Sinn und Zweck des § 613a BGB ist es gerade, die Kontinuität der Arbeitsverhältnisse im Rahmen eines Betriebsübergangs zu gewährleisten und die Arbeitnehmer vor den spezifischen Gefahren eines Betriebsübergangs zu schützen. Gemäß § 613a Abs. 4 Satz 2 BGB bleibt lediglich das Recht zur Kündigung des Arbeitsverhältnisses „aus anderen Gründen" unberührt. Der Druck eines Erwerbers im Rahmen eines Betriebsübergangs ist aber kein anderer Grund. Hierin realisiert sich nämlich gerade ein spezifisches Risiko des Betriebsübergangs, nämlich dass der Erwerber sich eine „Wunschmannschaft" heraussucht. Würde man die reine Forderung des Erwerbers nach einer Kündigung als „anderen Grund" anerkennen, würde somit der Zweck des § 613a BGB konterkariert.[129] Unabhängig von der Rechtsnatur der Druckkündigung (diese ist sowohl als außerordentliche als auch als ordentliche Kündigung denkbar), verstößt eine Kündigung des Insolvenzverwalters, die dieser allein mit der Forderung des Erwerbers sowie dem möglichen Scheitern einer übertragenden Sanierung begründet, daher gegen § 613a Abs. 4 BGB.

Bei einer Kündigung auf Grundlage eines Erwerberkonzeptes handelt es sich regelmäßig um eine betriebsbedingte Kündigung und nicht um eine solche Druckkündigung. Der Grund der Kündigung liegt nämlich nicht in dem Druck des Erwerbers, sondern in dessen unternehmerischen Konzept zu sehen. Der wesentliche Unterschied zu dem oben zitierten Beispiel von *Willemsen* liegt darin, dass die personelle Auswahlentscheidung somit nicht der freien Disposition des Erwerbers unterliegt.[130] Dies wird im Anwendungsbereich des KSchG nach Maßgabe von § 1 Abs. 3 KSchG als auch außerhalb des Geltungsbereichs des KSchG über die zivilrechtliche Generalklausel des § 242 BGB erreicht. Bei einer Druckkündigung geht es der druckausübenden Partei aber regelmäßig gerade darum, einen ganz bestimmten Arbeitnehmer loszuwerden. Eben dies soll § 613a Abs. 4 BGB verhindern. In der Literatur findet sich daher häufig auch der Hinweis, § 613a Abs. 4 BGB enthalte ein partielles Verbot der Druckkündigung.[131]

---

129 Vgl. Willemsen, ZIP 1983, 411 (416); Schumacher-Mohr, NZA 2004, 629 (630 f.); Deneke, Seite 204 ff..

130 Vgl. Willemsen, ZIP 1983, 411 (416).

131 Vgl. *Wank* in Münchener Handbuch Arbeitsrecht, § 102, Rn. 14

4. Die Durchführbarkeit des Erwerberkonzeptes im zu übertragenden Betrieb als Wirksamkeitsvoraussetzung der Kündigung?

Lange Zeit war strittig, ob die Durchführbarkeit des Erwerberkonzeptes bei dem zu übertragenden Betrieb eine Wirksamkeitsvoraussetzung für die auf ein Erwerberkonzept gestützte Kündigung ist. Neben Teilen der Literatur[132], trat ursprünglich auch das BAG für ein entsprechendes Erfordernis ein. Mit seinem Urteil vom 26. Mai 1983[133] hat der 2. Senat zwar im Ergebnis offengelassen, ob eine Kündigung wegen einer auf eine Initiative des Erwerbers zurückgehende Sanierungsmaßnahme wirksam sein könne. Hierfür sei aber jedenfalls erforderlich, dass die Beschäftigungsmöglichkeit für einen bestimmten Arbeitnehmer aufgrund eines Konzeptes des Erwerbers entfällt, dass auch der bisherige Arbeitgeber bei eigener Fortführung des Betriebes hätte durchführen können. Dieser Vorbehalt sei erforderlich, weil das Kündigungsrecht des Veräußerers nicht um Gründe erweitert werden dürfe, die allein in der Sphäre des Erwerbers liegen und von diesem erst mit dem Betriebsübergang aufgrund einer weitergehenden, betriebsübergreifenden unternehmerischen Planung verwirklicht werden könnten.[134]

Der 2. Senat begründete dieses Erfordernis maßgeblich damit, dass anderenfalls der Zweck des § 613a Abs. 4 BGB, Kündigungen aus Anlass des Betriebsübergangs auszuschließen, vereitelt werde.[135] An dieser Stelle wird das Urteil in sich unschlüssig. Während hier der Sinn und Zweck des § 613 Abs. 4 BGB nämlich dahingehend ausgeweitet wird, Kündigungen *aus Anlass* des Betriebsübergangs auszuschließen, heißt es vorher noch in dem Urteil, nur der Betriebsübergang selber dürfe nicht der Kündigungsgrund sein.[136] Daher sei eine Kündigung nicht schon dann rechtsunwirksam, wenn der Betriebsübergang für die Kündigung ursächlich, sondern nur dann, wenn der Betriebsübergang Beweggrund für die Kündigung sei, das Motiv der Kündigung also wesentlich durch den Betriebsinhaberwechsel bedingt werde.

Ob aus diesem Urteil für eine Veräußererkündigung auf Grundlage eines Erwerberkonzeptes überhaupt auf ein allgemeingültiges Erfordernis der „Durchführbarkeit beim Veräußerer" geschlossen werden kann, erscheint fragwürdig.[137]

---

132 Vgl. m.w.N. Kindscher, Seite 154 ff.; Schaub, ZIP 1984, 272 (276); Willemsen, ZIP 1983, 411 (415); Hillebrecht, NZA 1989 Beil. 4, 10 (14 f.); wohl auch Borngräber, Seite 70; Habscheid, RdA 1989, 88 (93); Caspers, Seite 128, Rn. 293; Blask, Seite 70; *Bayreuther* in FAK Arbeitsrecht, § 613a BGB, Rn. 108 (a.E.); *Zwanziger* in Kittner, KSchR, § 613a BGB, Rn. 204.

133 BAG v. 26.05.1983, 2 AZR 477/81, AP Nr. 34 zu § 613a BGB.

134 Vgl. BAG v. 26.05.1983, 2 AZR 477/81, AP Nr. 34 zu § 613a BGB (630).

135 Vgl. BAG v. 26.05.1983, 2 AZR 477/81, AP Nr. 34 zu § 613a BGB (630).

136 Vgl. BAG v. 26.05.1983, 2 AZR 477/81, AP Nr. 34 zu § 613a BGB (629).

137 Vgl. bzgl. der Bedenken zur Verallgemeinerungsfähigkeit des Urteils auch: Sieger/Hasselbach, DB 1999, 430 (432).

Hielte man an diesem Erfordernis fest, so wäre eine Kündigung in der oben dargestellten 2. Variante grundsätzlich nicht möglich. Da hierbei auch betriebliche Aspekte aus dem Erwerberbetrieb heranzuziehen sind, wäre ein solches Konzept niemals auch ohne den Betriebsübergang in dem zu übertragenden Betrieb durchführbar. Teile der Literatur halten – zumindest im Grundsatz – an dieser Auffassung fest. Sind organisatorische Konzepte nur unter Einbeziehung des Erwerbers durchführbar, so seien diese nach Auffassung *Zwanzigers* wegen des Schutzzwecks des § 613a Abs. 4 BGB auch erst beim Erwerber durchzuführen und die entsprechenden Kündigungen auch erst vom Erwerber auszusprechen.[138] Nach Auffassung *Kindschers* erhielte der Betriebsveräußerer zweckwidrig eine erweiterte Kündigungsmöglichkeit, dürfte dieser sich auf die finanziellen bzw. organisatorischen Voraussetzungen des Betriebserwerbers, die solche Rationalisierungsmaßnahmen erst ermöglichen, erfolgreich berufen.[139]

Der 8. Senat des BAG nahm mit seiner Entscheidung vom 20. März 2003 von der vom 2. Senat ursprünglich geforderten Durchführbarkeit des Erwerberkonzeptes im übergehenden Betrieb Abstand.[140] Da sanierungsbedürftige Betriebe aus sich heraus regelmäßig nicht sanierungsfähig seien, bestehe zur Stilllegung oft nur die Alternative der Umstrukturierung mittels finanzieller und/oder organisatorischer Möglichkeiten eines Erwerbers. In einer solchen Situation verstoße eine Kündigung auf Grundlage eines Sanierungskonzepts des Erwerbers nicht gegen § 613a Abs. 4 BGB. Für die Wirksamkeit einer entsprechenden betriebsbedingten Kündigung des Veräußerers komme es daher nicht auf die Durchführbarkeit des Konzeptes beim Veräußerer an. Ob diese Grundsätze nur im Rahmen eines Insolvenzverfahrens oder auch außerhalb eines solchen allgemein Anwendung finden, ließ das BAG ausdrücklich offen.[141]

In weiten Teilen der Literatur wurde dieses Erfordernis abgelehnt.[142] Ein entsprechendes Erfordernis ergebe sich nicht aus § 613a BGB. Es sei nämlich nicht Sinn und Zweck des § 613a BGB, die Arbeitsverhältnisse der übergehenden Arbeitnehmer künstlich zu verlängern, sofern ein Wegfall der Beschäftigungs-

138 Vgl. Zwanziger, Arbeitsrecht der InsO, § 128 InsO, Rn. 20.

139 Vgl. Kindscher, Seite 155.

140 Vgl. BAG v. 20.03.2003, 8 AZR 97/02, NZA 2003, 1027 (1029).

141 Vgl. BAG v. 20.03.2003, 8 AZR 97/02, NZA 2003, 1027 (1029).

142 Vgl. Hanau, ZIP 1984, 141 (143); Hanau/Berscheid, Übertragende Sanierung, Rn. 23; Loritz, RdA 1987, 79 (83 f.); Vossen, BB 1984, 1557 (1560); Kreitner, Seite 110; Gaul/Bonanni/Naumann, DB 2003, 1902 (1903); Wickler, Seite 98 ff., *Willemsen* in Willemsen, Umstrukturierung und Übertragung von Unternehmen, Teil H, Rn. 116; Lipinski, Sonderkündigungsschutz bei Betriebsübergang, Seite 62; ders., NZA 2001, 75 (79); Müller, NZI 2009, 153 (154); Annuß/Stamer, NZA 2003, 1247 (1247); *Preis* in Erfurter Kommentar, § 613a BGB, Rn. 170; *Kiel* in Ascheid, Kündigungsrecht, § 1 KSchG, Rn. 506; *Steffan* in Ascheid, Kündigungsrecht, § 613a BGB, Rn. 190; Picot/Schnitker, Teil I, Rn. 397; Elz, Seite 81; Bütefisch, Seite 97 f.; Kappenhagen, BB 2003, 2182 (2182); wohl auch Ott/Göpfert, Unternehmenskauf, Seite 214.

möglichkeit bereits absehbar ist.[143] *Grunsky* betonte hierzu bereits zutreffend, dass es auf die Durchführbarkeit beim Veräußerer nicht ankommen könne, da letztlich von dem Inhaberwechsel abgesehen und statt dessen auf die Entwicklung des Betriebes abgestellt werden müsse.[144]

Diesem Gedanken ist voll zuzustimmen. Zwar ist auch das vom 8. Senat des BAG in seiner Entscheidung vom 20. März 2003 hervorgebrachte Argument, sanierungsbedürftige Betriebe seien regelmäßig nicht aus sich heraus sanierungsfähig, weswegen die Durchführbarkeit eines Erwerberkonzeptes ohne den Erwerber meist scheitern dürfte, in tatsächlicher Hinsicht sicherlich zutreffend. Zumindest insofern ist *Kindscher* zuzustimmen, der ausführte, von der Häufigkeit bestimmter Umstände in der Lebenswirklichkeit könne man nicht auf den Inhalt einer gesetzlichen Regelung oder die Wertung des Gesetzes schließen.[145] Die Zulassung von Erwerberkonzepten stellt ohne Frage einen wichtigen Beitrag zur Sanierung insolventer Unternehmen dar und somit auch zur Rettung von Arbeitsplätzen. Die gesetzliche Zulässigkeit einer entsprechenden Kündigung ließe sich mit diesem rein praktischen Gedanken allein jedoch nicht begründen.[146]

Dies verkennt auch *Loritz*, sofern er ausführt, es sei sinnlos zu fragen, ob der Veräußerer das Erwerberkonzept auch selber hätte durchführen können: Denn entweder der Arbeitgeber könne selber rationalisieren, dann müsse dieser auch kündigen dürfen, oder er könne nicht selber rationalisieren, dann müsse dieser den Betrieb stilllegen und dürfte ebenfalls selber kündigen.[147] Werde in diesem Fall die Stilllegung durch ein Erwerberkonzept verhindert, so stelle dies nur ein milderes Mittel im Vergleich zu Stilllegung dar.[148] Diese rein tatsächliche Überlegung ist nicht der richtige Ansatz zur Lösung dieses Problems. Dies zeigt sich bereits darin, dass nach der Argumentation von *Loritz* auch eine (Druck-)Kündigung des Veräußerers zulässig sein müsste, sofern der Erwerber die Übernahme des Betriebes ohne Vorliegen eines anderweitigen Kündigungsgrundes rein willkürlich von der Kündigung eines einzelnen Arbeitnehmers abhängig machen würde. Auch in diesem Fall würde die Kündigung nämlich die Betriebsstilllegung verhindern, wäre nach *Loritz* somit das mildere Mittel.[149] Wie bereits oben gezeigt, genügt der reine Druck des Erwerbers hingegen nicht, um die insofern eindeutige Regelung des § 613a Abs. 4 BGB zu „umgehen".[150]

---

143 Vgl. Wickler, Seite 110; Gaul/Bonanni/Naumann, DB 2003, 1902 (1903); Picot/Schnitker, Teil I, Rn. 397.

144 Vgl. Grunsky, AP Nr. 34 zu § 613a BGB (siehe unter 3.).

145 Vgl. Kindscher, Seite 155.

146 A.A. wohl *Preis* in Erfurter Kommentar, § 613a BGB, Rn. 170.

147 Vgl. Loritz, RdA 1987, 79 (83).

148 Vgl. Loritz, RdA 1987, 79 (83).

149 Dies bejahend z.B.: Vossen, BB 1984, 1557 (1559).

150 Vgl. oben: II.C.3.c).

Des Weiteren überzeugt der Ansatz des „milderen Mittels“ insgesamt nicht. Für den gekündigten Arbeitnehmer ist es nämlich nur einen geringer Trost, dass es aufgrund seiner Kündigung nicht zu einer Betriebsstilllegung kommt und die Arbeitsplätze anderer Arbeitnehmer erhalten bleiben. Betrachtet man den einzelnen Arbeitnehmer, so stellt sich dessen Kündigung auf Grundlage eines Erwerberkonzeptes nicht als milderes Mittel im Vergleich zu einer Kündigung auf Grundlage einer Betriebsstilllegung dar.

Gleichwohl ist der herrschenden Auffassung im Ergebnis – wenn auch mit einer anderen Begründung als *Loritz* – zuzustimmen und die Auffassung *Kindschers* abzulehnen. Die Legitimationsgrundlage der betriebsbedingten Kündigung liegt darin, dass der Unternehmer nicht gezwungen werden kann, einen Betrieb überhaupt zu führen oder eine bestimmte betriebliche Organisationsform beizubehalten. D.h., Sanierungsmaßnahmen können jeder Zeit zu einer betriebsbedingten Kündigung führen. Würde man der Auffassung *Kindschers* folgen, hieße dies, in § 613a BGB eine Einschränkung dieser unternehmerischen Entscheidungsfreiheit im zeitlichen Zusammenhang mit Betriebsübergängen hineinzuinterpretieren.[151] Maßgeblich hat zu sein, ob bereits zum Zeitpunkt des Ausspruchs der Kündigung absehbar ist, dass spätestens bei Ablauf der Kündigungsfrist der Beschäftigungsbedarf in dem Betrieb entfallen sein wird.[152] Sofern dies zu bejahen ist, widerspricht eine Kündigung entgegen der Auffassung *Kindschers* gerade nicht dem Schutzzweck des § 613a BGB. *Kindscher* verkennt, dass der Sinn und Zweck des § 613a BGB darin liegt, die Kontinuität des Arbeitsverhältnisses unabhängig von dem Betriebsübergang zu gewährleisten und somit den status quo zu schützen. Dabei geht es nicht – wie *Kindscher* meint – darum, einen zeitlichen Bestandsschutz für Arbeitsverhältnisse bis zum Betriebsübergang zu schaffen.[153] Eine hierdurch erreichte Besserstellung der übergehenden Arbeitnehmer im Rahmen von Betriebsübergängen entspricht gerade nicht dem Schutzzweck des § 613a BGB.[154]

Die Durchführbarkeit des Erwerberkonzeptes im übergehenden Betrieb kann daher mit der ganz herrschenden Auffassung in der Literatur sowie der jüngeren Rechtsprechung des BAG nicht als tatbestandliche Voraussetzung der Kündigung des Insolvenzverwalters auf Grundlage eines Erwerberkonzeptes anerkannt werden.

---

151 Vgl. Borngräber, Seite 68 f..

152 Vgl. zum Prognoseprinzip bei der betriebsbedingten Kündigung unten: III.A.3.a) sowie zum Betriebsbezug des Erwerberkonzeptes: III.A.1.

153 Vgl. Kindscher, Seite 155.

154 Vgl. Wickler, Seite 110; Gaul/Bonanni/Naumann, DB 2003, 1902 (1903).

D. Zwischenergebnis: Verstößt die Kündigung des Insolvenzverwalters auf Grundlage eines Erwerberkonzeptes gegen § 613a BGB?

Als Zwischenergebnis bleibt festzuhalten, dass § 613a Abs. 4 BGB ein eigenständiges Kündigungsverbot i.S.d. § 13 Abs. 3 KSchG darstellt. § 613a BGB ist bezüglich seiner Bestandsschutzfunktion auch in der Insolvenz uneingeschränkt anwendbar. Für eine durch den Insolvenzverwalter ausgesprochene Kündigung gelten daher in Bezug auf § 613a BGB keine Erleichterungen.

Des Weiteren verstößt die Kündigung eines Arbeitsverhältnisses nur dann gegen dieses eigenständige Kündigungsverbot des § 613a Abs. 4 BGB, wenn objektive Umstände auf einen Betriebsübergang schließen lassen und die Kündigung auch durch diesen Betriebsübergang motiviert ist. Liegt der Grund für die Kündigung ausschließlich in dem Betriebsübergang, so ist diese unwirksam. Bei mehreren vorliegenden Gründen ist jeder für sich genommen daraufhin zu untersuchen, ob er die Kündigung rechtfertigen kann. Dabei ist es nicht maßgeblich, welcher der Gründe das für den Kündigungsentschluss tragende Motiv darstellt. Jeder der Gründe kann für sich genommen die Kündigung rechtfertigen. Auf die Durchführbarkeit des Erwerberkonzeptes beim zu übertragenden Betrieb kommt es hingegen nicht an.

Überträgt man die oben dargestellten Grundsätze zu § 613a BGB auf die durch den Insolvenzverwalter ausgesprochene Kündigung auf Grundlage eines Erwerberkonzeptes, ist danach zu differenzieren, ob das konkrete Arbeitverhältnis, welches auf Grundlage des Erwerberkonzeptes gekündigt werden soll, vom Geltungsbereich des KSchG erfasst ist oder nicht.

1. Außerhalb des Anwendungsbereichs des KSchG

Außerhalb des Anwendungsbereichs des KSchG besteht grundsätzlich die Kündigungsfreiheit des Arbeitgebers. Diese wird durch die gesetzgeberische Wertung des § 613a BGB dahingehend eingeschränkt, dass eine Kündigung nicht aufgrund eines Betriebsübergangs ausgesprochen werden darf. Jeder andere von der Rechtsordnung gebilligte Grund wäre hingegen zulässig. Bei der Prüfung einer vom Insolvenzverwalter auf Grundlage eines Erwerberkonzeptes ausgesprochene Kündigung ist im Hinblick auf § 613a BGB nach dem Inhalt des Erwerberkonzeptes zu fragen. Beschränkt sich das Erwerberkonzept darauf, den Wegfall des Arbeitsplatzes allein mit dem Betriebsübergang zu begründen, so ist die Kündigung gemäß § 613a Abs. 4 BGB unwirksam. Sofern dem Erwerberkonzept irgendein anderer von der Rechtsordnung gebilligter Grund entnommen werden kann (z.B. eine Umstrukturierung, der Wegfall einer Abteilung oder Hierarchieebene), wäre die Kündigung im Hinblick auf § 613a Abs. 4 BGB unbedenklich. Notwendiger Inhalt eines Erwerberkonzeptes zur Kündigung von Arbeitnehmern, die nicht unter den Geltungsbereich des KSchG fallen, ist daher lediglich ein Grund, der unabhängig von dem Betriebsübergang die Kündigung rechtfertigen kann, der gerade nicht der Betriebsübergang sein darf.[155]

2. Im Anwendungsbereich des KSchG

Im Anwendungsbereich des KSchG stellt sich die Frage nach der Zulässigkeit einer Kündigung auf Grundlage eines Erwerberkonzeptes ungleich komplizierter dar. Ob eine solche Kündigung im Zusammenhang mit einem Betriebsübergang wirksam ausgesprochen werden kann, ist nach den oben aufgezeigten Erkenntnissen maßgeblich davon abhängig, ob ein Kündigungsgrund i.S.d. § 1 KSchG vorliegt.[156] Lediglich sofern der Grund für die Kündigung allein in dem Betriebsübergang liegt, kann bereits an dieser Stelle gesagt werden, dass eine entsprechende Kündigung unwirksam wäre. Im Übrigen ist auf die folgenden Ausführungen zum Kündigungsschutz des KSchG unter III. zu verweisen.

---

155 Vgl. *Berscheid* in Uhlenbruck, InsO, § 128, Rn. 12a; so auch: LAG Köln v. 24.06.1996, 8 Ca 7865/93, LAGE § 613a BGB Nr. 59.

156 Vgl. in diesem Sinne bereits den Ansatz von Neumann-Duesberg, NJW 1972, 665 (666) sowie Loritz, RdA 1987, 79 (82).

III. Der Kündigungsschutz des KSchG

Das folgende Kapitel soll untersuchen, ob und inwiefern die zu den Anforderungen einer betriebsbedingten Kündigung gemäß § 1 KSchG entwickelten Grundsätze auf die spezielle Situation der Kündigung durch den Insolvenzverwalter auf Grundlage eines Erwerberkonzeptes anzuwenden sind und welche Anpassungen gegebenenfalls vorgenommen werden müssen. Grundsätzlich geht die nachfolgende Untersuchung dabei davon aus, dass § 1 KSchG in der Insolvenz uneingeschränkt Anwendung findet.[157] Für eine betriebsbedingte Kündigung durch den Insolvenzverwalter auf Grundlage eines Erwerberkonzeptes gelten daher keine Erleichterungen in Bezug auf den Kündigungsschutz der Arbeitnehmer.

Um eine betriebsbedingte Kündigung nach § 1 KSchG rechtfertigen zu können, müssen sich aus dem Erwerberkonzept dringende betriebliche Erfordernisse ergeben, die einer Weiterbeschäftigung des Arbeitnehmers in diesem Betrieb entgegenstehen. Ob und unter welchen Umständen dies der Fall ist, ist aufgrund der Nähe zum Betriebsübergang problematisch. Regelmäßig wird das Konzept eines Erwerbers nämlich vorsehen, dass der Insolvenzverwalter die notwendigen Kündigungen ausspricht und der Betrieb kurz darauf auf den Erwerber übergeht. Grundlage der Kündigungen sind dann die in dem Erwerberkonzept näher dargestellten Sanierungsmaßnahmen. Diese werden je nach Inhalt des Konzeptes entweder noch vor dem Betriebsübergang vom Insolvenzverwalter oder erst nach dem Betriebsübergang vom Erwerber umgesetzt. Der Zeitpunkt der Umsetzung des Erwerberkonzeptes ist von verschiedenen Faktoren abhängig. Zum einen kann dies schlicht eine Frage des Geldes sein. Sofern für die Umsetzung der Sanierungsmaßnahmen Investitionen notwendig werden, wird der Insolvenzverwalter die hierfür notwendigen Gelder meist nicht aufbringen können. Der Erwerber wird aber erst in den Betrieb investieren wollen, sobald dieser auf ihn übergegangen ist.

Zum anderen kann es auch sein, dass die Umsetzung des Erwerberkonzeptes die bei dem Erwerber bestehenden betrieblichen Strukturen voraussetzt. Grundsätzlich sind danach zwei Fallvarianten zu unterscheiden:

<u>Variante 1:</u> Die von dem Erwerber geplanten Kündigungen beruhen auf einem Sanierungskonzept, welches ausschließlich betriebliche Aspekte des Veräußererbetriebes betrifft. Eventuell bestehende betriebliche Um-

157 Vgl. *Cohnen/Tepass* in Moll, MAH Arbeitsrecht, § 51, Rn. 184.

stände beim Erwerber sind für das Sanierungskonzept hingegen unbeachtlich.

Diese von *Willemsen* „sich selbst tragende Kündigung auf Erwerberkonzept“[158] genannten Kündigungen werden regelmäßig anzutreffen sein, sofern der Betrieb des Veräußerers nach dem Betriebsübergang von dem Erwerber fortgeführt wird, ohne diesen in anderweitige Strukturen einzubinden. Verständlicherweise beruhen Erwerberkonzepte in diesen Fällen in der Regel ausschließlich auf betrieblichen Umständen im Veräußererbetrieb.

Aber auch bei einer Eingliederung in einen bestehenden Betrieb sind Sanierungskonzepte denkbar, die ihre unternehmerische Legitimation allein aus dem zu übernehmenden Betrieb ziehen. Dies wäre z.B. in folgendem Beispiel der Fall:

Der Erwerber möchte den zu übernehmenden Betrieb eines insolventen Einzelhandelsunternehmens nach einem Betriebsübergang in den bereits bestehenden Betrieb seines eigenen Einzelhandelsunternehmens eingliedern. In dem Betrieb des Veräußerers wird täglich von 8:00 – 22:00 Uhr gearbeitet, in dem Betrieb des Erwerbers hingegen lediglich von 9:00 – 18:00 Uhr. Zur Angleichung der Arbeitszeiten soll zukünftig auch in dem Betrieb des Veräußerers von 9:00 – 18:00 Uhr gearbeitet werden. Entsprechend des durch die Verringerung der werktäglichen Arbeitszeit um 5 Stunden entstehenden Personalüberhangs sollen in dem Betrieb des Veräußerers Arbeitnehmer entlassen werden.

In diesem Fall sind die betrieblichen Umstände im Erwerberunternehmen für das Sanierungskonzept nicht maßgeblich. Allein die Reduzierung der Arbeitszeit in dem übergehenden Betrieb bedingt den Personalüberhang. Die entsprechende unternehmerische Entscheidung wäre auch ohne die Eingliederung in den Betrieb des Erwerbers denkbar gewesen. Dies ist bei der zweiten Variante hingegen nicht der Fall:

Variante 2: Die vom Erwerber geplanten Kündigungen beruhen auf einem Sanierungskonzept, welches auch betriebliche Aspekte im Betrieb des Erwerbers betrifft.

In diesem Fall liegt mit der Terminologie *Willemsens*, keine „sich selbst tragende Kündigung“ vor.[159] Vielmehr sind hier für die unternehmerische Entscheidung zwingend die betrieblichen Umstände in dem Erwerberbetrieb erforderlich. Deutlich wird dies anhand folgenden Beispiels:

Ein Erwerber plant, den Betrieb des Veräußerers nach einem Betriebsübergang in seinen eigenen Betrieb einzugliedern. In beiden Betrieben besteht vor

158 Vgl. *Willemsen* in Willemsen, Umstrukturierung und Übertragung von Unternehmen, Teil H, Rn. 110.

159 Vgl. *Willemsen* in Willemsen, Umstrukturierung und Übertragung von Unternehmen, Teil H, Rn. 110.

dem Betriebsübergang eine eigene Einkaufsabteilung. Ohne eine entsprechende Einkaufsabteilung wäre der zu übernehmende Betrieb nicht überlebensfähig. Der Einkauf soll in Zukunft zentral von der Einkaufsabteilung des Erwerberbetriebes übernommen werden, die auch über die hierzu notwendigen Kapazitäten verfügt. Aufgrund dieser Planung sollen alle Mitarbeiter der Einkaufsabteilung des Veräußererbetriebes gekündigt werden.

In diesem Fall ist das Konzept des Erwerbers aus wirtschaftlicher Sicht ohne die betrieblichen Strukturen des Erwerbers nicht umsetzbar. Im Folgenden sollen anhand dieser Fallvarianten der Kündigung auf Grundlage eines Erwerberkonzeptes untersucht werden, ob und inwiefern das Erwerberkonzept eine betriebsbedingte Kündigung i.S.d. § 1 KSchG rechtfertigen kann.

A. Die Umsetzung des Erwerberkonzeptes als betriebsbezogener Kündigungsgrund

Nach dem Wortlaut des § 1 Abs. 2 KSchG setzt eine betriebsbedingte Kündigung dringende betriebliche Erfordernisse voraus, die einer Weiterbeschäftigung des Arbeitnehmers in diesem Betrieb entgegenstehen. Der Begriff des „dringenden betrieblichen Erfordernisses" ist gesetzlich nicht definiert. Grundlage einer betriebsbedingten Kündigung sind im Gegensatz zur verhaltens- oder personenbedingten Kündigung zwingend betriebsbezogene Umstände bzw. von der Person des Arbeitnehmers unabhängige Umstände.[160] Erforderlich ist daher zunächst, dass die Umsetzung eines Erwerberkonzeptes als Grundlage einer Kündigung überhaupt einen Betriebsbezug aufweist.[161]

1. Betriebsbezug des Erwerberkonzeptes

Zum Teil wurde vertreten, ein Erwerberkonzept weise generell keinen Betriebsbezug auf. Mit rechtskräftigem Urteil vom 22. März 1979 sprach das ArbG Wiesbaden dem Veräußerer eines Betriebes die Möglichkeit ab, eine Kündigung auf geplante betriebliche Maßnahmen des Erwerbers zu stützen.[162] Hierzu führte es aus, eine vom Erwerber geplante betriebliche Maßnahme für die Zeit nach dem

160 Vgl. Hoyningen-Huene/Linck, Kündigungsschutzgesetz, § 1, Rn. 682.

161 Vgl. BAG v. 25.11.1982, 2 AZR 140/81, AP Nr. 7 zu § 1 KSchG 1969 – Krankheit; *Preis* in Stahlhacke, Kündigung und Kündigungsschutz, Seite 336, Rn. 896 sowie Seite 341, Rn. 907; *Oetker* in Erfurter Kommentar, § 1 KSchG, Rn. 216.

162 ArbG Wiesbaden v. 22.3.1979, 4 Ca 33/79, DB 1979, 1607.

Betriebsübergang könne grundsätzlich Kündigungen von Arbeitsverhältnissen von Seiten des Veräußerers nicht sozial rechtfertigen. Der Veräußerer bedürfe bei einem Betriebsübergang nicht der Kündigung der Arbeitnehmer zur Wahrung seiner betrieblichen Interessen, da mit dem Betriebsübergang die Arbeitsverhältnisse der Arbeitnehmer automatisch auf den Erwerber übergingen, sofern diese einem Übergang nicht widersprechen. Entsprechend sei die künftige Entwicklung des Betriebes unter dem neuen Arbeitgeber, dem Erwerber, für den bisherigen Arbeitgeber, dem Veräußerer, bedeutungslos und von vornherein für letzteren kein dringendes betriebliches Erfordernis. Dieser wolle und könne keine Arbeitsplätze einsparenden Rationalisierungen oder andere Maßnahmen mehr vornehmen. Sofern der Erwerber dies nach dem Betriebsübergang tun wolle, so könne und müsse dieser gegebenenfalls sozial gerechtfertigte Kündigungen aussprechen.[163]

Die im Detail nicht näher begründete Auffassung des ArbG Wiesbadens geht davon aus, dass § 1 KSchG einer Kündigung auf Grundlage eines Erwerberkonzeptes generell entgegensteht. Nicht erst seit dem Grundsatzurteil des BAG vom 20. März 2003[164] ist diese Auffassung jedoch unhaltbar. Sie steht nämlich auch im deutlichen Widerspruch mit der gesetzlichen Wertung des § 128 Abs. 1 InsO. § 128 InsO erstreckt nämlich die kündigungsrechtlichen Erleichterungen der §§ 125 bis 127 InsO auch auf Fälle, in denen eine Betriebsänderung erst nach einer Betriebsveräußerung durchgeführt werden soll. Dies setzt mithin zwingend voraus, dass auch Betriebsänderungen, die erst nach dem Betriebsübergang durch den Erwerber durchgeführt werden sollen, Kündigungen von Arbeitnehmern durch den Insolvenzverwalter bereits vor dem Betriebsübergang rechtfertigen können.[165] Der Betriebsübergang selbst kann demzufolge keine Zäsur des Betriebsbezuges eines Sanierungskonzeptes darstellen. Ansonsten wäre auch einem Sanierungskonzept des Insolvenzverwalters, welches erst der Erwerber nach dem Betriebsübergang umsetzen soll, der Betriebsbezug abzuerkennen. Dies widerspricht der gesetzgeberischen Intention des § 128 InsO.

Aber selbst wenn man die gesetzgeberische Wertung des § 128 Abs. 1 InsO außer Acht lassen würde, kann einem Erwerberkonzept nicht pauschal der Bezug zum insolventen Betrieb aberkannt werden. Eine solche Auffassung verkennt die Kontinuität des Betriebes im Rahmen der übertragenden Sanierung.[166] *Grunsky* betonte hierzu bereits zutreffend, dass im Falle der Kündigung auf Grundlage eines Erwerberkonzeptes letztlich von dem Inhaberwechsel abgesehen und statt

---

163 Vgl. ArbG Wiesbaden v. 22.3.1979, 4 Ca 33/79, DB 1979, 1607 (1608).

164 Vgl. BAG v. 20.03.2003, 8 AZR 97/02, NZA 2003, 1027.

165 Vgl. Zwanziger, Arbeitsrecht der InsO, § 128 InsO, Rn. 20.

166 Vgl. Picot/Schnitker, Teil 1, Rn. 396.

dessen auf die Entwicklung des Betriebes abgestellt werden müsse.[167] Die übertragende Sanierung stellt nämlich einen Betriebsübergang i.S.d. § 613a BGB dar. Der Betrieb geht mithin unter Wahrung seiner Identität als wirtschaftliche Einheit auf den Erwerber über.[168]

Dabei kann der Erwerber den übernommenen Betrieb entweder als eigenständigen Betrieb fortführen oder diesen in einen bereits bestehenden Betrieb eingliedern. Eine solche Eingliederung steht der Annahme eines Betriebsübergangs nicht entgegen. Dies betonte der EuGH in der sog. Klarenberg-Entscheidung.[169] Entscheidend sei danach, dass die übergehende Einheit ihre Identität bewahre. Diese Voraussetzung sei jedoch „nicht dahin auszulegen, dass (...) die konkrete Organisation der verschiedenen übertragenen Produktionsfaktoren durch den Unternehmer beizubehalten, sondern (...) dass die Beibehaltung der funktionellen Verknüpfung der Wechselbeziehung und gegenseitigen Ergänzung zwischen diesen Faktoren erforderlich ist.“ [170] Unabhängig von der in der Literatur geäußerten Kritik an dieser Entscheidung[171], ist zu berücksichtigen, dass ein Erwerberkonzept auch bei einer Eingliederung des übergehenden Betriebes in den Betrieb des Erwerbers die Zukunft des übergehenden Betriebes betrifft. Auch wenn dieser eingegliedert wird, kann dieser als Teil des Erwerberbetriebes fortgeführt werden und teilt somit dessen Schicksal. Das Konzept eines Erwerbers, welches eine personelle Umstrukturierung vorsieht, die zumindest auch den übergehenden Betrieb des Insolvenzschuldners betrifft, weist daher in aller Regel einen Bezug zur übergehenden Einheit auf. In diesen Fällen behandelt das Erwerberkonzept nämlich gerade die Zukunft des übergehenden Betriebes, unabhängig davon, ob dieser eingegliedert wird oder nicht. Der Wechsel des Arbeitgebers ist insofern unbeachtlich. Der Wegfall der Beschäftigungsmöglichkeit hat zur sozialen Rechtfertigung einer Kündigung nach der Konzeption des § 1 KSchG nämlich gerade in dem *Betrieb* zu erfolgen und nicht bei dem *Arbeitgeber*.[172]

Dies sagt selbstverständlich noch nichts über die soziale Rechtfertigung einer auf Grundlage eines Erwerberkonzeptes ausgesprochenen Kündigung gemäß § 1 KSchG aus. Die Wertungen des § 613a BGB sowie des § 128 InsO verdeutlichen aber, dass einer Kündigung auf Grundlage eines Erwerberkonzeptes nicht bereits deshalb die Möglichkeit der sozialen Rechtfertigung abgesprochen werden kann, weil das Konzept zur Reduzierung der Arbeitsplätze von einem Dritten stammt.

---

167 Vgl. Grunsky, AP Nr. 34 zu § 613a BGB (siehe unter 3.).

168 Vgl. *Wank* in Münchener Handbuch Arbeitsrecht, § 102, Rn. 17.

169 EugH v. 12.02.2009, C-466/07, NZA 2009, 251.

170 Vgl. EugH v. 12.02.2009, C-466/07, NZA 2009, 251 (253 – 47. Absatz).

171 Vgl. z.B. Willemsen, NZA 289; Müller-Bonanni, NZA-Beil. 2009, 13; Wissmann/Schneider, BB 2009, 1126; Salamon/Hoppe, NZA 2010, 989; Schlachter, RdA-Beil., 2009, 31; Berkowsky, NZI 2009, 302 (304).

172 Vgl. Wickler, Seite 97.

Vielmehr ist hier im Einzelfall auf den konkreten Inhalt des Erwerberkonzeptes abzustellen. Dieses muss zumindest auch einen Bezug zum übergehenden Betrieb oder Betriebsteil aufweisen. Umstrukturierungen, die hingegen allein den Betrieb des Erwerbers betreffen, ohne die übergehende Einheit zu berühren, können hingegen keine betriebsbedingte Kündigung im übergehenden Betrieb rechtfertigen.

2. Die unternehmerische Entscheidung des Insolvenzverwalters zur Umsetzung eines Erwerberkonzeptes

Die „unternehmerische Entscheidung" ist einer *der* Zentralbegriffe der sozialen Rechtfertigung einer betriebsbedingten Kündigung. Unabhängig davon, ob inner- oder außerbetriebliche Umstände kausal für einen Personalabbau sind, führen diese für sich genommen noch nicht zum Wegfall eines Arbeitsplatzes. Daher sind betriebsbezogene Umstände für sich genommen auch nicht ausreichend, um eine betriebsbedingte Kündigung zu rechtfertigen. Vielmehr bedarf jede betriebsbedingte Kündigung einer unternehmerischen Entscheidung.[173] Dies folgt nicht zuletzt aus der Funktion des KSchG, welches eine Begrenzung der unternehmerischen Entscheidungsfreiheit darstellt.[174] Für eine Kündigung des Insolvenzverwalters auf Grundlage eines Erwerberkonzeptes kann in diesem Zusammenhang nichts anderes gelten.[175] Auch hier bedarf es einer unternehmerischen Entscheidung des Insolvenzverwalters.

a) Die „unternehmerische Entscheidungsbefugnis" des Insolvenzverwalters

Wer innerhalb eines Unternehmens befugt ist, unternehmerische Entscheidungen zu treffen, ist aus gesellschaftsrechtlicher Sicht eine Frage des „Dürfens". Kündigungsschutzrechtlich ist es hingegen eine Frage des „Könnens". Außerhalb einer Insolvenz ist daher auch nicht zwingend ein formell wirksamer Beschluss des zuständigen Organs der Gesellschaft notwendig. Im Falle einer GmbH bezweckt z.B. § 49 Abs. 2 GmbHG nicht den Schutz der Arbeitnehmer, sondern lediglich

173 Vgl. Hoyningen-Huene/Linck, Kündigungsschutzgesetz, § 1, Rn. 686 ff., *Preis* in Stahlhacke, Kündigung und Kündigungsschutz, Seite 339, Rn. 904; ders., NZA 1995, 241 (243); *Oetker* in Erfurter Kommentar, § 1 KSchG, Rn. 212.

174 Vgl. Preis, NZA 1995, 241 (243).

175 Vgl. *Hamacher* in Nerlich/Römermann, InsO, § 113, Rn. 120.

den Schutz der Gesellschaft.[176] Kündigungsrechtlich ist somit nicht von Bedeutung, ob der Geschäftsführer im Innenverhältnis seine Befugnisse überschritten hat, sondern lediglich, ob zum Zeitpunkt des Zugangs der Kündigung die Wirksamkeitsvoraussetzungen der Kündigung vorlagen. Im Rahmen eines Insolvenzverfahrens gilt es, die Besonderheiten der InsO zu beachten. Bei der Frage, nach der Berechtigung zur Umsetzung eines Erwerberkonzeptes ist daher nach dem Zeitpunkt der Eröffnung des Insolvenzverfahrens zu differenzieren.

Mit Eröffnung des Insolvenzverfahrens geht gemäß § 80 InsO die Verwaltungs- und Verfügungsbefugnis auf den Insolvenzverwalter über. Als Folge dessen ist der Insolvenzverwalter das allein zuständige Organ, um im Rechtsverkehr mit unmittelbarer Außenwirkung für den Insolvenzschuldner aufzutreten. Die Berechtigung des Insolvenzverwalters umfasst dabei sämtliche Handlungen, die notwendig sind, um eine möglichst umfassende Gläubigerbefriedigung zu erreichen, was auch den Abbau von Arbeitsplätzen umfassen kann.[177] Grundsätzlich steht dem Insolvenzverwalter dabei eine erhebliche Eigenverantwortung zu. Der Insolvenzverwalter kann daher auch unternehmerische Entscheidungen treffen, welche die innerbetriebliche Organisation des insolventen Betriebes betreffen. Hierbei hat der Insolvenzverwalter die Vorschriften der InsO, insbesondere die §§ 157, 160 ff. InsO, zu beachten. Danach hat der Insolvenzverwalter gemäß § 160 InsO die Zustimmung des Gläubigerausschusses bzw. der Gläubigerversammlung einzuholen, wenn er Rechtshandlungen vornehmen will, die für das Insolvenzverfahren von besonderer Bedeutung sind.[178] Ein Verstoß des Insolvenzverwalters gegen die Vorgaben der §§ 160 – 163 InsO hat jedoch gemäß § 164 InsO keine Auswirkungen auf die Wirksamkeit der Handlungen des Insolvenzverwalters. Die Wirksamkeit einer ausgesprochenen Kündigung bemisst sich daher nicht nach den §§ 160 – 163 InsO.

Ob ein vorläufiger Insolvenzverwalter bereits im Rahmen des Insolvenzeröffnungsverfahrens berechtigt ist, Kündigungen auszusprechen, hängt davon ab, ob dieser als „starker" oder „schwacher" Insolvenzverwalter bestellt wurde. Bestellt das Insolvenzgericht einen vorläufigen Insolvenzverwalter und legt dem Schuldner gemäß § 21 Abs. 2 Nr. 2 InsO ein allgemeines Verfügungsverbot auf, so geht gemäß § 22 Abs. 1 InsO die Verwaltungs- und Verfügungsbefugnis über das Vermögen des Schuldners auf den vorläufigen Insolvenzverwalter über. Insofern steht dieser sog. „starke Insolvenzverwalter" bezüglich der Ausübung der Arbeitgeberfunktionen einem Insolvenzverwalter gleich und ist auch zur Kündigung von Arbeitsverhältnissen berechtigt.

---

176 Vgl. *Preis* in Stahlhacke, Kündigung und Kündigungsschutz, Seite 264, Rn. 693; Schrader/Straube, Insolvenzarbeitsrecht, VI., Rn. 30.

177 Vgl. zur Kündigungsberechtigung des Insolvenzverwalters unten: IV.C.1.

178 Vgl. hierzu unten: IV.B.1a).

Wird hingegen ein vorläufiger „schwacher“ Insolvenzverwalter gemäß § 21 Abs. 2 Nr. 1 InsO bestellt, so gehen die Arbeitgeberfunktionen nicht auf diesen über. Der Insolvenzschuldner ist weiterhin zur Ausübung sämtlicher Arbeitgeberfunktionen berechtigt und daher auch kündigungsbefugt.

b) Die unternehmerische Entscheidung zur Umsetzung des Erwerberkonzeptes als Grundlage der betriebsbedingten Kündigung

Wie oben ausgeführt, bedarf jede betriebsbedingte Kündigung einer unternehmerischen Entscheidung.[179] Dies gilt auch für eine Kündigung des Insolvenzverwalters auf Grundlage eines Erwerberkonzeptes.[180] Eine solche unternehmerische Entscheidung liegt bei der Umsetzung eines Erwerberkonzeptes grundsätzlich vor. Der Umstand, dass die konzeptionelle Grundlage zur Kündigung von Mitarbeitern des zu erwerbenden Betriebes von einem externen Dritten, nämlich dem zukünftigen Erwerber, stammt, ist für die Wirksamkeit der Kündigung grundsätzlich unbeachtlich. *Willemsen* führt hierzu bereits zutreffend aus, der Umstand, dass die Planung bei der Umsetzung eines Erwerberkonzeptes vom Erwerber stamme, könne keinen Unterschied machen.[181] Kündigt ein Insolvenzverwalter auf Grundlage eines Erwerberkonzeptes, so mag es lediglich auf den ersten Blick erscheinen, als treffe die Kündigungsentscheidung nicht der zur Kündigung befugte Insolvenzverwalter, sondern ein externer Dritter.[182] Im Ergebnis trifft die Kündigungsentscheidung aber der Insolvenzverwalter.[183] Hierbei kann von einer „Adaption“ des Erwerberkonzeptes gesprochen werden. Der Insolvenzverwalter macht sich das Sanierungskonzept insofern zu eigen, als er der Umsetzung zustimmt und auch selbst mit der Umsetzung beginnt, indem er bereits vor der Veräußerung die erforderlichen Kündigungen ausspricht. Dies ist seine unternehmerische Entscheidung.

Dass dies zulässig sein muss, ergibt sich auch aus einer vergleichenden Betrachtung zu der Situation eines eigenen Sanierungskonzeptes des Insolvenzverwalters. Einem Insolvenzverwalter ist es unbestritten möglich, nach Maßgabe

179 Siehe oben: III.A.2.

180 Vgl. *Hamacher* in Nerlich/Römermann, InsO, § 113, Rn. 120.

181 Vgl. *Willemsen* in Willemsen, Umstrukturierung und Übertragung von Unternehmer, Teil H, Rn. 110.

182 So zumindest andeutend: ArbG Wiesbaden v. 22.3.1979, 4 Ca 33/79, DB 1979, 1607; Richardi, NZA 1991, 289 (292).

183 Vgl. Berkowsky, Betriebsbedingte Kündigung, § 6, Rn. 39; Neef, ZGR 1984, 264 (265); *Cohnen/Tepass* in Moll, MAH Arbeitsrecht, § 51, Rn. 182; vgl. zur unternehmerischen Entscheidung des Insolvenzverwalters auch unten: III.A.2.

eines eigenen Sanierungskonzeptes Restrukturierungsmaßnahmen in dem Betrieb der Insolvenzschuldnerin durchzuführen.[184] Bei der Umsetzung eines solchen Sanierungskonzeptes kann der Insolvenzverwalter selbstverständlich auch Kündigungen aussprechen.[185] Dies ergibt sich nicht zuletzt bereits aus § 113 Satz 1 InsO, wonach der Insolvenzverwalter Dienstverhältnisse, bei denen der Insolvenzschuldner der Dienstberechtigte ist, ohne Rücksicht auf eine vereinbarte Vertragsdauer kündigen kann. Es entspricht der absolut herrschenden und zutreffenden Meinung, dass § 113 InsO kein Sonderkündigungsrecht wegen der Insolvenz einräumt.[186] § 113 InsO setzt aber die Befugnis des Insolvenzverwalters, Kündigungen auszusprechen, voraus. Wie auch der Unternehmer selbst, so ist ein Insolvenzverwalter dabei keineswegs gezwungen, die Konzepte zur Restrukturierung eines Unternehmens selbst zu entwickeln. Außerhalb der Insolvenz werden Sanierungskonzepte regelmäßig von externen Unternehmensberatern entworfen. Auch dabei handelt es sich um Konzepte von externen Dritten. Selbstverständlich treffen diese nicht selbst die Entscheidung zur Kündigung. Vielmehr bedarf es auch hier der unternehmerischen Entscheidung zur Umsetzung des Sanierungskonzeptes. Gegen diese Praxis bestehen keine rechtlichen Bedenken. Gleiches muss daher auch für die Umsetzung eines Erwerberkonzeptes durch den Insolvenzverwalter gelten.

Auch der situationsspezifische Einfluss, den der Erwerber auf den Insolvenzverwalter dadurch ausüben kann, dass er den Erwerb des insolventen Betriebes von der Umsetzung seines Konzeptes abhängig macht, rechtfertigt keine andere Wertung. Unternehmerische Entscheidungen sind in der Praxis ganz regelmäßig von dem unternehmerischen Umfeld und den wirtschaftlichen Gegebenheiten außerhalb des Betriebes abhängig. Für ein Erwerberkonzept können insofern keine Besonderheiten gelten.

Vor diesem Hintergrund überzeugt es nicht, wenn u.a. *Kreitner*[187] und *Willemsen*[188] von einer „vorgezogenen Kündigung des Erwerbers" sprechen.[189] Diesem Konzept liegt der Gedanke zu Grunde, dass die von einem Veräußerer bzw. Insolvenzverwalter auf Grundlage eines Erwerberkonzeptes vor dem Betriebsübergang ausgesprochene Kündigung als (vorgezogene) Kündigung des Erwerbers zu werten sei. Der Veräußerer (bzw. im Falle der Insolvenz der Insolvenzverwalter)

---

184 Vgl. z.B. *Preis* in Erfurter Kommentar, § 613a BGB Rn. 168.

185 Vgl. z.B. Hess, Insolvenzarbeitsrecht, § 113, Rn. 1; siehe zur Kündigungsberechtigung des (vorläufigen) Insolvenzverwalter unten: IV.C.1.

186 Vgl. z.B. Schaub, Arbeitsrechts-Handbuch, § 93, Rn. 48.

187 Vgl. Kreitner, Seite 111.

188 Vgl. *Willemsen* in Willemsen, Umstrukturierung und Übertragung von Unternehmen, Teil H, Rn. 114.

189 Vgl. auch Deneke, Seite 212; Schumacher-Mohr, NZA 2004, 629 (632).

trete dabei als Sachwalter der Interessen des Erwerbers auf[190] und spricht die Kündigungen daher quasi für den Erwerber aus. Dieser Ansatz vermag jedoch bereits vom Grundgedanken her nicht zu überzeugen.

Mit der Vorbereitung der übertragenden Sanierung und somit auch der Umsetzung des hierzu notwendigen Erwerberkonzeptes geht der Insolvenzverwalter nämlich in erster Linie seinen eigenen Pflichten nach. Die Umsetzung eines Erwerberkonzeptes muss daher als Teil der übertragenden Sanierung selbst begriffen werden. Ganz regelmäßig ist eine übertragende Sanierung ohne eine Anpassung des Betriebes des Insolvenzschuldners nämlich gar nicht möglich. Darüber hinaus hat die Umsetzung eines Erwerberkonzeptes aber auch einen Einfluss auf die Kaufpreisgestaltung. Insofern ist die Umsetzung untrennbar mit dem Vorgang der übertragenden Sanierung verbunden und ist somit Teil der Aufgabe des Insolvenzverwalters, eine größtmögliche Gläubigerbefriedigung zu erreichen. Der Insolvenzverwalter tritt daher nicht als „Sachwalter" des Erwerbers auf oder will diesem lediglich einen „Gefallen" tun. Der Insolvenzverwalter handelt vielmehr auf Grund seiner ihm obliegenden Pflichten.

Sowohl in der oben dargestellten Variante 1 als auch in der oben dargestellten Variante 2 ist daher von einer das Erwerberkonzept umfassenden unternehmerischen Entscheidung des Insolvenzverwalters auszugehen. Dabei spielt es keine Rolle, wer das Konzept entwickelt hat.[191]

c) Ursache und Inhalt der unternehmerischen Entscheidung des Insolvenzverwalters zur Umsetzung eines Erwerberkonzeptes

Das vorrangige Ziel des Insolvenzverfahrens ist gemäß § 1 InsO die Befriedigung der Gläubiger. Hierin ist daher immer das Motiv für die Entscheidung des Insolvenzverwalters zur Umsetzung eines Erwerberkonzeptes zu sehen. Kündigungsrechtlich stellt dies aber noch keinen anerkannten Kündigungsgrund i.S.d. § 1 KSchG dar. Hierzu ist vielmehr auf die kündigungsbegründende Entscheidung des Insolvenzverwalters abzustellen, das konkrete Erwerberkonzept umzusetzen und auf Grundlage dessen Kündigungen auszusprechen.

Bezüglich des Inhalts einer unternehmerischen Entscheidung differenziert die juristische Literatur zwischen sog. gestaltenden und selbstbindenden Unternehmerentscheidungen.[192] Eine gestaltende Unternehmerentscheidung betrifft die innerbetrieblichen Organisationsabläufe. Ein solche läge z.B. bei der Entscheidung

190 Vgl. *Willemsen* in Willemsen, Umstrukturierung und Übertragung von Unternehmen, Teil H, Rn. 114.

191 Vgl. auch Gaul/Bonanni/Naumann, DB 2003, 1902 (1903).

192 Vgl. z.B. *Preis* in Stahlhacke, Kündigung und Kündigungsschutz, Seite 343, Rn. 912; Ascheid, NZA 1991, 873 (876, Ziffer 4.); *Ulrich* in Moll, MAH Arbeitsrecht, § 40, Rn. 104.

eines Staubsaugerhändlers vor, zukünftig vollständig auf den Vertriebsaußendienst zu verzichten und Bestellungen nur noch über das Internet oder telefonisch entgegenzunehmen.

Von einer selbstbindenden Unternehmerentscheidung spricht man hingegen, sofern der Bedarf an Arbeitnehmern direkt von dem Umfang des Arbeitsaufkommens abhängig gemacht wird, ohne dabei die innerbetrieblichen Abläufe zu verändern. Die mit einem Auftragsrückgang verbundene Abnahme der Produktion führt dann direkt zum Wegfall von Arbeitsplätzen, da die anfallende Arbeitsmenge geringer ist, als die zu ihrer Erledigung vorhandenen Arbeitskräfte.

Im Falle der unternehmerischen Entscheidung zur Umsetzung eines Erwerberkonzeptes kann nicht pauschal beantwortet werden, ob dies eine gestaltende oder eine selbstbindende Unternehmerentscheidung darstellt. Dies ist von dem konkreten Inhalt des Konzeptes des Erwerbers abhängig. Mit der Entscheidung des Insolvenzverwalters zur Umsetzung eines Erwerberkonzeptes macht sich dieser das Konzept des Erwerbers zu eigen. Insofern bestehen keine Unterschiede zur Entscheidung des Insolvenzverwalters, ein eigenes Sanierungskonzept umzusetzen. Abhängig vom Inhalt des Konzeptes kann es sich daher sowohl um eine gestaltende als auch eine selbstbindenden Unternehmerentscheidung handeln.

Die zur Rechtfertigung einer betriebsbedingten Kündigung erforderlichen betrieblichen Umstände werden in Literatur und Rechtsprechung regelmäßig in außer- und innerbetriebliche Umstände unterteilt.[193]

Außerbetriebliche Umstände sind von der Betriebsführung und Betriebsgestaltung unabhängige Umstände und können z.B. bei Rückgang der Nachfrage nach den angebotenen Produkten, Auftragsmangel sowie Energie- oder Rohstoffknappheit gegeben sein.[194]

Innerbetriebliche Umstände umfassen hingegen „alle betrieblichen Maßnahmen auf technischem, organisatorischem oder wirtschaftlichem Gebiet (...), durch die der Arbeitgeber seine Entscheidung über die der Geschäftsführung zu Grunde liegende Unternehmenspolitik im Hinblick auf den Markt oder die Organisation des Betriebes verwirklicht“.[195] Solche innerbetrieblichen Ursachen können z.B. vorliegen, wenn neue Fertigungsmethoden eingeführt, Abteilungen zusammengelegt, Hierarchieebenen gestrichen, die Produktion ins Ausland verlagert oder Betriebsteile stillgelegt werden sollen.

Diese Abgrenzung ist überwiegend phänomenologischer Natur, wodurch eine Zuordnung im Einzelfall recht schwierig sein kann. Unterschiede ergeben sich

---

193 Vgl. z.B. BAG v. 29.03.1990, 2 AZR 369/89, NZA 1991, 181; BAG v. 17.06.1999, 2 AZR 522/98, NZA 1999, 1095; BAG v. 13.06.2002, 2 AZR 589/01, NZA 2003, 608; *Kiel* in Ascheid, Kündigungsrecht, § 1 KSchG, Rn. 473 ff.; *Griebeling* in KR, § 1 KSchG, Rn. 235 ff..

194 *Kiel* in Ascheid, Kündigungsrecht, § 1 KSchG, Rn. 475.

195 *Kiel* in Ascheid, Kündigungsrecht, § 1 KSchG, Rn. 474.

dabei in erster Linie in Bezug auf die Prüfungsdichte der Gerichte. Innerbetriebliche Ursachen fallen nämlich regelmäßig mit der entsprechenden unternehmerischen Entscheidung zusammen. Z.B. entschließt sich der Arbeitgeber, ein neues vollautomatisches Fertigungssystem einzuführen, bei dem die bisherigen Arbeitnehmer nicht mehr benötigt werden.

Ob die Umsetzung eines Erwerberkonzeptes einen inner- oder außerbetrieblichen Umstand darstellt, lässt sich nicht pauschal beantworten. Allein aus dem Umstand, dass das Konzept von einem externen Dritten stammt oder die Umsetzung zur Vorbereitung einer übertragenden Sanierung dient, kann jedenfalls nicht darauf geschlossen werden, dass es sich zwingend immer um einen außerbetrieblichen Grund handelt. Sieht das Erwerberkonzept z.B. vor, dass der Erwerber nach der Übernahme lediglich eine von ursprünglich zwei Betriebsstätten des übernommenen Betriebes weiterführt, da die stillzulegende Betriebsstätte defizitär war, so handelt es sich dennoch um einen innerbetrieblichen Umstand. Die Entscheidung zur Stilllegung einer Betriebsstätte ist nämlich eine betriebliche Maßnahme in Bezug auf die Organisation des Betriebes.

Ebenso wenig kann aber aus dem Umstand, dass die Umsetzung des Erwerberkonzeptes nur notwendig wird, da sich das Unternehmen in der Insolvenz befindet, geschlossen werden, dass entweder die Insolvenz der (innerbetriebliche) Grund für die Kündigung ist oder aber das Erwerberkonzept im Zusammenhang mit der Insolvenz als innerbetrieblicher Umstand zu werten wäre. Die Insolvenz als solche stellt für sich genommen überhaupt keinen Kündigungsgrund dar.[196] § 113 InsO enthält insofern keinen selbständigen Kündigungsgrund.

Maßgeblich ist demnach allein der Inhalt des Erwerberkonzeptes. Mit der unternehmerischen Entscheidung des Insolvenzverwalters zur Umsetzung des Erwerberkonzeptes ist dieses in Bezug auf die Einordnung des Kündigungsgrundes und die Qualifizierung der Ursachen als inner- oder außerbetrieblich bedingt so zu behandeln, wie ein eigenes Sanierungskonzept des Insolvenzverwalters.

3. Wegfall der Beschäftigungsmöglichkeit

Unabhängig von der Begründung der betriebsbedingten Kündigung, seien es inner- oder außerbetriebliche Gründe, müssen diese in jedem Fall kausal zu einem Wegfall der Beschäftigungsmöglichkeit führen.[197] Dies ergibt sich bereits aus dem Wortlaut des § 1 KSchG, wonach die Kündigung durch dringende betrieb-

196 Vgl. Andres/Leithaus, InsO, § 113, Rn. 15; BAG v. 29.09.2005, 8 AZR 647/04, NZA 2006, 720 (722).

197 Vgl. *Ulrich* in Moll, MAH Arbeitsrecht, § 40, Rn. 110.

liche Erfordernisse *bedingt* sein muss, die einer Weiterbeschäftigung des Arbeitnehmers in diesem Betrieb entgegenstehen. Bei einer Kündigung auf Grundlage eines Erwerberkonzeptes stellt dies regelmäßig einen kritischen Punkt dar, da sich mit dem Betriebsübergang auch die betrieblichen Strukturen ändern können.

a) Das Prognoseprinzip bei der betriebsbedingten Kündigung

Durch die Möglichkeit zur Kündigung erhalten die Parteien eines Arbeitsverhältnisses die Gelegenheit, das auf Dauer angelegte Arbeitsverhältnis einseitig zu trennen. Die einseitige Auflösung des Vertragsverhältnisses stellt eine Durchbrechung des bis heute geltenden römischen Rechtsgrundsatz *„pacta sunt servanda"* dar, der besagt, dass Verträge einzuhalten sind.[198] Unter anderem dies rechtfertigt es, die Kündigung eines Arbeitsverhältnisses einem besonderen sozialen Rechtfertigungsbedürfnis zu unterwerfen. Grundlage der sozialen Rechtfertigung einer betriebsbedingten Kündigung ist es, dass die Beschäftigungsmöglichkeit des Arbeitnehmers weggefallen ist, der Arbeitgeber den Arbeitnehmer also entgegen der ursprünglichen Vereinbarung nicht mehr beschäftigen kann.[199]

Maßgeblicher Beurteilungszeitpunkt für die Wirksamkeit der Kündigung ist der Zeitpunkt des Zugangs der Kündigung.[200] Später eintretende Umstände sind grundsätzlich nicht relevant, weswegen eine rückwirkend eintretende Unwirksamkeit einer einmal wirksamen Kündigung nicht möglich ist.[201] Dies ergibt sich zum einen aus der Rechtsnatur der Kündigung als Gestaltungsrecht, lässt sich aber auch aus dem KSchG selbst herleiten. Gemäß § 4 KSchG muss der Arbeitnehmer nämlich innerhalb von drei Wochen nach Zugang der schriftlichen Kündigung Kündigungsschutzklage beim ArbG erheben. Muss der Arbeitnehmer somit quasi umgehend Kündigungsschutzklage erheben, so muss ein ArbG auch in der Lage sein, die Wirksamkeit der Kündigung festzustellen.[202] Könnte die Wirksamkeit nachträglich entfallen, würde dies im Widerspruch zu der (im Vergleich zur Länge der möglichen Kündigungsfristen des § 622 Abs. 2 BGB) relativ kurzen Präklusionsfrist des § 4 KSchG und dem damit bezweckten Streben nach frühzeitiger Rechtssicherheit stehen.

---

198 So ausdrücklich: BAG v. 23.06.2005, 2 AZR 642/04, NZA 2006, 92 (siehe unter B., I., 2., c), aa) der Entscheidungsgründe).

199 Vgl. *Preis* in Stahlhacke, Kündigung und Kündigungsschutz, Rn. 931; *Berkowsky* in Münchener Handbuch Arbeitsrecht, § 111, Rn. 1.

200 Vgl. m.w.N.: *Kiel* in Ascheid, Kündigungsrecht, § 1 KSchG, Rn. 453 f.; *Griebeling* in KR, § 1 KSchG, Rn. 235 ff.; Annuß, Betriebsbedingte Kündigung, Seite 358; Kwon, Seite 19 ff..

201 Vgl. z.B. Kwon, Seite 19 ff..

202 Vgl. Raab, RdA 2000, 147 (152).

Daraus folgt nach ständiger Rechtsprechung[203] und ganz herrschender Auffassung in der Literatur[204] nicht, dass eine Kündigung nicht auch auf zukünftige Ereignisse gestützt werden kann. Der Arbeitgeber muss nicht abwarten, bis der Beschäftigungsbedarf tatsächlich entfallen ist, bis er die erforderlichen Kündigungen ausspricht. Vielmehr ist es ausreichend, wenn im Zeitpunkt des Zugangs der Kündigung bereits absehbar ist, dass spätestens bei Beendigung der Kündigungsfrist der Beschäftigungsbedarf für den gekündigten Arbeitnehmer entfallen sein wird.[205]

Das Prognoseelement ist danach anerkanntermaßen ein elementarer Bestandteil des Kündigungsrechts. Dies spiegelt sich für Kündigungen im Zusammenhang mit einem Betriebsübergang aus der Insolvenz nicht zuletzt auch in § 128 InsO wieder. Mit der Einführung des § 128 Abs. 1 InsO erstrecken sich nämlich die kündigungsrechtlichen Erleichterungen der §§ 125 bis 127 InsO auch auf Fälle, in denen eine Betriebsänderung erst nach einer Betriebsveräußerung durchgeführt werden soll. Dies setzt folglich zwingend voraus, dass auch Betriebsänderungen, die erst nach dem Betriebsübergang durch den Erwerber durchgeführt werden sollen, Kündigungen von Arbeitnehmern durch den Insolvenzverwalter bereits vor dem Betriebsübergang rechtfertigen können.[206] Auch in diesen Fällen ist der entsprechende Beschäftigungsbedarf bei Zugang der Kündigung noch nicht entfallen, sondern entfällt erst in der Zukunft. Diese Regelung setzt somit voraus, dass die Prognose des zukünftigen Wegfalls des Beschäftigungsbedarfes genügt, um eine Kündigung zu rechtfertigen.

Darüber hinaus ist § 128 InsO aber auch der Rechtsgedanke zu entnehmen, dass ein Betriebsübergang kündigungsschutzrechtlich keine Zäsur darstellt. § 128 InsO setzt nämlich voraus, dass der Umstand, dass die Umsetzung der Betriebsänderung durch den Erwerber erst nach dem Betriebsübergang erfolgt, für die bereits vor dem Betriebsübergang ausgesprochenen Kündigungen unschädlich ist. Dieser Gedanke ist vor dem Hintergrund der Regelung des § 613a BGB folgerichtig und in sich konsequent. § 613a BGB sollte gerade die kündigungsschutzrechtliche Lücke schließen, die sich vor dessen Einführung bei einem Betriebsübergang ergeben hat.[207] Hierzu „bindet“ § 613a BGB das Arbeitsverhältnis

---

203 Ständige Rechtsprechung seit BAG v. 27.02.1958, 2 AZR 445/55, AP Nr. 1 zu § 1 KSchG – Betriebsbedingte Kündigung (siehe III., 1. der Entscheidungsgründe).

204 Vgl. z.B. *Kiel* in Ascheid, Kündigungsrecht, § 1 KSchG, Rn. 454; *Berkowsky* in Münchener Handbuch Arbeitsrecht, § 112, Rn. 53; *Preis* in Stahlhacke, Kündigung und Kündigungsschutz, Rn. 891, 931; *Ulrich* in Moll, MAH Arbeitsrecht, § 40, Rn. 112; *Griebeling* in KR, § 1 KSchG, Rn. 550; *Oetker* in Erfurter Kommentar, § 1 KSchG, Rn. 243; Boewer, NZA 1999, 1121 (1123 ff.).

205 Vgl. Annuß, Betriebsbedingte Kündigung, Seite 358 f..

206 Vgl. Zwanziger, Arbeitsrecht der InsO, § 128 InsO, Rn. 20.

207 Vgl. *Wank* in Münchener Handbuch Arbeitsrecht, § 102, Rn. 2.

quasi an den Betrieb und garantiert somit die Kontinuität der Arbeitsverhältnisse im Falle eines Betriebsübergangs.[208] Kündigungen, die *wegen* des Betriebsübergangs erfolgen, sind zwar gemäß § 613a Abs. 4 Satz 1 BGB unwirksam. Wie der Regelung des § 613a Abs. 4 Satz 2 BGB entnommen werden kann, sollte hierdurch aber gerade keine Ausweitung des Bestandsschutzes der Arbeitsverhältnisse bewirkt werden. Vielmehr soll der Arbeitsplatz durch den Betriebsübergang möglichst unbeeinflusst bleiben und zwar sowohl in positiver als auch negativer Hinsicht. Daher findet auch keine Einschränkung in Bezug auf die betrieblichen Umstände statt, die zu einer Kündigung führen können. Ob diese vor oder nach dem Betriebsübergang eintreten, ist für die Beurteilung des Wegfalls des Beschäftigungsbedarfes unerheblich. Anders gesagt, der Wechsel des Arbeitgebers ist unerheblich. Wann es zu einem Betriebsübergang kommen wird, kann demnach keine Rolle spielen. Es kommt allein darauf an, ob im Zeitpunkt des Zugangs der Kündigung bereits absehbar war, dass spätestens bei Ablauf der Kündigungsfrist der Beschäftigungsbedarf für den Arbeitnehmer im Betrieb entfallen sein wird.

Bei der oben aufgezeigten 1. Variante[209] ist diese Prognose in der Regel wenig problematisch. Die betrieblichen Umstände, die zum Wegfall des Beschäftigungsbedarfes führen, basieren in diesem Fall allein auf der Entwicklung des übergehenden Betriebes. Die betriebliche Planung entstammt somit allein der Sphäre des übergehenden Betriebes.

Problematisch ist dies hingegen bei der oben dargestellten 2. Variante.[210] Das unternehmerische Konzept bezieht hier auch die Umstände des Betriebes der Erwerbers mit ein. Ohne diese der Sphäre des Erwerbers zuzurechnenden Umstände wäre das Konzept nämlich gar nicht umsetzbar, da der Betrieb des Veräußerers ohne einen Einkauf nicht bestehen könnte. Hier gilt es zu berücksichtigen, dass im Zeitpunkt des Zugangs der Kündigungen auch der Betriebsübergang und die damit einhergehende zukünftige Gestaltung des übergehenden Betriebes Teil der unternehmerischen Planung des Veräußerers ist. Sofern aufgrund dieser Planung bereits absehbar ist, dass der Beschäftigungsbedarf bei Ablauf der Kündigungsfrist entfallen sein wird, so stellt sich dies schlichtweg als Prognose in Bezug auf die Zukunft des übergehenden Betriebes dar.

Insofern kann *Willemsens* nicht gefolgt werden, der zumindest grundsätzlich den Gedanken äußerte, die Zulassung einer Kündigung auf Grundlage eines Erwerberkonzeptes stelle einen Bruch mit dem das Kündigungsrecht beherrschenden Grundsatz dar, wonach es auf die Verhältnisse beim kündi-

208 Vgl. Meyer, NZA 2003, 244 (245); Picot/Schnitker, Teil I, Rn. 396.
209 Siehe oben: III.
210 Siehe oben: III.

genden Arbeitgeber ankomme.[211] Dieser Ansatz ist bereits dem Grunde nach verfehlt, da er die Kontinuität des Betriebes im Falle eines Betriebsübergangs außer Acht lässt.[212] Bei der betriebsbedingten Kündigung sind nämlich nicht die Verhältnisse *des Arbeitgebers* maßgeblich, sondern die Verhältnisse *des Betriebes* des Arbeitgebers. Dass der Arbeitgeber durch den Betriebsübergang ausgewechselt wird, ist hingegen mit der Wertung des § 613a BGB als nicht relevant zu beurteilen.

b) Bezugspunkt der Prognose zum Wegfall des Beschäftigungsbedarfes

Problematisch ist weiterhin, welche Umstände im Falle der Kündigung auf Grundlage eines Erwerberkonzeptes von der Prognoseentscheidung erfasst sein müssen. Dabei ist fraglich, ob sich die Prognose auf das Erwerberkonzept oder den Betriebsübergang bezieht. In der Literatur wird die Differenzierung leider häufig vernachlässigt.[213]

Im Ergebnis bedarf es einer differenzierten Betrachtung der oben dargestellten 1. und 2. Variante eines Erwerberkonzeptes.[214]

Bei der 1. Variante liegen die Gründe für die betriebsbedingte Kündigung ausschließlich in der Sphäre des zu übertragenden Betriebes. In diesen Fällen könnte der Insolvenzverwalter eine entsprechende Kündigung auch aussprechen, wenn es nicht zu dem Betriebsübergang kommen sollte. Auf den Betriebsübergang kann es daher für die Wirksamkeit der Kündigung nicht ankommen, da dieser kein kausales Element in Bezug auf den Wegfall des Arbeitsplatzes ist. Sollte der Betriebsübergang in einer solchen Konstellation scheitern, der Insolvenzverwalter aber gleichwohl das unternehmerische Konzept des Erwerbers umsetzen, wäre eine entsprechende Kündigung weiterhin wirksam. Vor diesem Hintergrund ist es daher auch nicht gerechtfertigt, die Prognose auf den Betriebsübergang auszudehnen.

Anders stellt sich die Situation hingegen bei der 2. Variante da. Hier wird die betriebsbedingte Kündigung auch mit Umständen aus der Sphäre des Erwerbers begründet. Das Konzept zieht seine unternehmerische Legitimation mithin auch

---

211 Vgl. *Willemsen* in Willemsen, Umstrukturierung und Übertragung von Unternehmern, Teil H, Rn. 113.

212 Vgl. in diesem Sinne auch Annuß/Stamer, NZA 2003, 1247 (1247).

213 Vgl. *Wank* in Münchener Handbuch Arbeitsrecht, § 103, Rn 46; Lipinski, Sonderkündigungsschutz, Seite 61; ders., NZA 2002, 75 (79); Willemsen, ZIP 1983, 411 (416); wohl auch Hanau, ZIP 1984, 141 (143); Müller, NZI 2009, 153 (154); *Vossen* in Stahlhacke, Kündigung und Kündigungsschutz, Seite 898, Rn. 2345; Wickler, Seite 97; Seiter, Seite 110.

214 Siehe oben: III.

aus dem anstehenden Betriebsübergang. Der Betriebsübergang ist daher Teil der Planung, die zum Wegfall des Arbeitsplatzes führt. Ohne den Betriebsübergang wäre nämlich die gesamte Planung nicht umsetzbar. Insofern muss sich die Zukunftsprognose auch auf den anstehenden Betriebsübergang erstrecken.

Im Ergebnis darf sich die Zukunftsprognose in Bezug auf den Wegfall der Beschäftigungsmöglichkeit nur dann auf den Betriebsübergang erstrecken, wenn die betriebsbedingte Kündigung zumindest auch mit Umständen aus der Sphäre des Erwerbers begründet wird. Liegen diese Umstände hingegen allein in der Sphäre des zu übertragenden Betriebes, kommt es auf die Wahrscheinlichkeit des anstehenden Betriebsübergangs hingegen nicht an.

c) Die „Verbindlichkeit" des Betriebsübergangs und des Erwerberkonzeptes als Voraussetzung der betriebsbedingten Kündigung

Wie bereits dargestellt, ist der maßgebliche Beurteilungszeitpunkt für die Wirksamkeit der Kündigung der Zeitpunkt des Zugangs der Kündigung.[215] Für eine betriebsbedingte Kündigung ist es dabei ausreichend, wenn in diesem Zeitpunkt bereits absehbar ist, dass spätestens bei Beendigung der Kündigungsfrist der Beschäftigungsbedarf für den gekündigten Arbeitnehmer entfallen sein wird.[216] Im Falle der Umsetzung eines Erwerberkonzeptes ist es strittig, ob das Erwerberkonzept oder der Betriebsübergang bereits „verbindlich" feststehen muss, um eine betriebsbedingte Kündigung zu rechtfertigen.

(1) Die Rechtsprechung des BAG

Das BAG hat sich in einer Vielzahl von Entscheidungen mit dem Prognoseelement der betriebsbedingten Kündigung befasst. Im Folgenden sollen lediglich wenige Entscheidungen aufgeführt werden, die für die vorliegende Untersuchung von besonderer Relevanz sind.

Als Ausgangspunkt für die Zulassung einer betriebsbedingten Kündigung, die sich zu ihrer Rechtfertigung auf zukünftige Ereignisse bezieht, stützte sich das

215 Vgl. m.w.N.: *Kiel* in Ascheid, Kündigungsrecht, § 1 KSchG, Rn. 453 f.; *Griebeling* in KR, § 1 KSchG, Rn. 235 ff..

216 Ständige Rechtsprechung seit BAG v. 27.02.1958, 2 AZR 445/55, AP Nr. 1 zu § 1 KSchG – Betriebsbedingte Kündigung (siehe III., 1. der Entscheidungsgründe); vgl. auch: *Kiel* in Ascheid, Kündigungsrecht, § 1 KSchG, Rn. 454; *Berkowsky* in Münchener Handbuch Arbeitsrecht, § 112, Rn. 53; *Preis* in Stahlhacke, Kündigung und Kündigungsschutz, Rn. 931; *Ulrich* in Moll, MAH Arbeitsrecht, § 40, Rn. 112; *Griebeling* in KR, § 1 KSchG, Rn. 550; *Oetker* in Erfurter Kommentar, § 1 KSchG, Rn. 243.

BAG in seiner Entscheidung vom 27. Februar 1958 auf den Sinn und Zweck des Kündigungsschutzes. Hierzu führte es aus:[217]

„Der Sinn der Anerkennung der sozialen Rechtfertigung einer betriebsbedingten Kündigung nach näherer Maßgabe des § 1 Abs. 2 und Abs. 3 KSchG ist nicht der, den Arbeitgeber zu zwingen, sehenden Auges in eine wirtschaftlich für ihn untragbare Situation geraten zu müssen. Deshalb kann eine betriebsbedingte Kündigung unter den weiteren Voraussetzungen des § 1 Abs. 2 und 3 KSchG schon dann ausgesprochen werden, wenn im Zeitpunkt des Ausspruchs der Kündigung eine vernünftige und betriebswirtschaftliche Betrachtung die Beurteilung ergibt, daß bis zum Auslaufen der dabei eingehaltenen Kündigungsfrist der Arbeitnehmer entbehrt werden muß".

Entscheidend ist demnach eine Einzelfallbetrachtung. Im Zeitpunkt des Ausspruchs der Kündigung muss eine vernünftige betriebswirtschaftliche Prognose ergeben, dass der Arbeitsplatz bei Ablauf der Kündigungsfrist tatsächlich entfallen sein wird. Dieser Grundsatz wird in der Rechtsprechung des BAG bis heute angewendet. In der Entscheidung des BAG vom 19. Juni 1991 heißt es z.B.:[218]

„Wird die Kündigung auf die künftige Entwicklung der betrieblichen Verhältnisse gestützt, so kann sie ausgesprochen werden, wenn die betrieblichen Umstände greifbare Formen angenommen haben und eine vernünftige, betriebswirtschaftliche Betrachtung die Prognose rechtfertigt, daß bis zum Auslaufen der einzuhaltenden Kündigungsfrist eine geplante Maßnahme durchgeführt ist und der Arbeitnehmer somit entbehrt werden kann (...)."

Wann die vom BAG geforderten „betrieblichen Umstände" bereits „greifbare Formen" angenommen haben, stellt sich bei der Umsetzung eines Erwerberkonzeptes als problematisch dar. Den Urteilen sind in diesem Zusammenhang verschiedene Hinweise zu entnehmen, die zum Teil darauf hindeuten, dass die Umsetzung des Erwerberkonzeptes und / oder der Betriebsübergang bereits rechtsverbindlich feststehen müssen. In seiner Entscheidung vom 26. Mai 1983 deutete das BAG lediglich vage an, dass der zur betriebsbedingten Kündigung entwickelte Prognoseansatz eventuell auch auf eine Kündigung auf Grundlage eines Erwerberkonzeptes anwendbar sei. Im Ergebnis konnte das BAG dies offen lassen, da es nicht entscheidungsrelevant war:[219]

„Der Arbeitgeber soll mit einer Kündigung nicht so lange warten müssen, bis eine Rationalisierung, Sanierung oder ähnl. Maßnahme zu spät kommt. Weil die für Arbeitgeber und Belegschaft damit verbundenen Nachteile nicht zu rechtfertigen sind, soll der Arbeitgeber bereits dann kündigen können, wenn die Rationalisierungsmaßnahme oder der sonstige betriebl. Grund greifbare Formen angenommen hat und bis zum Ablauf der Kündigungsfrist mit einem

---

217 Ständige Rechtsprechung seit BAG v. 27.02.1958, 2 AZR 445/55, AP Nr. 1 zu § 1 KSchG – Betriebsbedingte Kündigung (siehe III., 1. der Entscheidungsgründe).

218 BAG v. BAG v. 19.06.1991, 2 AZR 127/91, NZA 1991, 891 (siehe II., 1. der Entscheidungsgründe).

219 BAG v. 26.05.1983, 2 AZR 477/81, AP Nr. 34 zu § 613a BGB (siehe B., V., 3. der Entscheidungsgründe).

Wegfall der Beschäftigungsmöglichkeit zu rechnen ist. Diese Grundsätze sind möglicherweise auch dann anzuwenden, wenn die betriebl. Umstrukturierung, die den Wegfall des Arbeitsplatzes bedingt, durch Absprache zwischen dem alten und dem neuen Arbeitgeber mit dem Übergang des Betriebes erfolgen soll. (...) Das setzt (...) voraus, daß die zwischen Veräußerer und Erwerber abgesprochene Umstrukturierung schon bei Ausspruch der Kündigung greifbare Formen angenommen hat und vom Gericht überprüft werden kann, ob die Beschäftigungsmöglichkeit mit dem Übergang des Betriebes tatsächl. wegfällt oder nicht."

Nähere Kriterien dazu, wann die Umstrukturierungen bereits greifbare Formen angenommen haben, enthält dieses Urteil jedoch nicht. Ein entsprechender Hinweis findet sich in der Entscheidung des BAG vom 18. Juli 1996. Das BAG grenzte hier die Kündigung auf Grundlage eines eigenen Sanierungskonzeptes von der Kündigung auf Grundlage eines Erwerberkonzeptes ab und führte aus:[220]

„Der Betriebsinhaber kann, auch wenn er seinen Betrieb veräußern will, zuvor ein eigenes Sanierungskonzept verwirklichen (...). Genau darum ging es im Streitfall. (...) Es handelte sich keineswegs um fremde Vorgaben, sondern um selbst gewonnene wirtschaftl. Erkenntnisse. Daher war nicht etwa zu verlangen, daß zum Zeitpunkt des Zugangs der Kündigung bereits rechtsverbindl. Vereinbarungen zwischen dem Veräußerer und dem Erwerber über Betriebsübergang und/oder Betriebsänderung vorlagen".

Interessant ist insbesondere der Hinweis auf das Erfordernis einer rechtsverbindlichen Vereinbarung zwischen dem Veräußerer und dem Erwerber. Hierbei klärt das BAG leider nicht darüber auf, ob es eine entsprechende Vereinbarung in Bezug auf den Betriebsübergang, die Betriebsänderung oder beides für erforderlich hält.

In seiner Entscheidung vom 20. März 2003 führte das BAG konkret auf die spezielle Situation einer vor einem Betriebsübergang durch den Insolvenzverwalter auf Grundlage eines Erwerberkonzeptes ausgesprochenen Kündigung aus:[221]

„Sinn und Zweck der Regelungen in § 613a Absatz IV BGB ist es aber nicht, den Erwerber auch bei einer auf Grund betriebswirtschaftlicher Gesichtspunkte voraussehbar fehlenden Beschäftigungsmöglichkeit zu verpflichten, das Arbeitsverhältnis mit einem Arbeitnehmer noch einmal künstlich zu verlängern, bis er selbst die Kündigung aussprechen kann. Es bedarf jedoch eines verbindlichen Konzepts oder Sanierungsplans des Erwerbers, dessen Durchführung im Zeitpunkt des Zugangs der Kündigungserklärung bereits greifbare Formen angenommen hat."

In sprachlicher Hinsicht unterscheiden sich die Ausführungen des BAG in Bezug auf die Prognose erheblich voneinander. In den ersten der oben zitierten Entscheidungen stützt das BAG sich auf eine Prognose auf Grundlage *vernünftiger, betriebswirtschaftlicher Betrachtungen.* Das BAG geht hier also von einer Entscheidung aufgrund der Umstände des Einzelfalls aus. In den Entscheidungen

220 BAG v. 18.07.1996, 8 AZR 127/94, NZA 1997, 148 (siehe II., 2., a) der Entscheidungsgründe).
221 Vgl. BAG v. 20.03.2003, 8 AZR 97/02, NZA 2003, 1027 (1028 f.).

vom 18. Juli 1996 und 20. März 2003 scheint das BAG hingegen davon auszugehen, dass es eines *verbindlichen* Konzeptes bedarf, um eine Kündigung auf Grundlage eines Erwerberkonzeptes zu rechtfertigen. Nähere Ausführungen hierzu finden sich in den Entscheidungsgründen nicht. Das BAG führte lediglich aus, nach den Feststellungen der Vorinstanz[222] stünde das Sanierungskonzept verbindlich fest, da es Teil eines vor Ausspruch der Kündigung zwischen dem Insolvenzverwalter und dem bei der K-GmbH & Co. KG bestehenden Betriebsrat geschlossenen Interessenausgleichs sei.[223] Im Zusammenhang mit der vorhergehenden Aussage, es bedürfe eines verbindlichen Konzeptes oder Sanierungsplans *des Erwerbers*, mag dies verwundern, denn der Erwerber ist überhaupt nicht Partei des Interessenausgleichs.

(2) Literaturansichten

Die verschiedenen Literaturmeinungen können mit verschiedenen Abstufungen im Wesentlichen in zwei Strömungen unterteilt werden. Das trennende Element ist dabei die Frage, ob die Kündigung auf Grundlage eines Erwerberkonzeptes einer vorhergehenden rechtlichen Fixierung des Sanierungskonzeptes bzw. des Betriebsübergangs bedarf oder ob eine solche rechtliche Fixierung nicht vorliegen muss.

Zum Teil wird das Erfordernis einer rechtlichen Fixierung verneint. Ausreichend sei ein hinreichend konkretisiertes betriebliches Konzept des Erwerbers, dessen Verwirklichung ebenso wie der Übergang auf den Erwerber bereits greifbare Formen angenommen habe.[224] Eine Würdigung aller Umstände des Einzelfalls müsse lediglich ergeben, dass mit der Umsetzung des Konzeptes vernünftigerweise gerechnet werden könne.[225] Andere Autoren schreiben hierzu, die Umsetzung des Konzeptes müsse zum Zeitpunkt der Kündigung bereits greifbare Formen angenommen haben und mit an Sicherheit grenzender Wahrscheinlichkeit tatsächlich einer weiteren Beschäftigung des betroffenen Arbeitnehmers entgegenstehen.[226] Eine Pflicht, das vom Erwerber entworfene Konzept z.B. in einem Vorvertrag oder aufschiebend bedingten Kaufvertrag rechtlich zu fixieren, lehnen die Anhänger dieser Auffassung ab. Entscheidend sei lediglich, „eine greifbare Umsetzung der unternehmerischen Entscheidung

---

222 LAG Berlin v. 30.11.2001 – 8 Sa 1601/01, BeckRS 2001, 30895511.

223 Vgl. BAG v. 20.03.2003, 8 AZR 97/02, NZA 2003, 1027 (1029).

224 Vgl. *Pfeiffer* in KR, § 613a BGB, Rn. 189; Commandeur/Kleinebrink, NJW 2008, 3467 (3472); Picot/Schnitker, Teil I, Rn. 396; Gaul/Bonanni/Naumann, DB 2003, 1902 (1903); wohl auch Henckel, ZGR 1984, 225 (234); *Cohnen/Tepass* in Moll, MAH Arbeitsrecht, § 51, Rn. 177; Deneke, Seite 211.

225 Vgl. Annuß/Stamer, NZA 2003, 1247 (1248).

226 Vgl. Gaul/Bonanni/Naumann, DB 2003, 1902 (1903).

zum Personalabbau zum Zeitpunkt des Kündigungsausspruchs nachzuweisen."[227]

Andere Autoren verlangen hingegen, dass der geplante Betriebsübergang zum Zeitpunkt des Ausspruchs der Kündigungen z.B. im Rahmen eines rechtlich verbindlichen Vorvertrages oder eines aufschiebend bedingten Übernahmevertrages rechtlich fixiert sei.[228] Ob darüber hinaus auch die rechtliche Fixierung des Erwerberkonzeptes erforderlich sein soll, wird hingegen unterschiedlich beurteilt. *Vossen* meint, das Erfordernis der rechtlichen Absicherung des Betriebsübergangs mit einem Vorvertrag müsse auch das Sanierungskonzept des Erwerbers umfassen, aus dem sich die Entbehrlichkeit des konkreten Arbeitnehmers in der Zukunft ergebe. Dies sei notwendig, da der Veräußerer nur so seiner Beweislast in einem anschließenden Kündigungsschutzprozess nachkommen könne.[229] *Lipinski* verneint dies hingegen mit dem Hinweis, es sei Sache des Veräußerers, wie er das Konzept des Erwerbers im Falle einer Kündigungsschutzklage darlegen und beweisen wolle.[230]

Ein anderer Teil der Literatur[231] differenziert zwischen der oben dargestellten ersten und zweiten Variante[232]. Könnte der Insolvenzverwalter das Konzept des Erwerbers auch ohne diesen umsetzen, so sei eine rechtliche Fixierung in Form eines Vorvertrages nicht erforderlich. Liegen die Gründe für das Erwerberkonzept aber auch in der Sphäre des Erwerbers, so müsse der bevorstehende Betriebsübergang sowie das Erwerberkonzept im Zeitpunkt der Kündigung nicht nur „greifbaren Formen" angenommen haben, sondern „hinreichend rechtlich fixiert" sein.[233] Dies könne z.B. in Form eines Vorvertrages oder eines aufschiebend bedingten Kauf-, Pacht- oder sonstigen Übernahmevertrages erfolgen. Dies sei erforderlich, um „eine ausreichende kündigungsrechtliche Verbindung zwischen Willenserklärung des Veräußerers einerseits und unternehmerischer Konzeption des Erwerbers andererseits zu gewährleisten".[234]

---

227 Vgl. Meyer, NZA 2003, 244 (244).

228 Vgl. Lipinski, Sonderkündigungsschutz, Seite 61; ders., NZA 2002, 75 (79); Willemsen, ZIP 1983, 411 (416); *Vossen* in Stahlhacke, Kündigung und Kündigungsschutz, Seite 898, Rn. 2345; Wickler, Seite 97; Seiter, Seite 110; wohl auch Hanau, ZIP 1984, 141 (143); Müller, NZI 2009, 153 (154); *Wank* in Münchener Handbuch Arbeitsrecht, § 103, Rn. 46; *Bertram* in Gottwald, Insolvenzrechts-Handbuch, § 106, Rn. 75; Elz, Seite 81; Morshäuser/Falkner, NZG 2010, 881 (885); Pfefferle, Seite 161 f..

229 Vgl. Vossen, BB 1984, 1557 (1560); wohl auch Elz, Seite 81.

230 Vgl. Lipinski, Sonderkündigungsschutz, Seite 61.

231 Vgl. *Willemsen* in Willemsen, Umstrukturierung und Übertragung von Unternehmen, Teil H, Rn. 117; wohl auch Schumacher-Mohr, NZA 2004, 629 (631 f.).

232 Siehe zur Erläuterung der Varianten oben: III.

233 Vgl. *Willemsen* in Willemsen, Umstrukturierung und Übertragung von Unternehmen, Teil H, Rn. 117.

234 Vgl. *Willemsen* in Willemsen, Umstrukturierung und Übertragung von Unternehmen, Teil H, Rn. 117.

(3) Stellungnahme

Die Möglichkeit des Arbeitgebers, eine betriebsbedingte Kündigung auszusprechen, soll diesen in die Lage zu versetzen, den Bedarf an Arbeitskräften dem tatsächlich anfallenden Bedarf an Arbeit anzupassen.[235] Die rechtfertigende Grundlage einer betriebsbedingten Kündigung ist somit der Wegfall des Beschäftigungsbedarfs. Ob dies auf einem eigenen Sanierungskonzept des Insolvenzverwalters oder auf einem Konzept des Erwerbers beruht, kann hierfür zunächst keinen Unterschied machen; für beide Fälle gilt nämlich der Maßstab des § 1 KSchG.[236] D.h. zum einen, für den Insolvenzverwalter gelten hier keine Erleichterungen. Im Gegenzug bedeutet dies aber auch, dass an dessen Kündigung in Bezug auf § 1 KSchG keine höheren Anforderungen gestellt werden dürfen, als außerhalb der Insolvenz.

Ausgangspunkt der Frage nach dem Erfordernis der Verbindlichkeit des Betriebsübergangs bzw. des Erwerberkonzeptes hat daher die Prognostizierbarkeit des Wegfalls des Beschäftigungsbedarfes zu sein. Grundsätzlich abzulehnen ist daher die Auffassung, die immer zwingend einen rechtlich fixierten Vorvertrag zwischen Insolvenzverwalter und Erwerber verlangt. Die Vertreter dieser Auffassung führen zum einen an, es bedürfe eines entsprechenden Vertrages, damit im Falle eines Kündigungsschutzprozesses das zuständige Gericht nachprüfen könne, ob der Arbeitsplatz tatsächlich aufgrund des Erwerberkonzeptes entfallen sei. Dies ist aber überzogen. Hier werden die in tatsächlicher Hinsicht unstreitig bestehenden beweisrechtlichen Schwierigkeiten dazu genutzt, eine tatbestandliche Voraussetzung der Kündigung zu begründen. Eine solche „normative Kraft des Faktischen" ist in diesem Zusammenhang abzulehnen, da hierdurch die Grenzen zwischen Tatbestand einerseits und Darlegungs- und Beweislast andererseits verwischt würden.

Des Weiteren sind durchaus Konstellationen denkbar, in denen ein Erwerberkonzept auch ohne den Betriebsübergang durchführbar wäre. Dies dürfte regelmäßig der Fall sein, wenn sich das Erwerberkonzept allein auf betriebliche Umstände aus der Sphäre des übertragenden Rechtsträgers bezieht. Das Erwerberkonzept könnte z.B. vorsehen, bestimmte Betriebsteile auszulagern, Produktionszweige stillzulegen oder schlicht die Öffnungszeiten zu ändern. Auch ohne den Betriebsübergang könnte der Insolvenzverwalter eine solche Sanierung durchführen und wäre auf Grundlage eines entsprechenden Sanierungskonzeptes berechtigt, betriebsbedingte Kündigungen auszusprechen. Der Betriebsübergang wäre in diesem Fall gar nicht notwendig, mithin auch nicht Teil des betriebsbedingten Kündigungsgrundes.

235 Vgl. z.B. *Kiel* in Ascheid, Kündigungsrecht, § 1 KSchG, Rn. 441; Berkowsky; NJW 1996, 291 (291).

236 Vgl. Wickler, Seite 93.

Auch das Argument von *Willemsen*, eine hinreichende rechtliche Fixierung sei notwenig, um eine kündigungsrechtliche Verbindung zwischen Willenserklärung des Veräußerers einerseits und unternehmerischer Konzeption des Erwerbers andererseits zu gewährleisten, vermag nicht zu überzeugen.[237] Insgesamt begreift *Willemsen* mit *Kreitner* die Kündigung auf Grundlage eines Erwerberkonzeptes zumindest in der oben dargestellten 2. Variante als vorgezogene Kündigung des Erwerbers.[238] Der Insolvenzverwalter spricht die Kündigung lediglich als Sachwalter des Erwerbers aus. Bei diesem Ansatz mag es folgerichtig sein, eine Verbindung zwischen der Willenserklärung des Kündigenden einerseits und der unternehmerischen Konzeption des Erwerbers andererseits zu fordern. Wie bereits oben ausgeführt, ist das von *Willemsen* und *Kreitner* vertretene Konzept der vorgezogenen Erwerberkündigung jedoch abzulehnen.[239] Diese verkennen, dass die Verbindung zwischen der vom Insolvenzverwalter ausgesprochenen Kündigung und dem Konzept des Erwerbers sowohl in der ersten als auch in der zweiten Variante jeweils die unternehmerische Entscheidung des Insolvenzverwalters zur Umsetzung des Erwerberkonzeptes ist. Der Insolvenzverwalter adaptiert insofern das Konzept des Erwerbers. Für ein darüber hinausgehendes verbindendes Element gibt es dagegen keine rechtliche Grundlage.

Dass es auf eine rechtliche Fixierung als Tatbestandsvoraussetzung nicht ankommen kann, zeigt sich auch anhand folgender Überlegung. Selbst wenn Betriebsübergang und Erwerberkonzept nicht rechtlich fixiert wären, könnten die Parteien des Kündigungsschutzprozesses die Tatsachen, die Grundlage des anstehenden Betriebsübergangs sowie des entsprechenden Erwerberkonzeptes sind, im Prozess unstreitig stellen. Da im Kündigungsschutzprozess als Urteilsverfahren die Verhandlungsmaxime Anwendung findet, dürfte ein ArbG diese Tatsachen dann auch nicht mehr in Frage stellen.[240] Konsequenterweise müssten die Autoren, die eine rechtliche Fixierung verlangen, aber dennoch zu einer Unwirksamkeit der Kündigung kommen, da Betriebsübergang bzw. Erwerberkonzept in diesem Fall eben nicht rechtlich fixiert wären. Dieses Ergebnis würde zum einen im Widerspruch zur Verhandlungsmaxime stehen. Zum anderen zeigt dies, dass das Erfordernis einer rechtlichen Fixierung schlicht eine Frage der Darlegungs- und Beweislast ist, nicht aber eine Tatbestandsvoraussetzung der Kündigung.

Im Ergebnis sind daher für die Rechtmäßigkeit der Kündigung keine vertraglichen Absicherungen des Erwerberkonzeptes oder des Betriebsübergangs erfor-

---

237 Vgl. *Willemsen* in Willemsen, Umstrukturierung und Übertragung von Unternehmen, Teil H, Rn. 117.

238 Vgl. *Willemsen* in Willemsen, Umstrukturierung und Übertragung von Unternehmen, Teil H, Rn. 114; Kreitner, Seite 111.

239 Vgl. oben: III.A.2.b).

240 Vgl. *Prütting* in Germelmann, Arbeitsgerichtsgesetz, Einleitung, Rn. 174.

derlich. Maßgeblich ist allein die faktische Umsetzung des unternehmerischen Konzeptes zum Personalabbau und der damit verbundene Wegfall des Beschäftigungsbedarfs. Wie der Insolvenzverwalter die Existenz eines unternehmerischen Konzeptes bzw. den anstehenden Betriebsübergang darlegen und beweisen will, ist ihm hingegen selbst überlassen. Sicherlich ist hier ein entsprechender Übernahmevertrag die einfachste Möglichkeit. Zwingend erforderlich ist ein solcher jedoch nicht.

Diese Auffassung dürfte im Übrigen auch das BAG teilen. Zwar führt der 8. Senat in seiner Entscheidung vom 20. März 2003 zunächst aus, es bedürfe „eines verbindlichen Konzepts oder Sanierungsplans des Erwerbers“.[241] „Verbindlichkeit“ darf in diesem Sinne wohl aber nicht so zu verstehen sein, dass das Erwerberkonzept bereits in rechtlich fixierter Form zwischen Insolvenzverwalter und Erwerber vorliegen müsse. Die in diesem Sinne erforderliche Verbindlichkeit leitet der 8. Senat in dem der Entscheidung zu Grunde liegenden Fall nämlich daraus ab, dass das Sanierungskonzept des Erwerbers Teil eines zwischen dem Insolvenzverwalter und dem Betriebsrat des zu übertragenden Betriebes geschlossenen Interessenausgleichs war.[242] Der Erwerber war an diesem Interessenausgleich demzufolge gar nicht beteiligt. Darüber hinaus gilt es zu bedenken, dass sich – sofern nichts anderes vereinbart wurde – aus dem Interessenausgleich regelmäßig kein Anspruch auf Durchführung der vereinbarten Maßnahmen ableiten lässt.[243] Eine Rechtsverbindlichkeit, wie sie von einigen Autoren gefordert wird, ließe sich aus einem solchen Interessenausgleich daher nicht ableiten.

Ein Interessenausgleich wäre aber eine Möglichkeit, in einem Kündigungsschutzprozess das Bestehen eines unternehmerischen Sanierungskonzeptes darzulegen. Denkbar wäre z.B. auch, dass sich der Insolvenzverwalter zwecks Darlegung der geplanten Betriebsänderung auf eine gerichtliche Zustimmung zur Betriebsänderung i.S.d. § 122 InsO beruft. Einem entsprechenden Beschluss dürfte zumindest die gleiche Indizwirkung zukommen, wie einem Interessenausgleich. Darüber hinaus können sich Erwerberkonzept und/oder Betriebsübergang aber auch aus anderen Dokumenten ergeben. Zu denken wäre hier z.B. an einen entsprechenden Schriftverkehr zwischen Insolvenzverwalter und Erwerber oder einen entsprechenden Vorstandsbeschluss im Unternehmen des Erwerbers.[244]

---

241 Vgl. BAG v. 20.03.2003, 8 AZR 97/02, NZA 2003, 1027 (1029).

242 Vgl. BAG v. 20.03.2003, 8 AZR 97/02, NZA 2003, 1027 (1029).

243 Vgl. *Annuß* in Richardi, BetrVG, § 112, Rn. 45, 47; *Kania* in Erfurter Kommentar, § 112a BetrVG, Rn. 9; Willemsen/Hohenstatt, NZA 1997, 345 (348 ff.); a.A.: *Matthes* in Münchener Handbuch zum Arbeitsrecht, § 269, Rn. 34 ff..

244 Vgl. zu weiteren Nachweismöglichkeiten auch: Commandeur/Kleinebrink, NJW 2008, 3467 (3472).

B. Vertragsimmanente und kündigungssubstituierende Weiterbeschäftigungsmöglichkeit

Bereits früh wurde in Rechtsprechung und Literatur erkannt, dass eine Kündigung auch dann sozial ungerechtfertigt ist, wenn für den von einer drohenden Kündigung betroffenen Arbeitnehmer eine anderweitige Einsatzmöglichkeit im Betrieb besteht.[245] Dies kann zum einen im Rahmen seines bestehenden Arbeitsvertrages (sog. „*vertragsimmanente* Weiterbeschäftigung) aber auch zu geänderten vertraglichen Bedingungen (sog. „*kündigungssubstituierende* Weiterbeschäftigung") sein.[246] Dieser Gedanke bietet im Rahmen von Kündigungen auf Grundlage eines Erwerberkonzeptes ein viel diskutiertes Problemfeld. Der Kern der Diskussion liegt hier in der Frage, ob nur auf die Verhältnisse im Betrieb bzw. Unternehmen des Insolvenzschuldners abzustellen ist oder ob auch entsprechende Umstände im Betrieb bzw. Unternehmen des Erwerbers zu berücksichtigen sind. Allgemeingültige Grundsätze zur Bestimmung der zu berücksichtigenden Weiterbeschäftigungsmöglichkeiten bei einer Kündigung auf Grundlage eines Erwerberkonzeptes wurden bislang nicht aufgestellt.

Die in der Literatur geführte Diskussion leidet oft an einem Mangel an Differenzierung. Regelmäßig wird nicht hinreichend zwischen der Möglichkeit zur Weiterbeschäftigung im Rahmen des bestehenden Arbeitsvertrages und geänderten vertraglichen Bedingungen unterschieden. Auch eine Unterscheidung zwischen einem fortführenden und einem eingliedernden Betriebsübergang sowie zwischen Kündigungsgründen aus der Sphäre des Veräußerers und des Erwerbers ist häufig nicht anzutreffen. Eine solche Differenzierung ist aber notwendig, um die verschiedenen Fallgruppen einer sachgerechten Lösung zuzuführen.

Um ein vollständiges Gesamtbild in Bezug auf die Berücksichtigung vertragsimmanenter und kündigungssubstituierender Weiterbeschäftigungsmöglichkeiten zu erhalten, ist es des Weiteren erforderlich, mögliche Wiedereinstellungsansprüche zu beachten. Hier wird in der Literatur regelmäßig nicht hinreichend danach differenziert, ob das Bestehen eines „freien Arbeitsplatzes" zur Unwirksamkeit einer ausgesprochenen Kündigung führt oder ob die Wirksamkeit hiervon nicht berührt wird, dem gekündigten Arbeitnehmer aber ein Wiedereinstellungsanspruch zusteht. Erst aus dem Zusammenspiel zwischen Wirksamkeitsvoraussetzung der Kündigung einerseits und Wiedereinstellungsanspruch des gekündigten Arbeitnehmers andererseits kann ein vollumfängliches Bild zur Berücksichtigung vertragsimmanenter und kündigungssubstituierender Weiterbeschäftigungsmöglichkeiten skizziert werden.

---

245 Vgl. z.B. BAG v. 25.09.1956, 3 AZR 102/54, AP Nr. 18 zu § 1 KSchG.

246 Vgl. grundlegend: Berkowsky, NJW 1996, 291 ff..

1. Berücksichtigung vertragsimmanenter Weiterbeschäftigungsmöglichkeiten

Grundlage des Beschäftigungsanspruchs des Arbeitnehmers ist dessen Arbeitsvertrag. Dieser determiniert den Inhalt der Leistungspflicht des Arbeitnehmers und spiegelbildlich dazu auch dessen Beschäftigungsanspruch. D.h., solange in dem Betrieb eine dem jeweiligen Arbeitsvertrag entsprechende – sog. vertragsimmanente – Beschäftigungsmöglichkeit besteht, hat der Arbeitgeber den Arbeitnehmer entsprechend zu beschäftigen. Aus dem arbeitsvertraglichen Beschäftigungsanspruch des Arbeitnehmers einerseits und der insofern bestehenden Beschäftigungspflicht des Arbeitgebers andererseits folgt, dass dann, wenn alle Arbeitnehmer entsprechend ihres arbeitsvertraglich definierten Beschäftigungsanspruchs beschäftigt werden können, keine betriebsbedingte Kündigungslage vorliegt.[247] Denn nur wenn ein Überhang an Arbeitskräften besteht, wenn also nicht mehr alle Arbeitnehmer entsprechend ihres Arbeitsvertrages beschäftigt werden können, kommt eine betriebsbedingte Kündigung überhaupt in Betracht. Der Arbeitgeber soll durch die Möglichkeit der betriebsbedingten Kündigung nämlich in die Lage versetzt werden, die Anzahl der bei ihm beschäftigten Arbeitnehmer an den tatsächlichen Arbeitsanfall anpassen zu können. Bei der Frage, ob eine *vertragsimmanente* Weiterbeschäftigungsmöglichkeit gegeben ist, geht es mithin darum zu klären, ob überhaupt eine betriebsbedingte Kündigungslage gegeben ist.

Ist ein Arbeitnehmer z.B. als Mechaniker eingestellt und auf einer Stelle als Mechaniker in der Kfz-Reparatur beschäftigt, so besteht keine betriebsbedingte Kündigungslage, wenn die Kfz-Reparatur eingestellt wird, gleichzeitig aber ausreichend anderweitige Stellen für einen Mechaniker frei sind, die dem arbeitsvertraglich definierten Beschäftigungsanspruch dieses Arbeitnehmers entsprechen. Dies ergibt sich nicht etwa daraus, dass die Beschäftigung als „Versetzung“ ein milderes Mittel im Vergleich zu einer Kündigung darstellt. In diesem Fall läge schlicht keine Kündigungslage vor, da kein Arbeitskräfteüberhang besteht.

Problematischer ist das gleiche Fallbeispiel dann, wenn die ursprüngliche Stelle eines Mechanikers lediglich aufgrund eines Erwerberkonzeptes weggefallen wäre und die neue Stelle als Mechaniker beim Erwerber frei wäre. In diesen Fällen ist fraglich, wann eine solche – dem Arbeitsvertrag entsprechende – freie Stelle ebenfalls zu berücksichtigen wäre. Die Beantwortung dieser Frage hat sich am arbeitsvertraglichen Beschäftigungsanspruch zu orientieren. Sofern der von einer Kündigung bedrohte Arbeitnehmer einen solchen arbeitsvertraglichen Anspruch auf Beschäftigung auf dieser Stelle hat, kann diesem grundsätzlich nicht

247 Vgl. *Berkowsky* in Münchener Handbuch Arbeitsrecht, § 132, Rn. 49.

gekündigt werden. Kommen mehrere Arbeitnehmer für die Besetzung nur einer Stelle in Betracht, ist dies eine Frage der Sozialauswahl.[248]

Im Folgenden sollen anhand von Fallgruppen die kündigungsrechtlichen Auswirkungen einer solchen vertragsimmanenten Weiterbeschäftigungsmöglichkeit beim Veräußerer bzw. Erwerber jeweils für den Fall des fortführenden und des eingliedernden Betriebsübergangs dargestellt werden.

a) Fortführender Betriebsübergang mit Erwerberkonzept

Im Falle eines sog. fortführenden Betriebsübergangs führt der Erwerber den übertragenen Betrieb als organisatorisch selbständige Einheit fort, ohne dass es zu einer Eingliederung in eine anderweitige bestehende betriebliche Struktur kommt. Auch in diesen Fällen sind regelmäßig Rationalisierungsmaßnahmen im übergehenden Betrieb notwendig. Diese Notwendigkeit bestätigt sich nicht zuletzt durch die bereits eingetretene Insolvenzsituation. Z.B. könnte der Erwerber den Erwerb von der vorherigen Stilllegung eines Betriebsteils und der entsprechenden Verringerung des Personalbestandes abhängig machen.

(1) Vertragsimmanente Weiterbeschäftigungsmöglichkeit beim übertragenden Rechtsträger

Besteht in diesem Fall eine vertragsimmanente Weiterbeschäftigungsmöglichkeit beim übertragenden Rechtsträger, so könnte der Insolvenzverwalter keine entsprechende Kündigung aussprechen. Da in diesem Fall kein Personalüberhang bestünde, läge auch keine betriebsbedingte Kündigungslage vor.

(2) Vertragsimmanente Weiterbeschäftigungsmöglichkeit beim Erwerber

Eine *vertragsimmanente* Weiterbeschäftigungsmöglichkeit bei einem anderen Betrieb oder Unternehmen des Erwerbers, also außerhalb der übergehenden Einheit, wird es in der Regel nicht geben. Zum näheren Verständnis dieser Aussage ist zunächst erneut darauf hinzuweisen, dass die Grundlage des arbeitsvertraglichen Beschäftigungsanspruchs des Arbeitnehmers dessen Arbeitsvertrag ist. Nur ein Arbeitsplatz, der auch von dem konkreten Arbeitsvertrag erfasst ist, kann daher eine *vertragsimmanente* Beschäftigungsmöglichkeit darstellen.

Vor dem Betriebsübergang war der Insolvenzschuldner Arbeitgeber und somit der Insolvenzverwalter richtiger Anspruchsgegner des Beschäftigungsanspruchs. Erst mit dem Betriebsübergang tritt der Erwerber gemäß 613a Abs. 1 Satz 1 BGB

248 Siehe zur Sozialauswahl unten: III.C.

in die Rechte und Pflichten des Arbeitsvertrages ein. Ab diesem Zeitpunkt wäre daher der Erwerber als neuer Arbeitgeber richtiger Anspruchsgegner. Endet die Kündigungsfrist eines Arbeitnehmers bereits vor dem Betriebsübergang, so bestünde daher zu keinem Zeitpunkt ein Arbeitsverhältnis mit dem Erwerber. Ein arbeitsvertraglicher Beschäftigungsanspruch gegen den Erwerber käme daher im Falle des Ablaufs der Kündigungsfrist vor dem Betriebsübergang zu keinem Zeitpunkt in Betracht. Als Folge dessen wären auch keine vom arbeitsvertraglichen Beschäftigungsanspruch des gekündigten Arbeitnehmers erfassten Beschäftigungsmöglichkeiten beim Erwerber denkbar.

Läuft die Kündigungsfrist hingegen erst nach dem Betriebsübergang ab, so geht das Arbeitsverhältnis mit dem Betriebsübergang auf den Erwerber über. Dieser ist nach dem Betriebsübergang richtiger Anspruchsgegner des arbeitsvertraglichen Beschäftigungsanspruchs. In diesem Fall wären daher sowohl vertragsimmanente Weiterbeschäftigungsmöglichkeiten beim übertragenden als auch beim übernehmenden Rechtsträger bei Ausspruch der Kündigung zu berücksichtigen. Bestehen diese beim übertragenden Rechtsträger, wären diese unzweifelhaft vom arbeitsvertraglichen Beschäftigungsanspruch erfasst und es bestünde keine Kündigungslage. Welche der beim Erwerber bestehenden Beschäftigungsmöglichkeiten als *vertragsimmanent* bezeichnet werden können, richtet sich nach dem konkreten Inhalt des Arbeitsvertrages und ist eine Frage von dessen Auslegung. Regelmäßig wird sich dieser aber bei einem „nur“ fortführenden Betriebsübergang auf den übergehenden Betrieb beschränken. Hat der übergehende Arbeitnehmer hingegen vor dem Betriebsübergang einen unternehmensübergreifenden oder sogar konzernweiten Beschäftigungsanspruch, so spricht einiges dafür, dass dieser Arbeitnehmer auch nach dem Betriebsübergang gegenüber dem Erwerber einen solchen Beschäftigungsanspruch außerhalb der übergehenden Einheit geltend machen kann. Denn allein der Betriebsübergang kann nicht zu einer Verschlechterung der diesbezüglichen Situation des Arbeitnehmers führen. In diesem Fall käme daher auch eine den arbeitsvertraglichen Anforderungen entsprechende Weiterbeschäftigungsmöglichkeit in einem anderen Unternehmen des Erwerbers als *vertragsimmanente* Weiterbeschäftigungsmöglichkeit in Betracht. Eine betriebsbedingte Kündigung wäre dann nicht möglich, da der Arbeitnehmer im Rahmen seines arbeitsvertraglichen Beschäftigungsanspruchs beschäftigt werden könnte, der Erwerber dies nach dem Betriebsübergang als Partei des Arbeitsvertrages auch müsste und somit keine betriebsbedingte Kündigungslage gegeben wäre. Ob und inwiefern Beschäftigungsmöglichkeiten beim Erwerber als vertragsimmanent bezeichnet werden können, ist eine Frage des konkreten Arbeitsvertrages des übergehenden Arbeitnehmers und kann daher nicht pauschal beantwortet werden.

b) Eingliedernder Betriebsübergang mit Erwerberkonzept

Von einem sog. eingliedernden Betriebsübergang ist die Rede, wenn der übergehende Betrieb in eine bereits bestehende betriebliche Struktur des Erwerbers eingegliedert bzw. mit einer solchen auf betrieblicher Ebene verbunden wird. Zum Teil wurde hierzu vertreten, dass die Eingliederung in eine bereits bestehende Auftrags- und Organisationsstruktur identitätszerstörend wirke, ein Betriebsübergang i.S.d. § 613a BGB daher nicht in Betracht komme.[249] Begründet wurde diese Annahme damit, dass mit der Eingliederung die wirtschaftliche Einheit als solche aufgelöst werde. Übernommen werde daher nicht mehr eine wirtschaftliche Einheit, sondern lediglich einzelne Betriebsmittel der aufgelösten Einheit.[250] Mit der sog. Klarenberg-Entscheidung vom 12. Februar 2009 hat der EuGH hingegen entschieden, dass ein Betriebsübergang auch dann vorliegen könne, „wenn der übertragene Unternehmens- oder Betriebsteil seine organisatorische Selbständigkeit nicht bewahrt, sofern die funktionelle Verknüpfung zwischen den übertragenen Produktionsfaktoren beibehalten wird und sie es dem Erwerber erlaubt, diese Faktoren zu nutzen, um derselben oder einer gleichartigen wirtschaftlichen Tätigkeit nachzugehen“.[251] Vor dem europarechtlichen Hintergrund des § 613a BGB ist somit die Möglichkeit des eingliedernden Betriebsübergangs anzuerkennen.

Auch bei dieser Durchführungsform des Betriebsübergangs kann das Bedürfnis bestehen, Rationalisierungsmaßnahmen in dem übergehenden Betrieb bereits vor dem Betriebsübergang auf Grundlage eines Erwerberkonzeptes durchzuführen. Auch hier ist für die Prüfung des Vorliegens einer betriebsbedingten Kündigungslage von Bedeutung, ob dem Arbeitnehmer auf Grundlage seines Arbeitsvertrages ein Beschäftigungsanspruch zusteht.

(1) Vertragsimmanente Weiterbeschäftigungsmöglichkeit beim übertragenden Rechtsträger

Besteht bei einem eingliedernden Betriebsübergang eine vertragsimmanente Weiterbeschäftigungsmöglichkeit beim übertragenden Rechtsträger, so besteht – wie auch beim fortführenden Betriebsübergang – keine betriebsbedingte Kündigungslage. Eine betriebsbedingte Kündigung kommt dann nicht in Betracht, da der Arbeitnehmer weiterhin auf Grundlage seines Arbeitsvertrages beschäftigt werden kann.

---

249 Vgl. Willemsen, NZA Beil. 4/2008, 155 (158); BAG v. 14.08.2007, 8 AZR 1043/06, NZA 2007, 1431; a.A. Bayreuther, DB 2006, 2128 (2128 f.).

250 Vgl. EuGH v. 12.02.2009, C-466/07, NZA 2009, 251.

251 EuGH v. 12.02.2009, C-466/07, NZA 2009, 251; siehe auch *Preis* in Erfurter Kommentar, § 613a BGB, Rn. 6a; Bayreuther, Betriebsübergang – Achillesferse der Betriebssanierung?, 19 ff..

(2) Vertragsimmanente Weiterbeschäftigungsmöglichkeit beim Erwerber

Eine Eingliederung des übergehenden Betriebes in den Betrieb des Erwerbers kann erhebliche Auswirkungen auf die vertragsimmanenten Beschäftigungsmöglichkeiten des Arbeitnehmers haben. Wie bereits oben dargestellt, tritt der Erwerber mit dem Betriebsübergang gemäß 613a Abs. 1 Satz 1 BGB in die Rechte und Pflichten des Arbeitsvertrages ein. Ab diesem Zeitpunkt ist daher der Erwerber als neuer Arbeitgeber richtiger Anspruchsgegner des arbeitsvertraglichen Beschäftigungsanspruchs der übergehenden Arbeitnehmer. Da allein der Arbeitsvertrag den Beschäftigungsanspruch der übergehenden Arbeitnehmer determiniert, ist die Frage, ob beim Erwerber *vertragsimmanente* Weiterbeschäftigungsmöglichkeiten bestehen, eine Frage der Auslegung der Arbeitsverträge der übergehenden Arbeitnehmer.

Sofern beim Erwerber bestehende vertragsimmanente Weiterbeschäftigungsmöglichkeiten zu beachten sind und somit eine Besserstellung des Arbeitnehmers durch den Betriebsübergang erfolgt, ist dies eine reine Rechtsfolge des § 613a Abs. 1 Satz 1 BGB. Dieser ordnet an, dass der Erwerber in alle Rechte und Pflichten des Arbeitsverhältnisses eintritt. Für die arbeitsvertragliche Beschäftigungspflicht kann deshalb nichts anderes gelten.

Endet die Kündigungsfrist eines Arbeitnehmers vor dem Betriebsübergang, so bestünde zu keinem Zeitpunkt ein Arbeitsverhältnis mit dem Erwerber. Ein arbeitsvertraglicher Beschäftigungsanspruch gegenüber dem Erwerber käme in diesem Falle zu keinem Zeitpunkt in Betracht, entsprechende Weiterbeschäftigungsmöglichkeiten wären mithin unbeachtlich.

2. Berücksichtigung kündigungssubstituierender Weiterbeschäftigungsmöglichkeiten

Sofern keine vertragsimmanente Weiterbeschäftigungsmöglichkeit besteht, eine Weiterbeschäftigung des Arbeitnehmers zu seinen bisherigen Arbeitsvertragsbedingungen mithin nicht mehr möglich ist, ist eine Kündigung dennoch unwirksam, sofern „der Arbeitnehmer an einem anderen Arbeitsplatz in demselben Betrieb oder in einem anderen Betrieb des Unternehmens weiterbeschäftigt werden kann“ (§ 1 Abs. 2 Satz 2 Nr. 1, b) KSchG). Grundsätzlich wäre zwar in diesen Fällen eine betriebsbedingte Kündigungslage gegeben. Da es aber möglich wäre, den Arbeitnehmer zu geänderten Vertragsbedingungen weiterhin zu beschäftigen, wäre eine betriebsbedingte Kündigung dennoch unwirksam. Insbesondere bei kündigungssubstituierenden Weiterbeschäftigungsmöglichkeiten ist strittig, in welchem Umfang diese zu berücksichtigen sind.

a) Fallvarianten

Bevor untersucht wird, in welchem Umfang freie Arbeitsplätze im Betrieb bzw. Unternehmen des übertragenden oder des übernehmenden Rechtsträgers zur Unwirksamkeit einer Kündigung auf Grundlage eines Erwerberkonzeptes führen können, ist es zur besseren Verständlichkeit sinnvoll, die verschiedenen Fallgruppen zu definieren, die in diesem Zusammenhang denkbar sind. Grundsätzlich kann danach differenziert werden, ob es sich um einen fortführenden oder einen eingliedernden Betriebs(teil)übergang handelt. Im Rahmen dieser beiden Fallvarianten wäre jeweils denkbar, dass ein freier Arbeitsplatz bereits in der übergehenden Einheit selbst besteht. Daneben ist auch denkbar, dass ein freier Arbeitsplatz außerhalb der übergehenden Einheit entweder beim übertragenden Rechtsträger (Insolvenzschuldner) oder beim übernehmenden Rechtsträger (Erwerber) besteht. Danach wären grundsätzlich folgende Fallvarianten denkbar:

1. Fortführender Betriebsübergang

a) Weiterbeschäftigungsmöglichkeit beim übergehenden Betrieb bzw. Betriebsteil

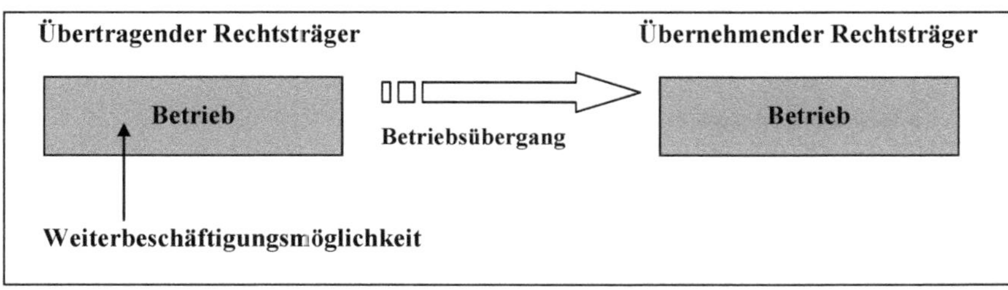

b) Sonstige Weiterbeschäftigungsmöglichkeit beim übertragenden Rechtsträger außerhalb des übergehenden Betriebes bzw. Betriebsteils

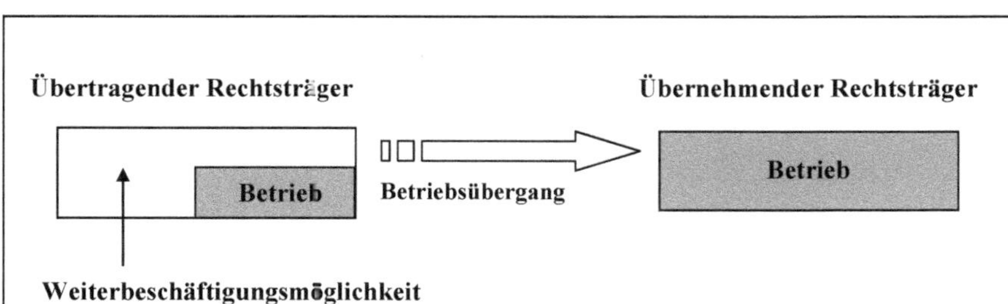

c) Weiterbeschäftigungsmöglichkeit beim übernehmenden Rechtsträger außerhalb des übergehenden Betriebes bzw. Betriebsteils

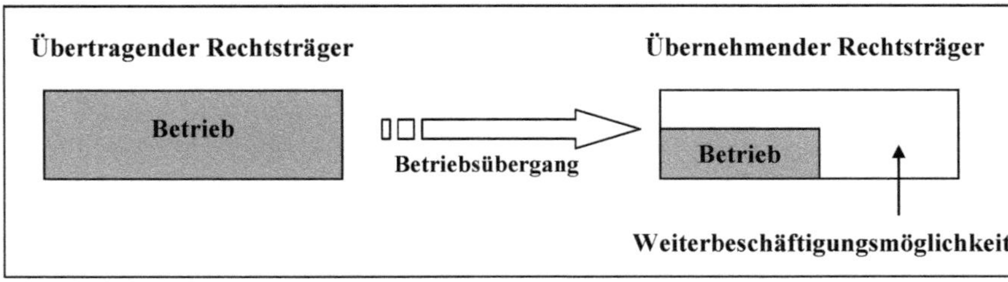

2. Eingliedernder Betriebsübergang

a) Weiterbeschäftigungsmöglichkeit beim übergehenden Betrieb bzw. Betriebsteil

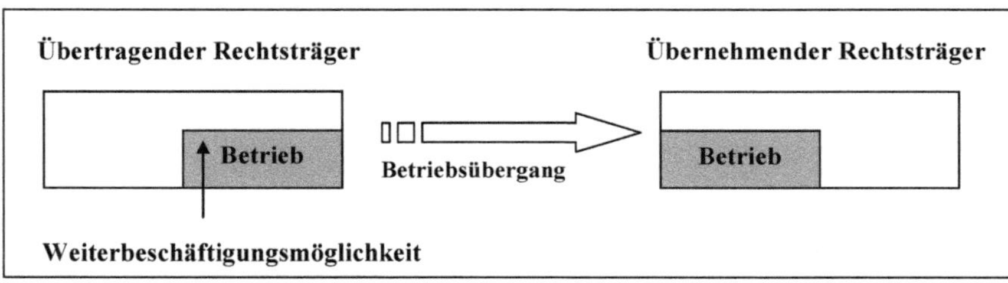

b) Sonstige Weiterbeschäftigungsmöglichkeit beim übertragenden Rechtsträger außerhalb des übergehenden Betriebes bzw. Betriebsteils

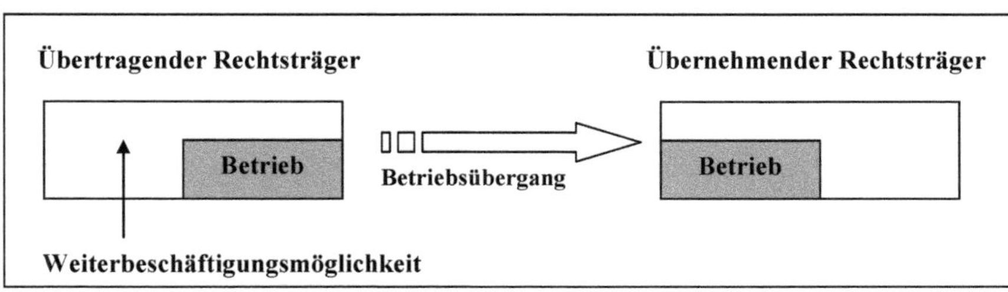

c.) Weiterbeschäftigungsmöglichkeit beim übernehmenden Rechtsträger außerhalb des übergehenden Betriebes bzw. Betriebsteils

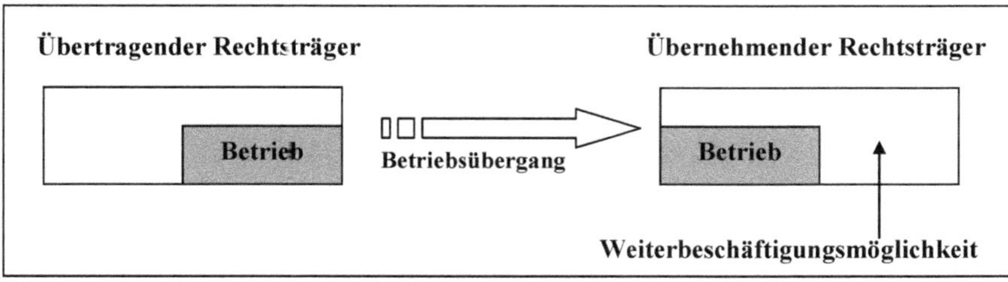

In der Praxis existieren in der Fallvariante 1.b.) und 1.c) regelmäßig keine anderen freien Arbeitsplätze. Dies ist dem einfachen Umstand geschuldet, dass bei einem fortführenden Betriebsübergang häufig der gesamte Betrieb des Insolvenzschuldners auf einen neu gegründeten Rechtsträger übertragen wird. In diesem Fall wäre der übergehende Betrieb der einzige Betrieb des übertragenden sowie des übernehmenden Rechtsträgers. Andere freie Arbeitsplätze außerhalb der übertragenen Einheit wären daher nicht möglich.

Handelt es sich hingegen lediglich um einen Betriebsteilübergang oder ist lediglich einer von mehreren Betrieben des übertragenden Rechtsträgers Gegenstand des fortführenden Betriebsübergangs, so ist durchaus denkbar, dass entsprechend der Fallvariante 1.b.) freie Arbeitsplätze beim übertragenden Rechtsträger außerhalb der übertragenden Einheit bestehen.

In der Fallvariante 1.c.) wäre dies hingegen lediglich dann denkbar, wenn die übertragene Einheit zwar beim Erwerber als selbständiger Betrieb fortgeführt wird, neben diesem „neuen" Betrieb im Unternehmen des Erwerbers aber noch andere Betriebe beim Erwerber existieren. Ob in diesem Fall von einem eingliedernden oder einem fortführenden Betriebsübergang gesprochen wird, ist eine reine Definitionsfrage und davon abhängig ob in Bezug auf den übernehmenden Rechtsträger das Unternehmen oder der Betrieb die Bezugsgröße für den Begriff „Eingliederung" darstellt. Möglich wäre es daher, diesen Fall als eingliedernden Betriebsübergang zu bezeichnen, da der übergehende Betrieb in ein bereits bestehendes Unternehmen „eingegliedert" wird. Da es sich um die Charakterisierung eines Phänomens des Betriebsübergangs handelt, ist es sachgerecht, mit der Terminologie des § 613a BGB in Betriebs- und nicht in Unternehmensstrukturen zu denken. Ein fortführender Betriebsübergang liegt danach immer dann vor, wenn der Erwerber den übertragenen Betrieb oder Betriebsteil als selbständigen Betrieb fortführt, ohne dass es zu einer Eingliederung in eine anderweitige *betriebliche* Struktur kommt. Nach der hier zu Grunde gelegten Definition wäre es daher durchaus denkbar, dass auch in der Fallvariante 1.c.) kündigungssubstituierende Weiterbeschäftigungsmöglichkeiten beim übernehmenden Rechtsträger außerhalb der übergehenden Einheit bestehen.

b) Literaturansichten

Sofern dieses Problem in der Literatur überhaupt erkannt wird[252], ist für eine durch den Insolvenzverwalter auf Grundlage eines Erwerberkonzeptes ausgesprochene Kündigung strittig, in welchem Umfang freie Arbeitsplätze zu berücksichtigen sind.

Einigkeit besteht lediglich insofern, dass andere freie Arbeitsplätze in der übergehenden Einheit immer zu berücksichtigen sind, unabhängig davon, ob es sich um einen fortführenden oder eingliedernden Betriebs(teil)übergang handelt und ob die Kündigungsfrist vor oder nach dem Betriebs(teil)übergang endet.[253] Dies ist eigentlich selbstverständlich und vermag daher kaum zu verwundern, bildet doch die übergehende Einheit den einzig konstanten Bezugspunkt des übergehenden Arbeitsverhältnisses. Die Kontinuität des Betriebes und die Bindung des Arbeitsverhältnisses an diesen Betrieb bildet einen der tragenden Grundgedanken des Betriebsübergangs.[254] Im Übrigen ist jedoch strittig, in welchem Umfang freie Arbeitsplätze zur Unwirksamkeit einer vor einem Betriebsübergang vom Insolvenzverwalter auf Grundlage eines Erwerberkonzeptes ausgesprochenen Kündigung führen können. Es scheint, als würden die bestehenden Literaturauffassungen teilweise von einer Art Billigkeitskontrolle geleitet. Zum Teil wird nämlich eher danach gefragt, was „angemessen" sei, als nach der dogmatischen Grundlage der Weiterbeschäftigungspflicht. Zudem findet die Diskussion ganz regelmäßig nur eindimensional statt, indem die Berücksichtigung kündigungssubstituierender Weiterbeschäftigungsmöglichkeiten nur bei der Prüfung der Wirksamkeit der Kündigung diskutiert und nicht auf einen ggf. bestehenden Wiedereinstellungsanspruch ausgeweitet wird.[255]

(1) Berücksichtigung freier Arbeitsplätze nur beim übertragenden Rechtsträger

Eine insbesondere von *Lipinski* vertretene Auffassung in der Literatur lehnt eine rechtsträgerübergreifende Berücksichtigung freier Arbeitsplätze ab.[256] Kündi-

252 Regelmäßig wird in der Literatur nur auf die ähnlich gelagerte Problematik bei der Sozialauswahl eingegangen.

253 Fallvarianten 1.a) und 2.a).

254 Vgl. in diesem Sinne: Meyer, NZA 2003, 244 (245); Picot/Schnitker, Teil I, Rn. 396; Grunsky, AP Nr. 34 zu § 613a BGB (siehe unter 3.).

255 Siehe zum Wiedereinstellungsanspruch unten: III.B.3.

256 Vgl. Lipinski, NZA 2002, 75 (79); wohl auch Sieger/Hasselbach, DB 1999, 430 (433 f.).

gungssubstituierende Weiterbeschäftigungsmöglichkeiten seien lediglich bei dem übertragenden Rechtsträger zu berücksichtigen, da es bei einer Einbeziehung des übernehmenden Rechtsträgers ansonsten zu einer ungerechtfertigten Besserstellung der vom Betriebsübergang betroffenen Arbeitnehmer käme.[257] Ein solch zusätzlicher Bestandsschutz sei aber nicht vom Schutzzweck des § 613a BGB gedeckt.

(2) Erfordernis rechtsträgerübergreifender Berücksichtigung freier Arbeitsplätze

Andere Autoren vertreten die Auffassung, sofern ein Konzept des Erwerbers die Kündigungen begründe, seien sowohl freie Arbeitsplätze im Unternehmen des Veräußerers als auch solche im Unternehmen des Erwerbers zu berücksichtigen.[258] Begründet wird dies – wenn überhaupt – damit, dass sich die Kündigung auf Grundlage eines Erwerberkonzeptes als Kündigung des Erwerbers darstelle. Es könne materiell-rechtlich keinen Unterschied machen, ob der Insolvenzverwalter vor oder der Erwerber nach dem Betriebsübergang kündigt.[259]

(3) Nach der Art des Betriebsübergangs differenzierende Auffassung

Gaul hingegen meint, dass lediglich im Falle des eingliedernden Betriebsübergangs freie Arbeitsplätze in den übertragenen Betrieben und Betriebsteilen, als auch in den anderen Betrieben und Standorten des übernehmenden Rechtsträgers zu berücksichtigen seien.[260] Hingegen blieben in diesem Fall freie Arbeitsplätze, die beim übertragenden Rechtsträger in anderen Betrieben bestehen, unberücksichtigt, da insofern auf die Situation beim Erwerber abzustellen sei. Hierbei nimmt *Gaul* als einer der wenigen Autoren in der Literatur zu dem Problem Stellung, dass der Veräußerer dem Arbeitnehmer entsprechende freie Arbeitsplätze beim Erwerber gar nicht anbieten kann, eine Änderungskündigung daher nicht in Betracht kommt. Ein entsprechendes Angebot habe daher durch den Erwerber zu erfolgen. Erst wenn der Arbeitnehmer ein solches Angebot ablehne, komme eine Kündigung durch den Veräußerer in Betracht. Alternativ käme nach *Gaul* auch in Betracht, dass der Veräußerer die Beendigungskündigung mit dem Angebot eines anderweitigen Arbeitsplatzes des Erwerbers verbinde, sofern der Veräußerer in Vertretung des Erwerbers handeln könne.[261]

---

257 Vgl. Lipinski, NZA 2002, 75 (79).

258 Vgl. Schrader/Straube, Insolvenzarbeitsrecht, VI., Rn. 98; *Wank* in Münchener Handbuch Arbeitsrecht, § 103, Rn 47; *Bertram* in Gottwald, Insolvenzrechts-Handbuch, § 106, Rn. 79; Kalb, RdA 2004, 188 (189; siehe Bemerkungen zum Vortrag von Neumann-Redlin).

259 Vgl. *Bertram* in Gottwald, Insolvenzrechts-Handbuch, § 106, Rn. 79.

260 Vgl. Gaul/Bonanni/Naumann, DB 2003, 1902 (1904).

261 Vgl. Gaul/Bonanni/Naumann, DB 2003, 1902 (1904).

(4) Sphärentheorien

Eine weitere Literaturauffassung differenziert danach, aus wessen Sphäre die zur Kündigung führenden betrieblichen Umstände stammen.[262] Sofern die Kündigung des Insolvenzverwalters auf einem Konzept des Erwerbers beruhe, das zumindest auch betriebliche Umstände aus der Sphäre des Erwerbers berücksichtige, seien Weiterbeschäftigungsmöglichkeiten beim Erwerber ebenfalls zu berücksichtigen.[263] Demzufolge bestehe in diesen Fällen auch eine Pflicht, rechtsträgerübergreifend Versetzungsmöglichkeiten zu berücksichtigen. Dies sei notwendig, da eine solche Kündigung eine vorgezogene Kündigung des Erwerbers darstelle und diese daher auch materiellrechtlich als Kündigung des Erwerbers zu werten sei.[264]

Nach einer weiteren Auffassung in der Literatur komme es zumindest in den Fällen, in denen das Erwerberkonzept auch oder ausschließlich auf Gründe aus der Sphäre des übernehmenden Rechtsträgers beruhe, auf die Verhältnisse im Zeitpunkt des Ablaufs der Kündigungsfrist an.[265] Maßgeblich sei, wo der Arbeitnehmer zu diesem Zeitpunkt beschäftigt werde. Dementsprechend seien Weiterbeschäftigungsmöglichkeiten immer nur in dem Betrieb oder Unternehmen des Rechtsträgers zu berücksichtigen, bei dem der Arbeitnehmer bei Ablauf der Kündigungsfrist beschäftigt werde.

c) Eigene Ansicht

Zur Klärung der Frage, ob und inwiefern andere freie Arbeitsplätze im Betrieb oder Unternehmen des übernehmenden bzw. des übertragenden Rechtsträgers zur Unwirksamkeit einer Kündigung des Insolvenzverwalters auf Grundlage eines Erwerberkonzeptes führen, ist zunächst die Grundlage der kündigungssubstituierenden Weiterbeschäftigungspflicht zu klären. Diese ist zwar in § 1 Abs. 2 Satz 2 KSchG explizit geregelt, folgt aber bereits aus dem Verhältnismäßigkeitsgrundsatz.[266] Die Beschäftigung auf einem anderen freien Arbeitsplatz stellt ein im Vergleich zur Kündigung milderes Mittel dar. Mit der Rechtsprechung und ganz überwiegenden Auffassung in der Literatur kommt es daher auch nicht auf den in

262 Vgl. Willemsen, Umstrukturierung und Übertragung von Unternehmen, Teil H, Rn. 116; Meyer, NZA 2003, 244 (247).

263 Vgl. Willemsen, Umstrukturierung und Übertragung von Unternehmen, Teil H, Rn. 116; Meyer, NZA 2003, 244 (247).

264 Vgl. Willemsen, Umstrukturierung und Übertragung von Unternehmen, Teil H, Rn. 116.

265 Vgl. Annuß/Stamer, NZA 2003, 1247 (1249); Annuß/Lembke, Arbeitsrechtliche Umstrukturierung, Seite 35, Rn. 129.

266 Vgl. *Griebeling* in KR, § 1 KSchG, Rnn. 217, 545.

§ 1 Abs. 2 Satz 2 Nr. 1 KSchG vorgesehenen Widerspruch des Betriebsrates an.[267] Auch ohne einen entsprechenden Widerspruch wäre eine Kündigung unwirksam, sofern eine entsprechende freie Stelle besteht.

Des Weiteren ist zu berücksichtigen, dass – zumindest mit der heute ganz herrschenden Auffassung – kündigungssubstituierende Weiterbeschäftigungsmöglichkeiten nicht nur betriebsweit, sondern unternehmensweit zu berücksichtigen sind.[268] Die herrschende Meinung leitet dies aus § 1 Abs. 2 Satz 1 KSchG i.V.m. dem Verhältnismäßigkeitsgrundsatz her. Dagegen meint *Wank*, dieses Ergebnis sei auf Grundlage einer analogen Auslegung von § 1 Abs. 2 Satz 2 Nrn. 1 b, 2 b, 3 KSchG geboten. Da die unterschiedliche Herleitung für die hier zu untersuchende Frage keine weitere Relevanz hat, braucht dieser Streit hier nicht entschieden zu werden.

(1) Stellungnahme zu den bestehenden Theorien

Keine der oben dargestellten Theorien vermag im Ergebnis zu überzeugen, da keiner der Ansätze in allen denkbaren Fallvarianten zu einem sachgerechten Ergebnis führt.

Eine grundsätzliche rechtsträgerübergreifende Beachtung kündigungssubstituierender Weiterbeschäftigungsmöglichkeiten beim übertragenden *und* übernehmenden Rechtsträger für alle Fallvarianten ist abzulehnen. Dies zeigt sich bereits an folgender Überlegung. Liefe die Kündigungsfrist eines Arbeitnehmers vor dem Betriebsübergang aus, so würde dessen Arbeitsverhältnis nicht auf den Erwerber übergehen. Demzufolge stand dieser Arbeitnehmer zu keinem Zeitpunkt in einer arbeitsvertraglichen Rechtsbeziehung zum Erwerber. Gleichwohl würde eine rechtsträgerübergreifende Beachtung von Weiterbeschäftigungsmöglichkeiten einen Kontrahierungszwang für den Erwerber bedeuten. Dies würde einen nicht zu rechtfertigenden Eingriff in die unternehmerische Entscheidungsfreiheit des Erwerbers darstellen, da dieser trotz Unanwendbarkeit des § 613a BGB gezwungen wäre als Arbeitgeber in ein Arbeitsverhältnis einzutreten.

Des Weiteren ist zu berücksichtigen, dass sich ein Erwerberkonzept evtl. auch ausschließlich auf die betrieblichen Umständen aus der Sphäre des übertragenden Rechtsträgers stützen ließe. In diesen Fällen bestünde aus wertender Sicht kein Unterschied zu einem eigenen Sanierungskonzept des Insolvenzverwalters. Gleichwohl kämen die Vertreter dieser Auffassung zu einer Ungleichbehandlung der beiden Fälle. Denn lediglich im Falle eines Erwerberkonzeptes wären freie Arbeitsplätze beim übernehmenden Rechtsträger zu berücksichtigen, beim

267 Vgl. *Berkowsky* in Münchener Handbuch Arbeitsrecht, § 116, Rn. 3; *Griebeling* in KR, § 1 KSchG, Rn. 218.

268 Vgl. *Berkowsky* in Münchener Handbuch Arbeitsrecht, § 116, Rn. 3.

Sanierungskonzept des Insolvenzverwalters hingegen nicht. Die Literaturauffassung, die im Falle einer Kündigung auf Grundlage eines Erwerberkonzeptes immer eine rechtsträgerübergreifende Beachtung kündigungssubstituierender Weiterbeschäftigungsmöglichkeiten verlangt, ist daher abzulehnen.

Auch die Auffassung von *Gaul*, wonach lediglich bei einem eingliedernden Betriebsübergang freie Arbeitsplätze in der übertragenen Einheit sowie beim übernehmenden Rechtsträgers zu berücksichtigen seien, überzeugt aus den gleichen Gründen nicht. *Gaul* leitet dies aus dem Umstand ab, dass der Erwerber aufgrund des Betriebsübergangs gemäß § 613a BGB zur Weiterbeschäftigung verpflichtet sei und deshalb die Verhältnisse beim Erwerber maßgeblich seien.[269] Dies ist dann nicht zutreffend, sofern die Kündigungsfrist eines Arbeitnehmers vor dem Betriebsübergang endet und § 613a BGB mangels bestehendem Arbeitsverhältnis gar nicht anwendbar wäre. Dieser Kritikpunkt wird zum Teil in der Literatur erkannt. *Annuß* will daher lediglich in den Fällen, in denen das Erwerberkonzept auch oder ausschließlich auf Gründe aus der Sphäre des übernehmenden Rechtsträgers beruht, auf die Verhältnisse im Zeitpunkt des Ablaufs der Kündigungsfrist abstellen.[270] Dementsprechend seien Weiterbeschäftigungsmöglichkeiten immer nur in dem Betrieb bzw. Unternehmen des Rechtsträgers zu berücksichtigen, bei dem der Arbeitnehmer bei Ablauf der Kündigungsfrist beschäftigt werde. Auch diese „eingeschränkte Sphärentheorie" überzeugt im Ergebnis nicht, da sie zu sozial ungerechten Ergebnissen führen kann. Bestehen nämlich lediglich bei dem übertragenden Rechtsträger freie Arbeitsplätze, kann dies zu einer Benachteiligung von Arbeitnehmern mit längeren Kündigungsfristen führen, wie folgendes Beispiel zeigt:

In einem insolventen Unternehmen bestehen zwei Betriebe, Betrieb A und Betrieb B. Betrieb A ist aus sich heraus sanierungsfähig. Betrieb B soll hingegen auf Grundlage eines Erwerberkonzeptes saniert und verkauft werden. Das Erwerberkonzept sieht vor, dass Bestellungen in dem Betrieb B in Zukunft nur noch über die etablierte Internetseite des Erwerbers angenommen werden können. Die Arbeitsplätze der beiden Vertriebsaußendienstmitarbeiter X und Y entfallen dadurch. Der 25-jährige X ist erst seit 10 Monaten in dem Betrieb beschäftigt, seine relativ kurze Kündigungsfrist liefe daher noch vor dem geplanten Betriebsübergang aus. Der 60-jährige Y ist hingegen bereits seit 40 Jahren in dem Betrieb beschäftigt, seine (gemäß § 113 InsO auf drei Monate verkürzte) Kündigungsfrist liefe erst nach dem geplanten Betriebsübergang aus. Im Betrieb A ist zur selben Zeit eine Stelle als Vertriebsaußendienstmitarbeiter vakant. Beim übernehmenden Rechtsträger bestehen hingegen keine freien Stellen.

---

269 Vgl. Gaul/Bonanni/Naumann, DB 2003, 1902 (1904).

270 Vgl. Annuß/Stamer, NZA 2003, 1247 (1249); Annuß/Lembke, Arbeitsrechtliche Umstrukturierung, Seite 35, Rn. 129.

Nach der von *Annuß* vertretenen Theorie würde sich die Berücksichtigung der Weiterbeschäftigungsmöglichkeit nach der Beschäftigung zum Zeitpunkt des Ablaufs der Kündigungsfrist richten. Dem sozial schützenswerteren Y könnte eine Beendigungskündigung ausgesprochen werden, da seine Kündigungsfrist erst nach dem Betriebsübergang ausläuft. Sein Arbeitsverhältnis würde in gekündigtem Zustand auf den Erwerber übergehen, bei dem keine freien Arbeitsplätze bestehen. Der sozial weniger schützenswerte X hingegen würde „lediglich" eine Änderungskündigung erhalten. Da nur seine Kündigungsfrist vor dem Betriebsübergang ausliefe, wäre die freie Stelle im Betrieb A lediglich ihm anzubieten.

Dieses Ergebnis ist äußerst unbefriedigend, da der sozial weniger schützenswerte Arbeitnehmer im Ergebnis den höheren Kündigungsschutz genießen würde. Die soziale Schieflage zeigt sich auch daran, dass Y dem Betriebsübergang widersprechen könnte. Gleichwohl wäre der einzige freie Arbeitsplatz ggf. bereits durch X besetzt. Auch ein Wiedereinstellungsanspruch käme dann nicht mehr in Betracht, da es keine freien Arbeitsplätze mehr geben würde.

Diese Ungleichbehandlung kann auch nicht als schlichter Rechtsreflex abgetan werden.[271] Die Wirksamkeit der Kündigung hat sich nämlich am Zeitpunkt des Zugangs der Kündigung zu orientieren. Sofern in diesem Zeitpunkt freie Arbeitsplätze beim kündigenden Rechtsträger bestehen, sind diese auch zu berücksichtigen. Jedes andere Ergebnis widerspricht dem Rechtsgedanken des § 1 Abs. 2 Satz 2 KSchG sowie dem Verhältnismäßigkeitsgrundsatz.

Darüber hinaus muss sich jede der oben genannten Theorien, die eine rechtsträgerübergreifende Berücksichtigung freier Arbeitsplätze fordert, den Vorwurf gefallen lassen, dass der übertragende Rechtsträger hierzu schlichtweg nicht in der Lage ist. Die Berücksichtigung freier Arbeitsplätze erfolgt in der Regel über den Ausspruch einer Änderungskündigung. Gemäß der Legaldefinition des § 2 Satz 1 KSchG liegt eine Änderungskündigung vor, wenn der Arbeitgeber das Arbeitsverhältnis kündigt und im Zusammenhang mit der Kündigung dessen Fortsetzung zu geänderten Arbeitsbedingungen anbietet. Die Fortsetzung zu geänderten Bedingungen hätte dann beim übernehmenden Rechtsträger zu erfolgen. Ein entsprechendes Angebot kann der Insolvenzverwalter nicht abgeben. *Gaul*[272] meint daher, da der Veräußerer ein entsprechendes Angebot nicht abgeben könne, habe dies durch den Erwerber zu erfolgen.[273]

Hierbei bestehen jedoch erhebliche Bedenken, ob ein entsprechendes Erfordernis mit der unternehmerischen Entscheidungsfreiheit des Veräußerers bzw.

271 Vgl. Annuß/Lembke, Arbeitsrechtliche Umstrukturierung, Seite 35, Rn. 129 (am Ende).

272 Vgl. Gaul/Bonanni/Naumann, DB 2003, 1902 (1904).

273 Alternativ käme nach *Gaul* auch in Betracht, dass der Veräußerer die Beendigungskündigung mit dem Angebot eines anderweitigen Arbeitsplatzes des Erwerbers verbinde, sofern der Veräußerer in Vertretung des Erwerbers handeln könne.

Insolvenzverwalters in Einklang zu bringen wäre. Bei einem Wegfall des zukünftigen Beschäftigungsbedarfes soll ein Arbeitgeber nicht daran gehindert werden, betriebsbedingte Kündigungen auszusprechen. Diese unternehmerische Entscheidungsfreiheit würde aber über die Maßen eingeschränkt, würde die Wirksamkeit der Kündigung von dem Verhalten eines Dritten abhängig gemacht werden. Ein solches Erfordernis findet aber auch keine Stütze im Gesetz. § 1 Abs. 2 Satz 2 KSchG kann ein solches Erfordernis sicherlich nicht entnommen werden. Das KSchG setzt nach seiner gesamten Konstruktion voraus, dass ein Arbeitsverhältnis besteht. Ein solches besteht aber zu einem erst zukünftigen Erwerber gerade nicht. Sinnlogisch kann mit „Unternehmen" i.S.d. § 1 Abs. 2 Satz 2 Nr. 1 b. KSchG daher nur ein „Unternehmen des Arbeitgebers" gemeint sein.

(2) Zwischenergebnis

Im Ergebnis sind kündigungssubstituierende Weiterbeschäftigungsmöglichkeiten lediglich im übertragenen Betrieb bzw. Betriebsteil sowie im restlichen Unternehmen des übertragenden Rechtsträgers zu berücksichtigen. Andere freie Arbeitsplätze beim übernehmenden Rechtsträger haben hingegen keinen Einfluss auf die Wirksamkeit der Kündigung.

Die hierzu von *Lipinski* gegebene Erläuterung, es komme ansonsten zu einer von § 613a BGB nicht gewollten ungerechtfertigten Besserstellung der vom Betriebsübergang betroffenen Arbeitnehmer,[274] ist allerdings abzulehnen. Dass dies eine Besserstellung bedeuten kann, ist zwar durchaus zutreffend. Dass diese aber nicht gewollt, sogar von § 613a BGB ausgeschlossen werden sollte, ist hingegen nicht nachvollziehbar. Dies zeigt sich bereits an der Überlegung, dass sich selbstverständlich im Rahmen eines Betriebsübergangs die betrieblichen Verhältnisse auch zu Gunsten der übergehenden Arbeitnehmer verbessern können. Nimmt z.B. der Erwerber direkt nach einem eingliedernden Betriebsübergang betriebsbedingte Kündigungen vor, so wären nach einhelliger Auffassung freie Arbeitsplätze im Unternehmen des Erwerbers zu berücksichtigen. Dies gilt nicht nur für die bereits bei dem Erwerber beschäftigten Arbeitnehmer, sondern selbstverständlich auch für die im Rahmen des eingliedernden Betriebsübergangs neu hinzugewonnenen Arbeitnehmer. Dies ist die Rechtsfolge des Eintritts des Erwerbers in die Arbeitgeberstellung und der damit einhergehenden geänderten betrieblichen Struktur. Eine eventuelle Besserstellung kann sich mithin als reiner Rechtsreflex darstellen. *Lipinski* ist daher entgegenzuhalten, dass § 613a BGB zu dieser Frage keine Regelung enthält. Die Frage der Berücksichtigung von Weiterbeschäftigungsmöglichkeiten ist eine rein kündigungsrechtliche Frage, die sich

274 Vgl. Lipinski, NZA 2002, 75 (79).

allein nach den Maßstäben des § 1 KSchG zu richten hat. *Lipinski* ist daher lediglich im Ergebnis, nicht aber in der Begründung zuzustimmen.

3. Der Wiedereinstellungsanspruch

Der maßgebliche Beurteilungszeitpunkt für die Wirksamkeit der Kündigung ist der Zeitpunkt des Zugangs der Kündigung.[275] Dabei ist ausreichend, dass zu diesem Zeitpunkt bereits absehbar ist, dass spätestens bei Beendigung der Kündigungsfrist der Beschäftigungsbedarf für den zu kündigenden Arbeitnehmer entfallen sein wird.[276] Dieses Auseinanderfallen von Beurteilungszeitpunkt der Kündigung auf der einen und Beendigungszeitpunkt des Arbeitsverhältnisses auf der anderen Seite kann dazu führen, dass sich nach Ausspruch einer Kündigung deren Wirksamkeitsvoraussetzungen ändern oder sogar entfallen. Da die Wirksamkeit der Kündigung aber nach den Umständen im Zeitpunkt des Zugangs zu beurteilen ist, kann ein nachträglich eintretender Umstand an der Wirksamkeit der Kündigung nichts mehr ändern.[277] Als Korrektiv bleibt dann lediglich ein Wiedereinstellungsanspruch des gekündigten Arbeitnehmers.[278]

Erst durch das Zusammenwirken von Wirksamkeitsvoraussetzung der Kündigung auf der einen und Wiedereinstellungsanspruch auf der anderen Seite zeigt sich das vollständige rechtliche Gesamtbild zur Berücksichtigung von Weiterbeschäftigungsmöglichkeiten im Rahmen einer übertragenden Sanierung auf Grundlage eines Erwerberkonzeptes. Es ist neben den Auswirkungen von Weiterbeschäftigungsmöglichkeiten auf die Wirksamkeit einer Kündigung daher auch zu prüfen, unter welchen Umständen bestehende Weiterbeschäftigungsmöglichkeiten beim übertragenden oder übernehmenden Rechtsträger zu einem Wiedereinstellungsanspruch führen können.

a) Dogmatische Grundlage des Wiedereinstellungsanspruchs

Die dogmatische Begründung des Wiedereinstellungsanspruchs ist in der Rechtsprechung sowie der Literatur nach wie vor umstritten. Die verschiedenen Ansätze können zu erheblichen Unterschieden in Bezug auf den Inhalt und die Grenzen des Wiedereinstellungsanspruchs führen.

---

275 Vgl. m.w.N.: *Kiel* in Ascheid, Kündigungsrecht, § 1 KSchG, Rn. 453 f.; *Griebeling* in KR, § 1 KSchG, Rn. 235 ff.; Annuß, Betriebsbedingte Kündigung, Seite 358.

276 Vgl. Annuß, Betriebsbedingte Kündigung, Seite 358 f..

277 Vgl. *Oetker* in Erfurter Kommentar, § 1 KSchG, Rn. 243

278 Vgl. BAG v. 27.02.1997, 2 AZR 160/96, NZA 1997, 757; Moll in MAH Arbeitsrecht, § 40, Rn. 83; Beower, NZA 1999, 1121 (1123); *Hamacher* in Nerlich/Römermann, InsO, § 125 InsO, Rn. 68.

(1) Die Rechtsprechung des BAG

In der Rechtsprechung des 2. Senats des BAG findet sich ein ganzes Bündel verschiedener Überlegungen zur Begründung eines allgemeinen Wiedereinstellungsanspruchs. In seinem Urteil vom 27. Februar 1997 führte der 2. Senat aus, erweise sich die der Kündigung zu Grunde liegende Prognose noch während des Laufs der Kündigungsfrist als falsch, so habe der Arbeitnehmer einen Anspruch auf Fortsetzung des Arbeitsverhältnisses, sofern dem Arbeitgeber die unveränderte Fortsetzung des Arbeitsverhältnisses zumutbar sei.[279] Zur Begründung verweist der 2. Senat auf die „Regeln über den Wegfall der Geschäftsgrundlage", einen Rechtsmissbrauch des Arbeitgebers, den „Grundsatz von Treu und Glaube" i.S.d. § 242 BGB, den Schutzzweck des § 1 KSchG sowie das schutzwürdige Vertrauen des Arbeitnehmers, dass es nur dann zur Beendigung des Arbeitsverhältnisses komme, wenn bei Ablauf der Kündigungsfrist die geltend gemachten Kündigungsgründe fortbestünden. Darüber hinaus gebiete es Art. 12 GG, dass der Arbeitnehmer „seinen Arbeitsplatz und damit seinen sozialen Besitzstand nicht grundlos" verliere.

Der 7. Senat hat einen entsprechenden Wiedereinstellungsanspruch in seinem Urteil vom 28. Juni 2000 hingegen „als vertragliche Nebenpflicht aus dem noch fortbestehenden Arbeitsverhältnis" angesehen.[280] Zu den arbeitsvertraglichen Nebenpflichten gehöre nach Ansicht des 7. Senats auch die Pflicht, auf die berechtigten Interessen des Vertragspartners Rücksicht zu nehmen. Der Arbeitnehmer habe daher auch nach Ausspruch einer rechtlich begründeten Kündigung regelmäßig noch ein Interesse daran, seinen Arbeitsplatz nicht mit Ablauf der Kündigungsfrist zu verlieren. Dieses Interesse des Arbeitnehmers an der Erhaltung seines Arbeitsplatzes sei durch Art. 12 Abs. 1 GG nicht nur bis zum Ausspruch einer Kündigung, sondern auch noch danach bis zur Beendigung des Arbeitsverhältnisses geschützt. Dieser dem Staat obliegenden grundrechtlichen Schutzpflicht werde zwar grundsätzlich durch das Kündigungsschutzrecht hinreichend Rechnung getragen. Dies sei nach Ansicht des 7. Senats dann nicht der Fall, wenn sich die der betriebsbedingten Kündigung zu Grunde liegende Vorstellung des Arbeitgebers über die Weiterbeschäftigungsmöglichkeiten nachträglich als unzutreffend herausstellt. Die Prüfung der Wirksamkeit einer Kündigung zum Zeitpunkt des Zugangs sei zwar sowohl aus methodischen Gründen, wie auch aus Gründen der Rechtssicherheit, Verlässlichkeit und Klarheit geboten.

---

279 Vgl. BAG v. 27.02.1997, 2 AZR 160/96, NZA 1997, 757 (siehe unter II., 4., a. der Entscheidungsgründe).

280 Vgl. BAG v. 28.06.2000, 7 AZR 904/98, NZA 2000, 1097 (siehe unter II., B., 2. der Entscheidungsgründe); so auch BAG v. 16.05.2007, 7 AZR 621/06, AP Nr. 14 zu § 1 KSchG 1969 – Wiedereinstellung (siehe unter II, 1. der Entscheidungsgründe).

Zugleich verlange dies aber nach einem Korrektiv, sofern sich die maßgeblichen Umstände entgegen der ursprünglichen Prognose nachträglich ändern. Ein geeignetes Korrektiv bilde die vertragliche Nebenpflicht zum erneuten Abschluss eines Arbeitsvertrages.[281] Der Wiedereinstellungsanspruch entspreche dem durch § 1 KSchG intendierten Bestandsschutz. Dieser bestehe, wenn wider Erwarten der bisherige Arbeitsplatz des gekündigten Arbeitnehmers doch erhalten bleibe oder sich eine anderweitige Beschäftigungsmöglichkeit auf einem frei werdenden oder neu geschaffenen Arbeitsplatz ergebe, auf den der Arbeitgeber den Arbeitnehmer ohne Änderung des Arbeitsvertrages einseitig umsetzen könne.[282] Eine solche Weiterbeschäftigungsmöglichkeit hätte nämlich, sofern sie bei Ausspruch der Kündigung bereits vorhanden oder absehbar gewesen wäre, der Wirksamkeit der Kündigung entgegengestanden.

Für den Fall des Betriebsübergangs hat der 8. Senat mit seinem Urteil vom 13. November 1997[283] eine besondere Ausprägung des Wiedereinstellungsanspruchs angenommen. Aus einer europarechtskonformen Auslegung des § 613a BGB sei auf einen „Fortsetzungsanspruch" gekündigter Arbeitnehmer zu schließen, sofern es nach Ausspruch der Kündigung zu einem Betriebsübergang komme. „Während die vom bisherigen Auftragnehmer nicht gekündigten Arbeitsverhältnisse kraft Gesetzes (§ 613a Abs. 1 BGB) auf den Auftragsnachfolger übergehen, wenn dieser die Hauptbelegschaft willentlich übernimmt, haben die gekündigten Arbeitnehmer einen Anspruch auf Abschluss eines Arbeitsvertrages zu unveränderten Arbeitsbedingungen und unter Wahrung ihres Besitzstandes."[284] An dieser europarechtlichen Grundlage des Wiedereinstellungsanspruchs hat der 8. Senat auch in nachfolgenden Entscheidungen festgehalten.[285]

(2) Literaturmeinungen

Zum Teil wird ein Wiedereinstellungsanspruch in der Literatur vollständig abgelehnt.[286] Die Vertreter dieser Auffassung verweisen darauf, dass für einen

281 Vgl. BAG v. 28.06.2000, 7 AZR 904/98, NZA 2000, 1097 (siehe unter II., B., 2. der Entscheidungsgründe).

282 Vgl. BAG v. 28.06.2000, 7 AZR 904/98, NZA 2000, 1097 (siehe unter II, B, 3., a, der Entscheidungsgründe); BAG v. 16.05.2007, 7 AZR 621/06, AP Nr. 14 zu § 1 KSchG 1969 – Wiedereinstellung (siehe unter II, 1. der Entscheidungsgründe).

283 BAG v. 13.11.1997, 8 AZR 295/95, NZA 1998, 251.

284 BAG v. 13.11.1997, 8 AZR 295/95, NZA 1998, 251 (siehe unter II., 3., c), bb) der Entscheidungsgründe).

285 Vgl. z.B. BAG v. 28.10.2004, 8 AZR 199/04, NZA 2005, 405.

286 Vgl. Annuß, Betriebsbedingte Kündigung, Seite 377 ff.; Ricken, NZA 1998, 460 (464) m.w.N. in Fn. 6.

entsprechenden Anspruch weder eine rechtsgeschäftliche[287] noch eine normativ ableitbare[288] Grundlage bestehe. Vielmehr sei es zur Vermeidung einer lebenslangen Bindung schlichtweg erforderlich, einen Zeitpunkt für die Bestimmung der Wirksamkeit der Kündigung festzulegen.[289] Mit dem im KSchG gewählten Modell habe der Gesetzgeber unter Betonung des Gedankens der Rechtssicherheit in verfassungsrechtlich unbedenklicher Weise diesen Zeitpunkt auf den Zugang der Kündigung festgelegt. Damit habe der Gesetzgeber auch die Risikoverteilung bei nach Zugang der Kündigung eintretenden Änderungen abschließend geregelt.[290]

Mit zum Teil unterschiedlicher Begründung[291] wird ein Wiedereinstellungsanspruch in der Literatur mittlerweile ganz überwiegend anerkannt.[292] Hergeleitet wird der Anspruch entweder rechtsgeschäftlich aus der nachwirkenden Fürsorgepflicht des Arbeitgebers, dem Verbot des widersprüchlichen Verhaltens (venire contra factum proprium), dem Grundsatz des Vertrauensschutzes, als vertragliche Nebenpflicht bzw. § 242 BGB[293] oder normativ aus einer gesetzesimmanenten[294] oder gesetzesübersteigenden[295] Rechtsfortbildung sowie einer erweiternden Auslegung des § 1 Abs. 3 KSchG.[296]

(3) Stellungnahme

Im Ergebnis ist mit der Rechtsprechung und herrschenden Meinung in der Literatur der Wiedereinstellungsanspruch anzuerkennen. Die Notwendigkeit, die Wirksamkeit einer betriebsbedingten Kündigung im Zeitpunkt ihres Zugangs festzustellen, folgt bereits aus der Rechtsnatur der Kündigung als einseitige

---

287 Vgl. Annuß, Betriebsbedingte Kündigung, Seite 378 ff..

288 Vgl. Annuß, Betriebsbedingte Kündigung, Seite 383 ff..

289 Vgl. Annuß, Betriebsbedingte Kündigung, Seite 385; Nicolai/Noack, ZfA 2000, 87 (89).

290 Vgl. Annuß, Betriebsbedingte Kündigung, Seite 385; Ricken, NZA 1998, 460 (463).

291 Vgl. zu den einzelnen in Rechtsprechung und Literatur vertretenen Ansätzen: Elz, Seite 31 ff.; m.w.N. auch *Griebeling* in KR, § 1 KSchG, Rn. 729.

292 Vgl. m.w.N. *Griebeling* in KR, § 1 KSchG, Rn. 729 ff.; Boewer, NZA 1999, 1121; ders., NZA 1999, 1177; Berscheid, MDR 1998, 1129 (1131); ders., Arbeitsverhältnisse in der Insolvenz, Rn. 684; *Bertram* in Gottwald, Insolvenzrechts-Handbuch, § 106, Rn. 98; *Hamacher* in Nerlich/ Römermann, Insolvenzordnung, § 125 InsO, Rn. 67 f.; *Moll* in MAH Arbeitsrecht, § 40, Rn. 83; Schubert, ZIP 2002, 554; Meinel/Bauer, NZA 1999, 575; Raab, RdA 2000, 147; ders., RdA 2001, 243; Zwanziger, BB 1997, 42 ff.; Hoyningen-Huene/Linck, Kündigungsschutzgesetz, § 1, Rn. 229 ff.; Bichlmeier, DZWIR 2006, 89 (90); *Bayreuther* in FAK Arbeitsrecht, § 613a BGB, Rn. 110.

293 Vgl. z.B.: Bram/Rühl, NZA 1990, 753 (754); Hoyningen-Huene/Linck, Kündigungsschutzgesetz, § 1, Rn. 230; *Bayreuther* in FAK Arbeitsrecht, § 613a BGB, Rn. 110.

294 Vgl. *Berkowsky* in Münchener Handbuch Arbeitsrecht, § 99, Rn. 119; Elz, Seite 59 ff; *Bertram* in Gottwald, Insolvenzrechts-Handbuch, § 106, Rn. 98.

295 Vgl. Nicolai/Noack, ZfA 2000, 87 (91).

296 Vgl. Zwanziger, BB 1997, 42 (43).

empfangsbedürftige Willenserklärung und somit aus § 130 Abs. 1 Satz 1 BGB. Nachträglich eintretende Veränderungen können grundsätzlich keinen rückwirkenden Einfluss mehr auf die Wirksamkeit einer ausgesprochenen Kündigung haben. Eine einmal wirksame Kündigung kann somit nicht rückwirkend unwirksam werden.

Gleichwohl ist die gesetzgeberische Intention des arbeitsvertraglichen Bestandsschutzes in Art. 12 GG sowie die Stellung des Schutzes des Arbeitsplatzes in der Rechtsordnung anzuerkennen. In diesem Zusammenhang hat *Boewer* bereits zutreffend angemerkt, dass die Zugrundelegung des Prognoseprinzips bei der Kündigung zunächst nur eine Aussage über die Kündigungsberechtigung des Arbeitgebers enthalte, ohne dass dem zwingend auch eine weitere Regelung für den Fall einer Fehlprognose zu entnehmen sei.[297]

Sowohl aus dem Gesetz als auch dem Arbeitsvertrag lässt sich ein Wiedereinstellungsanspruch allerdings nicht direkt ableiten. Sei es als nachwirkende Fürsorgepflicht des Arbeitgebers, als Verbot rechtsmissbräuchlichen oder widersprüchlichen Verhaltens oder als Vertrauensschutz. Die in der Literatur und Rechtsprechung vertretenen rechtsgeschäftlichen Ansätze laufen im Ergebnis darauf hinaus, einen Wiedereinstellungsanspruch als vertragliche Nebenpflicht zu konstruieren. Dies vermag bereits im Ansatz nicht zu überzeugen. Wie bereits u.a. *Annuß*[298] und *Berkowsky*[299] zutreffend ausgeführt haben, lässt sich aus einer arbeitsvertraglichen Nebenpflicht kein Zwang zum Abschluss eines neuen Arbeitsvertrages ableiten. Nebenpflicht und Arbeitsvertrag verhalten sich wie „Wirkung zur Ursache".[300] Es führt die Rechtsnatur der vertraglichen Nebenpflicht ad absurdum, würde man in ihr einen entsprechenden Kontrahierungszwang sehen, mithin eine Pflicht zur Begründung der Hauptleistungspflicht des de facto wieder gleichen Arbeitsvertrages.

Auch eine analoge Anwendung des § 1 Abs. 3 KSchG ist als Begründung konstruiert, da weder Regelungsgegenstand noch Rechtsfolge des § 1 Abs. 3 KSchG mit einem Wiedereinstellungsanspruch vergleichbar sind. Daher ist davon auszugehen, dass sowohl dem Arbeitsvertrag als auch dem KSchG keine Regelung eines Wiedereinstellungsanspruchs entnommen werden kann.

Auch der Hinweis des 2. Senats[301] auf die Grundsätze des Wegfalls der Geschäftsgrundlage ist verfehlt. Die Herleitung eines Wiedereinstellungsanspruchs aus dem heute in § 313 BGB normierten Institut des Wegfalls der Geschäftsgrundlage überdehnt dessen Anwendungsbereich. § 313 BGB stellt eine Mög-

297 Vgl. Boewer, NZA 1999, 1121 (1128).
298 Vgl. Annuß, Betriebsbedingte Kündigung, Seite 379.
299 Vgl. *Berkowsky* in Münchener Handbuch Arbeitsrecht, § 99, Rn. 119.
300 Annuß, Betriebsbedingte Kündigung, Seite 379.
301 Vgl. BAG v. 27.02.1997, 2 AZR 160/96, NZA 1997, 757.

lichkeit zur Anpassung bzw. Aufhebung von Verträgen und somit eine Durchbrechung des Grundsatzes pacta sunt servanda dar. Die Regelung des § 313 BGB erlaubt es, vertragliche Verpflichtungen anzupassen, sofern sich die dem Rechtsgeschäft zu Grunde liegenden Umstände geändert haben und diese Umstände nach der Vorstellung *beider* Vertragsparteien die Grundlage des Vertrages waren. Bei einer Kündigung handelt es sich um ein *einseitiges* Rechtsgeschäft. Eine von beiden Vertragsparteien gemeinsam getragene Grundlage, welche im Nachhinein gestört werden könnte, kann es daher nicht geben. Zutreffend wurde eine entsprechende Ableitung des Wiedereinstellungsanspruchs aus § 313 BGB bzw. dem Rechtsinstitut des Wegfalls der Geschäftsgrundlage in der Literatur abgelehnt.[302]

Die Lösung des Problems hat sich entgegen den vorgenannten Ansätzen am Problem selbst zu orientieren. Zutreffend wies *Raab* bereits darauf hin, dass die Ursache der Notwendigkeit eines Korrektivs im gesetzlich angeordneten Prognoseansatz liegt. Mit dem Wiedereinstellungsanspruch werde lediglich bezweckt, nachträglichen Änderungen des Kündigungssachverhaltes entgegen dieser gesetzlichen Grundannahme doch noch rechtliche Relevanz zu verleihen. „Ist aber die Ursache im Gesetz zu suchen, dann sind alle Versuche, die Problemlösung auf die vertragliche Ebene zu verlagern, zum Scheitern verurteilt."[303] Allein zutreffend ist es daher, den Wiedereinstellungsanspruch als gesetzesimmanente Rechtsfortbildung anzuerkennen.[304]

Grundsätzlich hat der Gesetzgeber seinen Regelungsspielraum in Bezug auf den arbeitsvertraglichen Bestandsschutz mit dem KSchG in verfassungskonformer Weise ausgefüllt. Dieser Schutz erweist sich im Hinblick auf Änderungen, die zwischen Zugang der Kündigung und Beendigung des Arbeitsverhältnisses eintreten, jedoch als lückenhaft. Entsprechende Regelungen sind dem KSchG nämlich nicht zu entnehmen. Zwar lässt sich allein aus dem Fehlen einer gesetzlichen Regelung nicht bereits auf eine Regelungslücke schließen. Allerdings stellt das KSchG lediglich für die Bewertung der Kündigung auf den Zugangszeitpunkt ab. Daraus lässt sich nicht der Umkehrschluss ableiten, dass der Gesetzgeber nachträgliche Änderungen unberücksichtigt lassen wollte. Da sich den Gesetzesmaterialien zum KSchG ein solcher Hinweis nicht entnehmen lässt, ist vielmehr davon auszugehen, dass sich der Gesetzgeber bei der Schaffung des KSchG des Spannungsfeldes zwischen dem Bestandsschutzinteresse und dem Prognoseprinzip nicht bewusst war.[305] Dies überzeugt um so mehr vor dem Hin-

302 Vgl. Elz, Seite 48 f.; Raab, RdA 2000, 147 (150).

303 Raab, RdA 2000, 147 (151).

304 Vgl. Elz, Seite 59 ff.; Raab, RdA 2000, 147 (151); *Berkowsky* in Münchener Handbuch Arbeitsrecht, § 99, Rn. 119.

305 Vgl. Raab, RdA 2000, 147 (152); ders., RdA 2001, 243 (250); Elz, Seite 62.

tergrund, dass der Gesetzgeber in § 1 KSchG davon ausgegangen ist, dass eine einseitige Beendigung des Arbeitsverhältnisses durch den Arbeitgeber nur bei Vorliegen eines berechtigten Interesses möglich sein soll. Es hätte daher auf der Hand gelegen, eine entsprechende Regelung für den Wegfall dieses berechtigten Interesses in das KSchG aufzunehmen. Vor diesem Hintergrund erweist sich das KSchG als lückenhaft und bedarf einer gesetzesimmanenten Rechtsfortbildung in Form eines Wiedereinstellungsanspruchs.[306]

Im Falle eines Betriebsübergangs können insofern keine Besonderheiten gelten. Da der Betriebserwerber mit dem Betriebsübergang in alle Rechte und Pflichten des Arbeitgebers eintritt, richtet sich nach dem Betriebsübergang der Wiedereinstellungsanspruch übergegangener Arbeitnehmer gegen den Erwerber. Einer besonderen Herleitung des Wiedereinstellungsanspruchs im Fall eines Betriebsübergangs bedarf es daher entgegen der oben zitierten Rechtsprechung des 8. Senats nicht.[307]

b) Der Wiedereinstellungsanspruch bei anderen freien Arbeitsplätzen

Ob auch nachträglich entstehende *kündigungssubstituierende* Weiterbeschäftigungsmöglichkeiten zu einem Wiedereinstellungsanspruch führen können, wird unterschiedlich gesehen. Hierbei geht es um die Frage, ob ein Wiedereinstellungsanspruch auch dann in Betracht kommt, wenn sich nach Zugang der Kündigung die Möglichkeit ergibt, den Arbeitnehmer an einem anderen Arbeitsplatz in demselben Betrieb oder in einem anderen Betrieb des Unternehmens zu geänderten Bedingungen weiterzubeschäftigen.

Der 7. Senat des BAG führte in seiner Entscheidung vom 28. Juni 2000 aus, die Verknüpfung des Wiedereinstellungsanspruchs mit dem durch § 1 KSchG intendierten Bestandsschutz rechtfertige es, einen Wiedereinstellungsanspruch grundsätzlich nicht nur dann anzunehmen, wenn wider Erwarten der bisherige Arbeitsplatz des Arbeitnehmers doch erhalten bleibe, sondern auch in den Fällen vorzusehen, in denen sich eine anderweitige Beschäftigungsmöglichkeit auf einem unvorhergesehen frei werdenden oder neu geschaffenen Arbeitsplatz ergebe, auf den der Arbeitgeber den Arbeitnehmer *ohne* Änderung des Arbeitsvertrages einseitig umsetzen könnte.[308] Eine derartige anderweitige Beschäftigungsmöglichkeit hätte nämlich, sofern sie bei Ausspruch der Kündigung bereits vorhanden oder absehbar gewesen wäre, der Wirksamkeit der Kündigung ent-

---

306 A.A.: Nicolai/Noack, ZfA 2000, 87 (91), die einen Wiedereinstellungsanspruch als gesetzesübersteigende Rechtsfortbildung qualifizieren.

307 Vgl. Oetker, ZIP 2000, 643 (647); Elz, Seite 77.

308 Vgl. BAG v. 28.06.2000, 7 AZR 904/98, NZA 2000, 1097.

gegengestanden. Die Ausführungen des 7. Senats beziehen sich zwar ausschließlich auf *vertragsimmanente* Weiterbeschäftigungsmöglichkeiten. Die gleiche Argumentation trifft auch auf *kündigungssubstituierende* Weiterbeschäftigungsmöglichkeiten zu, also die Möglichkeit, den Arbeitnehmer auf einem anderen Arbeitsplatz zu geänderten Vertragsbedingungen zu beschäftigen. Auch eine solche „anderweitige Beschäftigungsmöglichkeit" hätte nämlich, sofern sie bei Ausspruch der Kündigung bereits beim Veräußerer vorhanden gewesen wäre, der Wirksamkeit der Kündigung entgegengestanden.

Bereits in einer früheren Entscheidung scheint der 7. Senat dahin zu tendieren, bei *kündigungssubstituierenden* Weiterbeschäftigungsmöglichkeiten einen Anspruch auf Weiterbeschäftigung anzuerkennen. In seiner Entscheidung vom 6. August 1997 wurde der Wiedereinstellungsanspruch zu geänderten Vertragsbedingungen nämlich lediglich deshalb abgelehnt, da der Arbeitsplatz erst nach Beendigung der Kündigungsfrist vakant wurde.[309]

In der Literatur wird diese Frage unterschiedlich bewertet. Zum Teil wird der Wiedereinstellungsanspruch bei Bestehen einer kündigungssubstituierenden Weiterbeschäftigungsmöglichkeit anerkannt.[310] Andere Autoren in der Literatur lehnen eine solche Auslegung vollständig ab.[311] *Raab* vertritt eine vermittelnde Auffassung. Danach sei es mit dem Gedanken der Rechtssicherheit zwar kaum vereinbar, wenn sich der Arbeitgeber mit dem Arbeitnehmer nachträglich über die unter Umständen schwer zu beantwortende Frage auseinandersetzen müsse, ob der Arbeitnehmer auch auf einem anderen Arbeitsplatz eingesetzt werden kann.[312] Vielmehr habe der Arbeitgeber ein berechtigtes Interesse daran, die Möglichkeit der Weiterbeschäftigung nur punktuell zum Zeitpunkt des Zugangs der Kündigung mit der vom Kündigungsschutzgesetz geforderten Intensität prüfen zu müssen.[313] Der Aspekt der Rechtssicherheit stehe einem solchen Anspruch aber in Evidenzfällen nicht entgegen, wenn also an der Eignung des Arbeitnehmers für den anderen Arbeitsplatz keine ernsthaften Zweifel bestehen.[314]

Überzeugend ist dabei allein die Auffassung, die einen Wiedereinstellungsanspruch auch bei dem nachträglichen Entstehen kündigungssubstituierender Weiterbeschäftigungsmöglichkeiten bejaht. Die grundsätzliche Relevanz kündigungssubstituierender Weiterbeschäftigungsmöglichkeiten hat der Gesetzgeber in § 1 Abs. 2 KSchG normiert. Bestehen bei Ausspruch einer Kündigung andere freie Arbeitsplätze, so wären diese einem Arbeitnehmer vor bzw. bei Ausspruch

309 Vgl. BAG v. 06.08.1997, 7 AZR 557/96, NZA 1998, 254.

310 Vgl. Preis, Prinzipien des Kündigungsrechts, Seite 355; Boewer, NZA 1999, 1121 (1132); Hambitzer, Seite 90; Elz, Seite 134 ff..

311 Vgl. Beckschulze, DB 1998, 417 (419); Nicolai/Noack, ZfA 2000, 87 (100).

312 Vgl. Raab, RdA 2001, 248 (251).

313 Vgl. Raab, RdA 2000, 147 (154).

314 Vgl. Raab, RdA 2000, 147 (154); ders., RdA 2001, 248 (251).

einer Kündigung anzubieten. Wie bereits oben ausgeführt, wurde für die Bewertung der Kündigung lediglich auf den Zugangszeitpunkt abgestellt. Daraus lässt sich nicht im Umkehrschluss herleiten, dass der Gesetzgeber nachträgliche Änderungen unberücksichtigt lassen wollte. Da sich den Gesetzesmaterialien zum KSchG ein entsprechender Hinweis nicht entnehmen lässt, ist vielmehr davon auszugehen, dass sich der Gesetzgeber bei der Schaffung des KSchG des Spannungsfeldes zwischen dem Bestandsschutzinteresse und dem Prognoseprinzip nicht bewusst war.[315] Die bereits oben ausgeführten Grundsätze zum Wiedereinstellungsanspruch als gesetzesimmanente Rechtsfortbildung lassen sich daher vollständig auf „andere freie Arbeitsplätze" übertragen. Es überzeugt nicht, hier eine andere Wertung anzulegen, nur weil der Arbeitgeber den Arbeitsplatz im Rahmen des Direktionsrechts nicht zuweisen könnte.

Die vermittelnde Auffassung *Raabs*, die einen Wiedereinstellungsanspruch bei kündigungssubstituierenden Weiterbeschäftigungsmöglichkeiten nur im Falle der Evidenz anerkennt, vermag ebenfalls nicht zu überzeugen. Das Kernargument *Raabs* besteht darin, dass es dem Arbeitgeber nicht zumutbar ist, sich nachträglich mit der unter Umständen schwer zu beantwortende Frage auseinanderzusetzen, ob der Arbeitnehmer auch auf einem freigewordenen Arbeitsplatz eingesetzt werden kann.[316] *Raab* verkennt jedoch, dass der Gesetzgeber dem Arbeitgeber diese Bürde bereits mit § 1 Abs. 2 KSchG auferlegt hat. Das Gesetz verlangt vom Arbeitgeber zu erkennen, ob eine Beendigungskündigung oder eben nur eine Änderungskündigung ausgesprochen werden kann. Wenn diese Fähigkeit aber zum Zeitpunkt des Ausspruchs einer Kündigung vom Arbeitgeber verlangt wird, so überzeugt es nicht, wenn Raab bei einer nachträglichen Prüfung eine Überforderung des Arbeitgebers sieht.

Es überzeugt auch nicht, einen Wiedereinstellungsanspruch nur in Fällen der Evidenz anzuerkennen. Denn dies verlagert die von Raab angeführte rechtliche Unsicherheit lediglich dahin, festzustellen, ob denn ein Fall der Evidenz vorliegt oder nicht. Ein Mehr an Rechtssicherheit ist hierdurch jedenfalls nicht zu erwarten.

c) Inhalt des Wiedereinstellungsanspruchs

Aus dem hier vertretenen Ansatz, den Wiedereinstellungsanspruch als gesetzesimmanente Rechtsfortbildung des KSchG anzuerkennen, folgt eine Begrenzung der Reichweite des Wiedereinstellungsanspruchs auf den Geltungsbereich des KSchG. Dies schränkt den Wiedereinstellungsanspruch in mehrfacher Hin-

315 Vgl. Raab, RdA 2000, 147 (152); ders., RdA 2001, 243 (250); Elz, Seite 62.
316 Vgl. Raab, RdA 2001, 248 (251).

sicht ein. Sowohl in Kleinbetrieben als auch in den ersten sechs Monaten des Arbeitsverhältnisses kommt ein Wiedereinstellungsanspruch grundsätzlich nicht in Betracht.[317] Des Weiteren setzt das KSchG und somit auch der Wiedereinstellungsanspruch ein (noch) bestehendes Arbeitsverhältnis voraus. Nach Ablauf der Kündigungsfrist kann der Arbeitnehmer daher keinen Anspruch auf Wiedereinstellung geltend machen.[318] Kündigt der Insolvenzverwalter auf Grundlage eines Erwerberkonzeptes, ist die (Höchst-)Kündigungsfrist des § 113 InsO einschlägig. Insofern stellt § 113 InsO auch eine Begrenzung des Wiedereinstellungsanspruchs in der Insolvenz dar.

Diese Einschränkungen werden zwar auch von Autoren vertreten, die den Wiedereinstellungsanspruch als vertragliche Nebenpflicht herleiten. Hier wirkt eine Begrenzung auf den Anwendungsbereich des KSchG allerdings konstruiert.[319] Dass ein Wiedereinstellungsanspruch nur den Arbeitsverträgen von Arbeitnehmern zu entnehmen sein soll, die unter den Anwendungsbereich des KSchG fallen, und bei Arbeitnehmern in Kleinbetrieben hingegen nicht besteht, ist nicht überzeugend. Dies überzeugt umso weniger, als ein eigentlich unter den Anwendungsbereich des KSchG fallender Betrieb jeder Zeit nachträglich unter den Schwellenwert eines Kleinbetriebes rutschen kann. Dass dies Auswirkungen auf die *vertraglichen* Nebenpflichten haben soll, ist nicht nachvollziehbar.

Im Ergebnis ist der Wiedereinstellungsanspruch daher als gesetzesimmanente Rechtsfortbildung des KSchG anzuerkennen. Für dessen konkreten Inhalt ist im Übrigen danach zu differenzieren, ob es sich um eine *vertragsimmanente* oder eine *kündigungssubstituierende* Weiterbeschäftigungsmöglichkeit handelt.[320]

(1) Vertragsimmanente Weiterbeschäftigungsmöglichkeit

Wie oben dargestellt[321], erfolgt die Berücksichtigung vertragsimmanenter Weiterbeschäftigungsmöglichkeiten zunächst im Rahmen der Prüfung des betriebsbedingten Kündigungsgrundes. Ist bei Ausspruch einer Kündigung bereits absehbar, dass bei Ablauf der Kündigungsfrist die Möglichkeit besteht, den Arbeitnehmer entsprechend seines Arbeitsvertrages zu beschäftigen, so besteht kein Arbeitskräfteüberhang und mithin auch keine betriebsbedingte Kündigungslage. Dies gilt unabhängig davon, ob es sich um eine entsprechende Beschäfti-

317 Vgl. m.w.N. Elz, Seite 101.

318 Vgl. BAG v. 06.08.1997, 7 AZR 557/96, NZA 1998, 254; BAG v. 28.06.2000, 7 AZR 904/98, NZA 2000, 1097; Boewer, NZA 1999, 1177 (1178); Preis, Prinzipien des Kündigungsrechts, Seite 355; Beckschulze, DB 1998, 417 (418); Elz, Seite 112 (m.w.N. in Fn. 100).

319 Vgl. z.B. Oetker, ZIP 2000, 643 (646).

320 Siehe zur Differenzierung zwischen vertragsimmanenten und kündigungssubstituierenden Weiterbeschäftigungs-möglichkeiten oben: III.B.

321 Siehe oben: III.B.1.

gungsmöglichkeit vor oder nach dem Betriebsübergang bzw. beim Veräußerer oder Erwerber handelt. Maßgeblich ist allein, ob diese vom arbeitsvertraglichen Beschäftigungsanspruch des Arbeitnehmers umfasst wäre.

Ändern sich die eine Kündigung rechtfertigenden Verhältnisse nach Ausspruch der Kündigung, hat dies grundsätzlich keinen Einfluss auf die Wirksamkeit der Kündigung.[322] Entsteht hierdurch eine *vertragsimmanente* Weiterbeschäftigungsmöglichkeit, die, hätte sie bereits bei Ausspruch der Kündigung bestanden, die Unwirksamkeit der Kündigung zur Folge gehabt hätte, so kann diese einen Wiedereinstellungsanspruch des gekündigten Arbeitnehmers begründen. Dieser Grundsatz gilt gleichermaßen auch für eine Kündigung durch den Insolvenzverwalter auf Grundlage eines Erwerberkonzeptes.[323] Denn auch im Falle eines Betriebsübergangs, kann nach den gleichen Grundsätzen ein Wiedereinstellungsanspruch entstehen.[324] Bedingt durch den Wechsel des Arbeitgebers und das diesbezügliche Widerspruchsrecht des Arbeitnehmers können Sonderfälle auftreten, denen gleichfalls Rechnung zu tragen ist. Dies führt auch dazu, dass sich der Wiedereinstellungsanspruch alternativ sowohl gegen den Insolvenzverwalter als auch gegen den Erwerber richten kann. Hierbei sind verschiedene Fallkonstellationen voneinander zu unterscheiden.

Unproblematisch ist die Übertragung der Grundsätze zum Wiedereinstellungsanspruch dann, wenn der Erwerber den gesamten Betrieb übernimmt. Kündigt der Insolvenzverwalter vor dem Betriebsübergang und entsteht danach ein Wiedereinstellungsanspruch in dem übergehenden Betrieb, wäre bis zum Betriebsübergang der Insolvenzverwalter als Veräußerer, nach dem Betriebsübergang hingegen der Erwerber richtiger Anspruchsgegner des Wiedereinstellungsanspruchs.

Für einen Teilbetriebsübergang haben grundsätzlich die gleichen Regeln zu gelten, wie für jeden anderen Betriebsübergang. Ist von dem Betriebsübergang nur ein Teilbetrieb erfasst und entsteht in diesem übergehenden Teilbetrieb eine vertragsimmanente Weiterbeschäftigungsmöglichkeit, so gelten die obigen Ausführungen gleichermaßen: Vor dem (Teil-)Betriebsübergang kann der Wiedereinstellungsanspruch gegen den Insolvenzverwalter, nach dem (Teil-)Betriebsübergang gegen den Erwerber geltend gemacht werden.

Es sind aber auch Fälle denkbar, in denen es durch einen Teilbetriebsübergang zu einer Trennung von Weiterbeschäftigungsmöglichkeit und arbeitsvertraglicher

---

322 Vgl. *Steffan* in Ascheid, Kündigungsrecht, § 613a BGB, Rn. 181.

323 Vgl. Elz, Seite 82.

324 Vgl. Nicolai/Noack, ZfA 2000, 87 (100); in diesem Zusammenhang hingegen missverständlich: Elz, Seite 82, der ausführt, im Zusammenhang mit einem Betriebsübergang könne es nicht zu einem Wiedereinstellungsanspruch kommen, sofern die Kündigung auf einem Erwerberkonzept beruhe.

Bindung kommt. Dies ist der Fall, wenn die vertragsimmanente Weiterbeschäftigungsmöglichkeit bei einem Teilbetriebsübergang in dem nicht-übergehenden Teil, also in dem beim Veräußerer verbleibenden (Teil-)Betrieb entsteht. Der Weiterbeschäftigungsanspruch würde sich dann bis zum Betriebsübergang zunächst gegen den Veräußerer richten. Mit dem Teilbetriebsübergang geht das Arbeitsverhältnis in gekündigtem Zustand auf den Erwerber über. Da mit dem Teilbetriebsübergang aber nicht auch die vertragsimmanente Weiterbeschäftigungsmöglichkeit auf den Erwerber übergegangen ist, kann sich der Weiterbeschäftigungsanspruch des übergehenden Arbeitnehmers nach dem Teilbetriebsübergang mangels Weiterbeschäftigungsmöglichkeit nunmehr nicht gegen den Erwerber richten. Gleichermaßen käme auch kein Weiterbeschäftigungsanspruch gegen den Insolvenzverwalter in Betracht. Wie bereits oben ausgeführt, setzt der Wiedereinstellungsanspruch nämlich ein bestehendes Arbeitsverhältnis voraus. Diese Begrenzung korrespondiert mit dem im KSchG geregelten Bestandsschutz, der gleichfalls nur im Falle des Bestehens eines Arbeitsverhältnisses greift. Ein Wiedereinstellungsanspruch übergehender Arbeitnehmer gegenüber dem ehemaligen Arbeitgeber bzw. dem Insolvenzverwalter kommt daher nicht ohne Weiteres in Betracht. Übt der Arbeitnehmer hingegen sein Widerspruchsrecht gemäß § 613a Abs. 6 BGB aus, so besteht das ursprüngliche Arbeitsverhältnis fort. In diesem Fall ist eine vertragsimmanente Weiterbeschäftigungsmöglichkeit beim übertragenden Rechtsträger außerhalb der übergehenden Einheit beachtlich und dem Arbeitnehmer würde ein entsprechender Anspruch auf Wiedereinstellung zustehen.

Im Übrigen zeigt diese Konstellation auch, dass arbeitsvertragliche Erklärungsversuche für einen Weiterbeschäftigungsanspruch ungeeignet sind. Wäre der Weiterbeschäftigungsanspruch nämlich arbeitsvertraglicher Natur, so wäre nach dem Betriebsübergang grundsätzlich immer der Erwerber, der gemäß § 613a BGB in sämtliche Rechte und Pflichten des Arbeitgebers eintritt, richtiger Anspruchsgegner des Weiterbeschäftigungsanspruchs. Da in der eben geschilderten Konstellation beim Erwerber keine Weiterbeschäftigungsmöglichkeit besteht, könnte dieser den übergegangenen Arbeitnehmer auch nicht auf dem nunmehr beim Insolvenzschuldner vorhandenen Arbeitsplatz weiterbeschäftigen.

Ein weiterer Fall des Auseinanderfallens von Weiterbeschäftigungsmöglichkeit und arbeitsvertraglicher Bindung kann sich ergeben, wenn die vertragsimmanente Weiterbeschäftigungsmöglichkeit beim Erwerber besteht (sei es, dass diese erstmals beim Erwerber entstanden ist oder mit dem Betriebsübergang auf diesen übergegangen ist), der Arbeitnehmer aber dem Übergang seines Arbeitsverhältnisses widersprochen hat. Auch hier gilt, dass die Geltendmachung des Wiedereinstellungsanspruches an das Bestehen eines Arbeitsverhältnisses gebunden ist. Da nach der Ausübung des Widerspruchsrechts kein Arbeitsverhältnis zum Erwerber besteht, kann der Arbeitnehmer diesen auch nicht auf Wiedereinstellung in Anspruch nehmen.

(2) Kündigungssubstituierende Weiterbeschäftigungsmöglichkeit

Wie bereits oben[325] aufgezeigt, sind bei Zugang der Kündigung bestehende kündigungssubstituierende Weiterbeschäftigungsmöglichkeiten lediglich im übergehenden Betrieb bzw. Betriebsteil sowie im restlichen Unternehmen des übertragenden Rechtsträgers zu berücksichtigen. Andere freie Arbeitsplätze beim übernehmenden Rechtsträger haben hingegen keinen Einfluss auf die Wirksamkeit der Kündigung.

Nachträglich entstehende freie Arbeitsplätze können trotzdem einen Wiedereinstellungsanspruch begründen. Hierzu kann zunächst auf das oben zu vertragsimmanenten Weiterbeschäftigungsmöglichkeiten Gesagte verwiesen werden. Stellt der übergehende Betrieb das gesamte Unternehmen des Insolvenzschuldners dar, so ist die Situation grundsätzlich unproblematisch. Kündigt der Insolvenzverwalter vor dem Betriebsübergang und entsteht danach ein Wiedereinstellungsanspruch in dem übergehenden Betrieb, wäre bis zum Betriebsübergang der Insolvenzverwalter als Veräußerer, nach dem Betriebsübergang hingegen der Erwerber richtiger Anspruchsgegner des Wiedereinstellungsanspruchs.

Entsteht eine kündigungssubstituierende Weiterbeschäftigungsmöglichkeit außerhalb der übergehenden Einheit, sind diese im Rahmen eines Wiedereinstellungsanspruchs nur zu berücksichtigen, wenn die Weiterbeschäftigungsmöglichkeit in dem Unternehmen besteht, zu dem die arbeitsvertragliche Bindung des Arbeitnehmers besteht. D.h., vor dem Betriebsübergang sowie nach Ausübung des Widerspruchsrechts gemäß § 613a Abs. 5 BGB im Unternehmen des Insolvenzschuldners, nach dem Betriebsübergang im Unternehmen des Erwerbers.

Ein erheblicher Unterschied ergibt sich im Hinblick auf solche kündigungssubstituierende Weiterbeschäftigungsmöglichkeiten, die bereits bei Ausspruch der Kündigung *beim Erwerber* bestehen. Wie oben gezeigt, sind solche „anderen freien Arbeitsplätze“ im Gegensatz zu *vertragsimmanenten* Weiterbeschäftigungsmöglichkeiten nicht bereits bei Ausspruch der Kündigung beachtlich.[326] Bestehen freie Arbeitsplätze im Sinne kündigungssubstituierender Weiterbeschäftigungsmöglichkeiten beim übernehmenden Rechtsträger, so ist dies für die Wirksamkeit der vor dem Betriebsübergang auf Grundlage eines Erwerberkonzeptes vom Insolvenzverwalter ausgesprochenen Kündigung unbeachtlich. Im Zeitpunkt des Betriebsübergangs wird nunmehr der Erwerber neuer Arbeitgeber der übergehenden Arbeitnehmer und tritt gemäß § 613a Abs. 1 BGB in alle Rechte und Pflichten

325 Siehe oben: III.B.2.
326 Siehe oben unter: III.B.2.

des Arbeitsverhältnisses ein. Gleichzeitig wird auch der übergehende Betrieb Teil des Unternehmens des Erwerbers i.S.d. § 1 Abs. 2 Satz 2 KSchG. Dies rechtfertigt es, dem übergehenden Arbeitnehmer einen Wiedereinstellungsanspruch in Bezug auf die (für die Kündigung unbeachtlichen) freien Arbeitsplätze zuzubilligen, die bereits vor dem Betriebsübergang in anderen Betrieben des Unternehmens des Erwerbers bestanden haben. D.h., bestand beim Erwerber bereits vor dem Betriebsübergang eine kündigungssubstituierende Weiterbeschäftigungsmöglichkeit, entsteht für den übergehenden Arbeitnehmer im Zeitpunkt des Betriebsübergangs ein Wiedereinstellungsanspruch gegenüber dem Erwerber. Es kann nämlich keinen Unterschied machen, ob der andere freie Arbeitsplatz i.S.d. § 1 Abs. 2 Satz 2 KSchG bereits vor dem Betriebsübergang bestand (und für die Wirksamkeit der Kündigung unbeachtlich war) oder erst nach dem Betriebsübergang entsteht. Im letzteren Fall ist der Wiedereinstellungsanspruch nach den oben genannten Grundsätzen anerkannt. Wertend betrachtet, machen diese Fälle aber aus Sicht des übergehenden Arbeitnehmers keinen Unterschied. In beiden Fällen entsteht nach Ausspruch der Kündigung die Möglichkeit des (nunmehr neuen) Arbeitgebers, den Arbeitnehmer auf einem freien Arbeitsplatz zu beschäftigen. Aus Sicht des Arbeitnehmers gesprochen, entsteht in beiden Fällen erst nach Ausspruch der Kündigung eine entsprechende Weiterbeschäftigungsmöglichkeit. In einem Fall entsteht diese erstmalig nach Ausspruch der Kündigung. Im anderen Fall bestand diese zwar eventuell bereits vorher, die Zugriffsmöglichkeit des Arbeitnehmers auf diese freie Stelle entsteht aber erst durch den Wechsel des Arbeitgebers und der damit verbundenen Modifikation des „Unternehmens“ als Bezugsgröße des § 1 Abs. 2 Satz 2 KSchG. Wertend betrachtet sind diese Fälle daher gleich zu behandeln.

Zu bedenken ist aber das allgemein angeführte Dogma des Wiedereinstellungsanspruchs als Korrektiv des Prognoseansatzes der betriebsbedingten Kündigung. In der Literatur und Rechtsprechung wird nämlich als Voraussetzung des Wiedereinstellungsanspruchs generell auf die Korrektur einer Prognose abgestellt, die sich nach Ausspruch der Kündigung aufgrund nicht vorhergesehener Tatsachen als fehlerhaft erweist.[327] Erkennt man einen Wiedereinstellungsanspruch auch für eine bereits bei Ausspruch der Kündigung bestehende kündigungssubstituierende Weiterbeschäftigungsmöglichkeit beim Erwerber an, so muss mit diesem Grundsatz gebrochen werden. Denn bei Ausspruch der Kündigung waren entsprechende Arbeitsplätze ja bereits in dem Unternehmen des Erwerbers frei und auch der Betriebsübergang war bereits absehbar. Dies steht einem Wiedereinstellungsanspruch im Wege der gesetzesimmanenten Rechtsfortbildung auch für bereits bekannte kündigungssubstituierende Weiterbeschäftigungsmöglichkeiten im Unternehmen des Erwerbers jedoch nicht entgegen.

327 Vgl. Elz, Seite 103; Raab, RdA 2000, 147 (149); Boewer, NZA 1999, 1121 (1125); Nerlich/Römermann, InsO, § 113, Rn. 299; Braun, InsO, § 128, Rn. 13.

Bei dieser Annahme sollte man sich von folgenden Überlegungen lenken lassen. Die Notwendigkeit, die Wirksamkeit einer betriebsbedingten Kündigung im Zeitpunkt ihres Zugangs festzustellen, folgt bereits aus der Rechtsnatur der Kündigung sowie aus § 130 Abs. 1 Satz 1 BGB. Nicht zuletzt aus Gründen der Rechtssicherheit darf von diesem Grundsatz nicht abgewichen werden. Hierbei sind kündigungssubstituierende Weiterbeschäftigungsmöglichkeiten lediglich im übergehenden Betrieb bzw. Betriebsteil sowie im restlichen Unternehmen des übertragenden Rechtsträgers zu berücksichtigen. Eine rechtsträgerübergreifende Berücksichtigung kündigungssubstituierender Weiterbeschäftigungs-möglichkeiten kommt hingegen nicht in Betracht, weswegen andere freie Arbeitsplätze beim übernehmenden Rechtsträger keinen Einfluss auf die Wirksamkeit einer Kündigung auf Grundlage eines Erwerberkonzeptes haben können. Gleichwohl ist die gesetzgeberische Intention des arbeitsvertraglichen Bestandsschutzes in Art. 12 GG sowie die Stellung des Schutzes des Arbeitsplatzes in der Rechtsordnung anzuerkennen. Hierzu gehört auch die grundsätzliche Entscheidung des Gesetzgebers in § 1 Abs. 2 Satz 2 KSchG, andere freie Arbeitsplätze im Unternehmen im Rahmen des Bestandsschutzes des Arbeitsverhältnisses zu berücksichtigen. Im Hinblick darauf, dass solche freien Arbeitsplätze bei einem Erwerber bestehen könnten, der erst nach Ausspruch der Kündigung im Wege eines Betriebsübergangs Arbeitgeber wird, erweist sich die Berücksichtigung freier Arbeitsplätze als lückenhaft. § 1 KSchG berücksichtigt nämlich nicht, dass sich gemäß § 613a BGB der Arbeitgeber und somit das Unternehmen als Bezugsobjekt zur Feststellung des Bestehens freier Arbeitsplätze nach Ausspruch der Kündigung durch einen Betriebsübergang ändern kann. Entsprechende Regelungen sind sowohl dem KSchG als auch § 613a BGB nicht zu entnehmen. Da sich den Gesetzesmaterialien zum KSchG sowie zu § 613a BGB ein Hinweis auf diese Problematik nicht entnehmen lässt, ist davon auszugehen, dass sich der Gesetzgeber bei der Umsetzung der europarechtlichen Vorgaben zu dem heutigen § 613a BGB der mit dem Wechsel des Arbeitgebers notwendigen Neubewertung der Berücksichtung kündigungssubstituierender Weiterbeschäftigungsmöglichkeiten im Rahmen des § 1 Abs. 2 Satz 2 KSchG nicht bewusst war. Der gesetzgeberischen Intention des § 1 Abs. 2 Satz 2 KSchG, diese kündigungssubstituierende Weiterbeschäftigungsmöglichkeiten im Rahmen der Kündigung eines Arbeitsverhältnisses zu berücksichtigen, kann in Bezug auf Arbeitsplätze in anderen Betrieben des Unternehmens des Erwerbers im Rahmen eines Betriebsübergangs am besten mit dem hier vertretenen Wiedereinstellungsanspruch entsprochen werden. Auch hier überzeugt es daher, einen Wiedereinstellungsanspruch übergehender Arbeitnehmer als gesetzesimmanente Rechtsfortbildung des KSchG anzuerkennen.

d) Begrenzung des Wiedereinstellungsanspruchs in der Insolvenz?

Der Wiedereinstellungsanspruch wird nach der hier vertretenen Ansicht durch die Insolvenz des Arbeitgebers grundsätzlich nicht beeinflusst.[328] Eine nicht unbeachtliche Anzahl von Stimmen in der Literatur steht diesem Ansatz hingegen kritisch gegenüber.[329] Maßgeblich ist dies durch die unterschiedliche Herleitung des Wiedereinstellungsanspruchs bedingt. Autoren, die den Wiedereinstellungsanspruch im Anschluss an die Entscheidung des BAG vom 10. Dezember 1998[330] europarechtlich begründen wollen, vertreten die Ansicht, ein Wiedereinstellungsanspruch sei in der Insolvenz des Arbeitgebers ausgeschlossen.[331] Der Grund hierfür liege darin, dass gemäß Teil II Art. 4a Abs. 1 der Richtlinie 98/50/EG vom 29. Juni 1998[332] die wesentlichen europarechtlichen Vorgaben für Betriebsübergänge[333] im Insolvenzverfahren nur dann Anwendung finden sollen, wenn die Mitgliedstaaten dies vorsehen. Da aber eine entsprechende Regelung im innerdeutschen Recht für die Insolvenz nicht bestehe, sei ein Wiedereinstellungsanspruch in der Insolvenz ausgeschlossen.[334]

Diese Argumentation mag zwar folgerichtig sein, ihr ist aber dennoch sowohl dem Grunde nach als auch im Ergebnis nicht zu folgen. Der Wiedereinstellungsanspruch folgt nämlich nicht aus europarechtlichen Vorgaben, sondern allein aus einer gesetzesimmanenten Rechtsfortbildung des innerdeutschen KSchG.[335] Die Regelungen der Richtlinie 98/50/EG vom 29. Juni 1998[336] sind daher für die Be-

---

328 Vgl. Nerlich/Römermann, InsO, § 113, Rn. 302; Braun, InsO, § 128, Rn. 13; Elz, Seite 188 ff.; Oetker, ZIP 2000, 643 (647); Berscheid, MDR 1998, 1129 (1131 f.); wohl auch Beckschulze, DB 1998, 417 (421).

329 Vgl. z.B. Boewer, NZA 1999, 1177 (1180); Hanau, ZIP 1998, 1817 (1818).

330 BAG v. 10.12.1998, 8 AZR 324/97, NZA 1999, 422.

331 Vgl. Boewer, NZA 1999, 1177 (1180); Berscheid, Arbeitsverhältnisse in der Insolvenz, Rn. 687; BAG v. 10.12.1998, 8 AZR 324/97, NZA 1999, 422 (siehe unter B., III., 1. der Entscheidungsgründe); Hanau, ZIP 1998, 324 (325); Hanau/Berscheid, Übertragende Sanierung, Rn. 72 f.; Plössner, NZI 2003, 401 (408).

332 Richtlinie 98/50/EG v. 29.06.1998 zur Änderung der Richtlinie 77/187/EWG zur Angleichung der Rechtsvorschriften der Mitgliedstaaten über die Wahrung von Ansprüchen der Arbeitnehmer beim Übergang von Unternehmen, Betrieben oder Betriebsteilen.

333 Artikel 4a Abs. 1: „Sofern die Mitgliedstaaten nichts anderes vorsehen, gelten die Artikel 3 und 4 *[der Richtlinie 77/187/EWG]* nicht für Übergänge von Unternehmen, Betrieben oder Unternehmens- bzw. Betriebsteilen, bei denen gegen den Veräußerer unter der Aufsicht einer zuständigen öffentlichen Stelle (worunter auch ein von einer zuständigen Behörde ermächtigter Insolvenzverwalter verstanden werden kann) ein Konkursverfahren oder ein entsprechendes Verfahren mit dem Ziel der Auflösung des Vermögens des Veräußerers eröffnet wurde."

334 Vgl. Boewer, NZA 1999, 1177 (1180).

335 Siehe hierzu oben: III.B.3.a).

336 Richtlinie 98/50/EG v. 29.06.1998 zur Änderung der Richtlinie 77/187/EWG zur Angleichung der Rechtsvorschriften der Mitgliedstaaten über die Wahrung von Ansprüchen der Arbeitnehmer beim Übergang von Unternehmen, Betrieben oder Betriebsteilen.

gründung eines Wiedereinstellungsanspruchs nicht von Bedeutung. Nach der hier vertretenen Ansicht ist eine Einschränkung des Wiedereinstellungsanspruchs in der Insolvenz aufgrund europarechtlicher Vorgaben daher nicht geboten.

Die hierzu bereits in der Literatur erfolgten Ausführungen beziehen sich bislang nur auf den Wiedereinstellungsanspruch bei einem nachträglichen Wegfall des Kündigungsgrundes bzw. dem nachträglichen Entstehen kündigungssubstituierender Weiterbeschäftigungsmöglichkeiten.[337] Wie oben gezeigt, kommt ein Wiedereinstellungsanspruch auch in Betracht, wenn bereits bei Ausspruch der Kündigung durch den Insolvenzverwalter freie Arbeitsplätze in anderen Betrieben des Unternehmens des Erwerbers bestehen. Auch für diesen Fall bestehen gegen einen Wiedereinstellungsanspruch aufgrund insolvenzrechtlicher Vorgaben keine Bedenken. Der Anerkennung eines solchen Anspruchs stehen auch nicht die Verteilungsgrundsätze der InsO entgegen. Man könnte zwar argumentieren, dass ein Erwerber, der sich Wiedereinstellungsansprüchen übergehender Arbeitnehmer ausgesetzt sieht, den Kaufpreis für das Unternehmen herabsetzen würde. Eine Herabsetzung des Kaufpreises würde im Ergebnis zu einer Bevorzugung der betroffenen Arbeitnehmer und somit einer Verzerrung der Befriedung der Gläubiger des Insolvenzschuldners führen, wodurch zumindest eine Gefährdung der Verteilungsgrundsätze der InsO drohen würde.[338] Da bei dem hier vertretenen Wiedereinstellungsanspruch lediglich freie Arbeitsplätze beim Erwerber zu berücksichtigen wären, mithin Arbeitsplätze, die der Erwerber sowieso besetzen will, wäre eine Herabsetzung des Kaufpreises und somit auch eine Gefährdung der insolvenzrechtlichen Verteilungsgrundsätze nicht zu befürchten.

4. Zwischenergebnis: Die Berücksichtigung von Weiterbeschäftigungsmöglichkeiten bei der Kündigung des Insolvenzverwalters auf Grundlage eines Erwerberkonzeptes

Weiterbeschäftigungsmöglichkeiten können sich sowohl im Rahmen des bestehenden Arbeitsvertrages (sog. „*vertragsimmanente* Weiterbeschäftigung) als auch zu anderen vertraglichen Bedingungen (sog. „*kündigungssubstituierende* Weiterbeschäftigung“) ergeben.[339] Während bei der Frage nach *vertragsimmanenten* Weiterbeschäftigungsmöglichkeiten zu klären ist, ob überhaupt eine

337 Vgl. Nerlich/Römermann, InsO, § 113, Rn. 302; Braun, InsO, § 128, Rn. 13; Elz, Seite 188 ff.; Oetker, ZIP 2000, 643 (647); Berscheid, MDR 1998, 1129 (1131 f.).

338 Vgl. hierzu auch unten: IV.C.5.b).

339 Vgl. grundlegend: Berkowsky, NJW 1996, 291 ff..

betriebsbedingte Kündigungslage gegeben ist, bezieht sich die Frage nach *kündigungssubstituierenden* Weiterbeschäftigungsmöglichkeiten auf eine anderweitige Beschäftigungsmöglichkeit für den betroffenen Arbeitnehmer. *Vertragsimmanente* und *kündigungssubstituierende* Weiterbeschäftigungs-möglichkeiten unterliegen daher nicht den gleichen Regelungsmechanismen. Beide Formen der Weiterbeschäftigungsmöglichkeit können aber entweder zur Unwirksamkeit der Kündigung oder zu einem Wiedereinstellungsanspruch des gekündigten Arbeitnehmers führen.

Ist bei Ausspruch einer Kündigung bereits eine vertragsimmanente Weiterbeschäftigungsmöglichkeit absehbar, so besteht kein Arbeitskräfteüberhang und mithin auch keine betriebsbedingte Kündigungslage. Dies gilt unabhängig davon, ob es sich um eine entsprechende Beschäftigungsmöglichkeit vor oder nach dem Betriebsübergang bzw. beim Veräußerer oder Erwerber handelt. Maßgeblich ist allein, ob diese vom arbeitsvertraglichen Beschäftigungsanspruch des Arbeitnehmers umfasst wäre. Ändern sich die der Kündigung zu Grunde liegenden Verhältnisse nach Ausspruch der Kündigung, hat dies grundsätzlich keinen Einfluss auf die Wirksamkeit der Kündigung. Entsteht hierdurch eine *vertragsimmanente* Weiterbeschäftigungsmöglichkeit, die, hätte sie bereits bei Ausspruch der Kündigung bestanden, die Unwirksamkeit der Kündigung zur Folge gehabt hätte, so kann diese einen Wiedereinstellungsanspruch des gekündigten Arbeitnehmers begründen.

Kündigungssubstituierende Weiterbeschäftigungsmöglichkeiten sind bei der Prüfung der Wirksamkeit der Kündigung des Insolvenzverwalters lediglich im übergehenden Betrieb bzw. Betriebsteil sowie im restlichen Unternehmen des übertragenden Rechtsträgers zu berücksichtigen. Andere freie Arbeitsplätze beim übernehmenden Rechtsträger haben keinen Einfluss auf die Wirksamkeit der Kündigung. Diese können aber einen Wiedereinstellungsanspruch solcher Arbeitnehmer, die durch den Betriebsübergang in gekündigtem Zustand auf den Erwerber übergehen, begründen. Kündigungssubstituierende Weiterbeschäftigungsmöglichkeiten, die nach Zugang der Kündigung entstehen, können gleichfalls einen Wiedereinstellungsanspruch begründen.

C. Die Sozialauswahl

Die Pflicht, vor dem Ausspruch einer betriebsbedingten Kündigung eine Sozialauswahl durchzuführen, ist eines der wichtigsten sozialen Grundprinzipien des deutschen Kündigungsrechts. Übersteigt die Anzahl der Arbeitnehmer die der Arbeitsplätze, so dient die Sozialauswahl der personellen Konkretisierung der betriebsbedingten Kündigung.[340] Hierdurch sollen vorrangig sozial weniger schutzbedürftige Arbeitnehmer gekündigt werden. Parallel zu der oben erörterten Frage, ob und in welchem Umfang Weiterbeschäftigungsmöglichkeiten in dem Betrieb des Insolvenzschuldners oder des Erwerbers im Rahmen einer übertragenden Sanierung auf Grundlage eines Erwerberkonzeptes zu berücksichtigen sind, ist auch die konkrete Durchführung der Sozialauswahl bei einer Kündigung des Insolvenzverwalters auf Grundlage eines Erwerberkonzeptes umstritten.

1. Fallgruppen und Problemstellung

Den zentralen Diskussionspunkt zur Sozialauswahl im Falle einer Kündigung auf Grundlage eines Erwerberkonzeptes bildet die Bestimmung des auswahlrelevanten Personenkreises. Im Kern geht es hierbei um die Frage, welche Arbeitnehmer in die Sozialauswahl einzubeziehen sind und welche Arbeitnehmer gerade nicht einbezogen werden dürfen. Das Problem der Bestimmung des auswahlrelevanten Personenkreises stellt sich aufgrund der Nähe zum Betriebsübergang in zweifacher Hinsicht. Unstreitig ist nämlich lediglich, dass die Arbeitnehmer der übergehenden Einheit immer in die Sozialauswahl einzubeziehen sind. Dies kann ein vollständiger Betrieb, aber auch nur ein Betriebsteil sein. Zum einen ist daher zu bestimmen, ob auch nicht übergehende Arbeitnehmer des übertragenden Rechtsträgers in die Sozialauswahl einzubeziehen sind. Zum anderen ist zu klären, ob und (wenn ja) welche Arbeitnehmer beim übernehmenden Rechtsträger in die Sozialauswahl einzubeziehen sind. Entsprechende Probleme sind selbstverständlich nicht in allen denkbaren Konstellationen der übertragenden Sanierung anzutreffen. Daher werden in der Literatur in der Regel die folgenden Fallkonstellationen sowie die daraus resultierenden Probleme dargestellt, die sich an der Typisierung der möglichen Konstellationen des Betriebsübergangs orientieren:

a) Fortführender Betriebsübergang

Ein fortführender Betriebsübergang liegt immer dann vor, wenn der Erwerber den übertragenen Betrieb als selbständigen Betrieb fortführt, ohne dass es zu einer Eingliederung in eine anderweitige betriebliche Struktur des Erwerbers kommt. Spricht in diesem Fall der Insolvenzverwalter vor dem Betriebsübergang Kündigungen auf Grundlage eines Erwerberkonzeptes aus, ist die Sozialauswahl in der Regel unproblematisch. Es sind in diesem Fall alle Arbeitnehmer in die Sozialauswahl einzubeziehen.

340 Vgl. *Oetker* in Erfurter Kommentar, § 1 KSchG, Rn. 300.

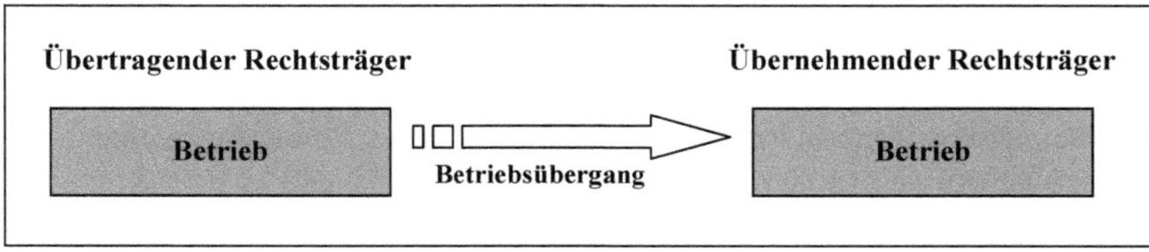

Dieser Fall ist zum einen deshalb unproblematisch, da beim übertragenden Rechtsträger alle Arbeitnehmer des Betriebes i.S.d. KSchG vom Betriebsübergang betroffen sind. Zum anderen gibt es beim übernehmenden Rechtsträger keine anderen Arbeitnehmer, die bereits unabhängig vom Betriebsübergang beim Erwerber beschäftigt waren und bezüglich derer zu fragen wäre, ob diese ebenfalls in die Sozialauswahl einzubeziehen wären. Der auswahlrelevante Personenkreis ist daher unproblematisch zu bestimmen und umfasst alle Arbeitnehmer der übertragenden Einheit.

b) Fortführender Betriebsteilübergang

Beim fortführenden Betriebs*teil*übergang übernimmt der Erwerber lediglich einen Teil des kündigungsschutzrechtlichen Betriebes und führt diesen als organisatorisch selbständige Einheit fort.

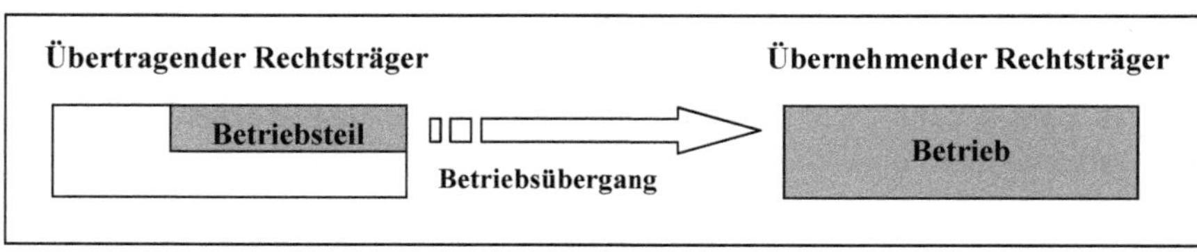

Hier stellt sich die Frage, welche Arbeitnehmer des übertragenden Rechtsträgers in die Sozialauswahl einzubeziehen wären. Ginge man vom Grundsatz des Betriebsbezugs der Sozialauswahl aus, so wären grundsätzlich alle Arbeitnehmer des Betriebes im kündigungsschutzrechtlichen Sinne in die Sozialauswahl einzubeziehen. Bei einem Betriebsteilübergang geht aber lediglich ein Teil der Arbeitnehmer auf den Erwerber über. Beruhen die Kündigungen auf einem Erwerberkonzept ist daher fraglich, ob die Sozialauswahl deswegen auf den übergehenden Betriebsteil zu beschränken ist.

c) Eingliedernder Betriebsübergang

Beim eingliedernden Betriebsübergang geht ein vollständiger Betrieb des übertragenden Rechtsträgers auf den Erwerber über und wird bei diesem in eine bereits bestehende betriebliche Struktur eingegliedert.

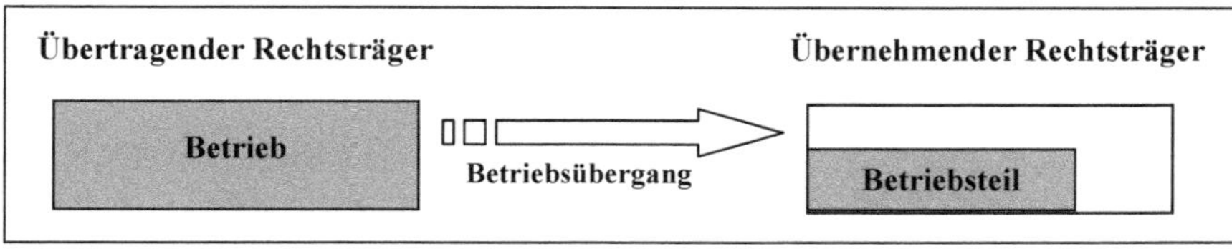

Da in dieser Konstellation aus kündigungsschutzrechtlicher Sicht sämtliche Arbeitnehmer eines Betriebes auf den Erwerber übergehen, ist die Bestimmung des auswahlrelevanten Personenkreises beim übertragenden Rechtsträger unproblematisch. Strittig ist jedoch, ob auch Arbeitnehmer des Erwerbers, die in der betrieblichen Struktur arbeiten, in welche der übergehende Betriebsteil eingegliedert werden soll, bereits vor dem Betriebsübergang ebenfalls in die Sozialauswahl einzubeziehen wären.

d) Eingliedernder Betriebsteilübergang

Der eingliedernde Betriebsteilübergang stellt eine Kombination der oben dargestellten zweiten und dritten Fallvarianten dar. In diesem Fall ist lediglich ein Teil eines kündigungsschutzrechtlichen Betriebes vom Betriebsübergang erfasst und wird in eine bereits bestehende betriebliche Struktur des Erwerbers eingegliedert.

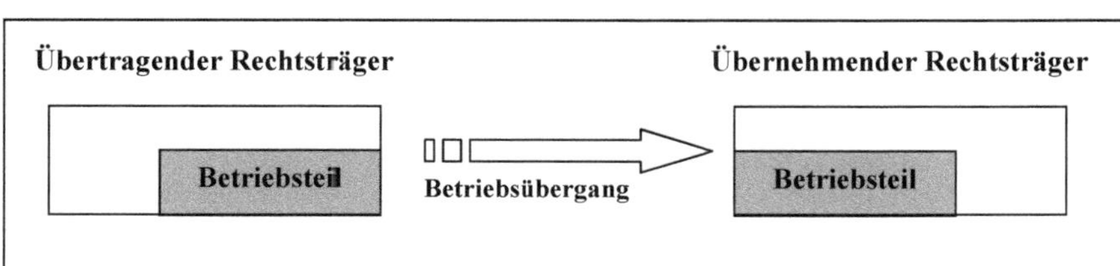

Diese Variante stellt den kompliziertesten und somit auch umstrittensten Fall für die Bestimmung des auswahlrelevanten Personenkreises dar. Sowohl in Bezug auf den übertragenden als auch den übernehmenden Rechtsträger ist nämlich problematisch, ob und welche Arbeitnehmer außerhalb der übergehenden Einheit in die Sozialauswahl einzubeziehen wären.

2. Rechtsprechung des BAG

Der Rechtsprechung des BAG, insbesondere dem Urteil vom 20. März 2003[341], ist zu der besonderen Konstellation der Kündigung auf Grundlage eines Erwerberkonzeptes bislang keine gesicherte Position zu entnehmen.

Nach ständiger Rechtsprechung des BAG ist die Sozialauswahl betriebsbezogen durchzuführen.[342] Die personelle Auswahl der zu kündigenden Arbeitnehmer habe gemäß § 1 Abs. 3 KSchG zu erfolgen, welcher nach seinem „Wortlaut und dem Gesamtzusammenhang des KSchG allein betriebsbezogen ausgerichtet" sei.[343] Dies würde im Falle einer Kündigung des Insolvenzverwalters auf Grundlage eines Erwerberkonzeptes grundsätzlich gegen eine unternehmensübergreifende Sozialauswahl sprechen.

Diese Grundsätze hat das BAG auch im Zusammenhang mit einem Betriebsübergang bejaht. In seiner Entscheidung vom 28. Oktober 2004[344] hatte der 8. Senat des BAG zu entscheiden, wie eine Sozialauswahl zu erfolgen habe, wenn in einem Betrieb mit zwei Betriebsteilen ein Betriebsteil stillgelegt und der andere Betriebsteil auf einen Erwerber übertragen werden soll. Bei einer vor dem Betriebsübergang ausgesprochenen betriebsbedingten Kündigung eines Arbeitnehmers des *stillzulegenden* Betriebsteils sei danach eine auf den gesamten Betrieb bezogene Sozialauswahl durchzuführen.[345] Es sei bei der Sozialauswahl auch ein vergleichbarer Arbeitnehmer zu berücksichtigen, der zur Zeit der Kündigung dem später zu übertragenden Betriebsteil angehöre. Dies folge aus dem Schutzzweck der Sozialauswahl, den Arbeitsplatz des sozial schwächeren Arbeitnehmers zu erhalten. Die Regelung des § 613a Abs. 4 BGB stehe der betriebsweiten Sozialauswahl beim Veräußerer nach Auffassung des 8. Senats hingegen nicht entgegen.[346]

---

341 BAG v. 20.03.2003, 8 AZR 97/02, NZA 2003, 1027.

342 Vgl. z.B. BAG v. 25.04.1985, 2 AZR 140/84, NZA 1986, 64; BAG v. 22.05.1986, 2 AZR 612/85, NZA 1987, 125; BAG v. 26.02.1987, 2 AZR 177/86, NZA 1987, 775; BAG v. 15.12.1994, 2 AZR 320/94, NZA 1995, 413; BAG v. 28.03.2003, 2 AZR 368/02, NZA 2004, 432; BAG v. 28.10.2004, 8 AZR 199/04, NZA 2005, 405; BAG v. 02.06.2005, 2 AZR 158/04, NZA 2005, 1175.

343 BAG v. 15.12.1994, 2 AZR 320/94, NZA 1995, 413 (siehe unter B. III., 3., a) der Entscheidungsgründe).

344 BAG v. 28.10.2004, 8 AZR 391/03, NZA 2005, 285.

345 Vgl. BAG v. 28.10.2004, 8 AZR 391/03, NZA 2005, 285 (siehe unter II., 3., b) der Entscheidungsgründe).

346 Vgl. BAG v. 28.10.2004, 8 AZR 391/03, NZA 2005, 285 (siehe unter II., 3., c), aa) der Entscheidungsgründe).

Zwar bezog sich dieses Urteil nicht auf die Kündigung eines Arbeitnehmers in der übergehenden Einheit, es deutet aber zumindest darauf hin, dass die Sozialauswahl bei einem Betriebsteilübergang grundsätzlich immer in dem gesamten Betrieb des übertragenden Rechtsträgers durchzuführen wäre. Ob dies im Falle des Bestehens eines Erwerberkonzeptes anders zu sehen wäre, ist der Rechtsprechung des BAG soweit ersichtlich nicht zu entnehmen.

Eine andere Frage ist es hingegen, ob auch die Arbeitnehmer des übernehmenden Rechtsträgers in die Sozialauswahl einzubeziehen wären. Dies würde bedeuten, dass die Sozialauswahl unternehmensübergreifend zwischen übertragendem und übernehmendem Rechtsträger durchzuführen wäre. Eine solche unternehmensübergreifende Sozialauswahl ist der Rechtsprechung des BAG nicht fremd. In einem gemeinsamen Betrieb mehrerer Unternehmen hat eine Sozialauswahl unternehmensübergreifend zu erfolgen, auch wenn die einzelnen dort beschäftigten Arbeitnehmer arbeitsvertraglich an unterschiedliche Unternehmen gebunden sind.[347] Die Erforderlichkeit, bei einem gemeinsamen Betrieb mehrerer Unternehmen eine einheitliche Sozialauswahl durchzuführen, ergibt sich daraus, dass die an dem gemeinsamen Betrieb beteiligten Unternehmen einen einheitlichen Leitungsapparat gebildet haben und diesem unter Beschränkung der eigenen Kompetenzen die Arbeitgeberfunktionen im Bereich der sozialen und personellen Angelegenheiten sowie die unternehmerischen Funktionen im Bereich der wirtschaftlichen Angelegenheiten übertragen haben.[348] Sofern hierdurch im kündigungsschutzrechtlichen Sinne ein unternehmensübergreifender Betrieb entsteht, ist das Erfordernis der unternehmensübergreifenden Sozialauswahl nur die konsequente Umsetzung des Betriebsbezugs der Sozialauswahl. Diese ist nach der Rechtsprechung des BAG immer im gesamten Betrieb durchzuführen, selbst wenn dieser Betrieb unternehmensübergreifend besteht.

Ob vor diesem Hintergrund eine Übertragung der Rechtsprechung zur unternehmensübergreifenden Sozialauswahl im Gemeinschaftsbetrieb auf eine Kündigung des Insolvenzverwalters auf Grundlage eines Erwerberkonzeptes erfolgen kann, muss bezweifelt werden. Zwar besteht auch in diesem Fall eine gewisse Verbindung zwischen dem Unternehmen des Veräußerers und des Erwerbers, denn zumindest das Konzept zur Personalreduzierung stammt vom Erwerber. Keinesfalls kann aber unterstellt werden, dass der Insolvenzverwalter allein aufgrund des Erwerberkonzeptes unter Beschränkung der eigenen Kompetenzen die Arbeitgeberfunktionen im Bereich der sozialen und personellen Angelegenheiten sowie die unternehmerischen Funktionen im Bereich der wirtschaftlichen

347 Vgl. BAG v. 13.06.1985, 2 AZR 452/84, NZA 1986, 600; BAG v. 05.05.1994, 2 AZR 917/93, NZA 1994, 1023; BAG v. 22.03.2001, 8 AZR 565/00, NZA 2002, 1349.

348 Vgl. BAG v. 13.06.1985, 2 AZR 452/84, NZA 1986, 600 (siehe unter A, II., 2., b), bb) der Entscheidungsgründe).

Angelegenheiten auf den Erwerber übertragen will oder dies sogar bereits hat. Letztendlich trifft nämlich der Insolvenzverwalter selbst die Entscheidung, ob überhaupt, wie und wann er das Konzept des Erwerbers umsetzen will. Es kann daher bei der Umsetzung eines Erwerberkonzeptes durch einen Insolvenzverwalter nicht von der Gründung eines Gemeinschaftsbetrieb ausgegangen werden. Die Rechtsprechung des BAG zur unternehmensübergreifenden Sozialauswahl im Gemeinschaftsbetrieb ist daher nicht auf eine erwerberkonzeptbedingte Kündigung übertragbar.

3. Literaturansichten

In der Literatur finden sich verschiedene Ansichten zu der Frage, welche Arbeitnehmer bei einer Kündigung des Insolvenzverwalters auf Grundlage eines Erwerberkonzeptes in die Sozialauswahl einzubeziehen wären. Ein Teil der Literatur ist der Auffassung, die Sozialauswahl sei immer nur unter den Arbeitnehmern des übertragenden Rechtsträgers auszuführen. Ein anderer Teil der Literatur meint hingegen, die Sozialauswahl sei aufgrund des Erwerberkonzeptes rechträgerübergreifend zwischen den Arbeitnehmern des übertragenden und denen des übernehmenden Rechtsträgers durchzuführen. Dazwischen werden verschiedene vermittelnde Ansichten vertreten, die unterschiedliche Kriterien für die Bestimmung der Gruppe der in die Sozialauswahl einzubeziehenden Arbeitnehmer heranziehen möchten. Im Einzelnen werden folgende Theorien zu der Bestimmung des auswahlrelevanten Personenkreises bei der Sozialauswahl vertreten:

a) Keine rechtsträgerübergreifende Sozialauswahl

Zum Teil wird in der Literatur vertreten, die Sozialauswahl bei einer Kündigung des Insolvenzverwalters, die vor einem Betriebsübergang auf Grundlage eines Erwerberkonzeptes ausgesprochen werde, sei immer lediglich auf den Betrieb des übertragenden Rechtsträgers zu beschränken.[349] Dies gebiete bereits der Grundsatz der Betriebsbezogenheit der Sozialauswahl.[350] Die Berücksichtigung von Arbeitnehmern des übernehmenden Rechtsträgers würde darüber hinaus zu einer von § 613a BGB nicht beabsichtigten Besserstellung der übergehenden

349 Vgl. Vossen, BB 1984, Seite 1557 (1560); Moll/Steinbach, MDR 1997, 711 (713); Henckel, ZGR 1984, 225 (235 f.); Sieger/Hasselbach, DB 1999, 430 (433 f.); *Ulrich* in Moll, MAH Arbeitsrecht, § 40, Rn. 162; Lipinski, NZA 2002, 75 (79); Picot/Schnitker, Teil I, Rn. 398; Hoyningen-Huene/Linck, KSchG, § 1, Rn. 882; *Cohnen/Tepass* in Moll, MAH Arbeitsrecht, § 51, Rn. 182.

350 Vgl. *Cohnen/Tepass* in Moll, MAH Arbeitsrecht, § 51, Rn. 182.

Arbeitnehmer führen.[351] Des Weiteren würden die Arbeitnehmer eines Betriebes insofern eine Schicksalsgemeinschaft bilden. Es sei daher nicht gerechtfertigt, einen Arbeitsplatz beim Erwerber „freizukündigen", dessen bisheriger Inhaber ansonsten gar nicht von einem Kündigungsrisiko betroffen wäre.[352] Auch sei es dem kündigenden Insolvenzverwalter bzw. dem Veräußerer mangels Kündigungsbefugnis gar nicht möglich, Arbeitnehmer des Erwerbers zu kündigen.[353] Gegen eine Einbeziehung der Arbeitnehmer des Erwerbers spreche auch, dass dem Insolvenzverwalter bzw. Veräußerer, die Sozialstruktur des Erwerbers gar nicht bekannt sei.[354] Daher seien Arbeitnehmer des Erwerbers auch bei einer Sozialauswahl nicht zu berücksichtigen.

b) Rechtsträgerübergreifende Sozialauswahl

Ein nicht unbeachtlicher Teil der Literatur spricht sich für das Erfordernis einer rechtsträgerübergreifenden Sozialauswahl aus.[355] Zumindest sofern eine Eingliederung des übergehenden Betriebes oder Betriebsteils beim Erwerber erfolge, seien sowohl die Arbeitnehmer des übertragenden als auch des übernehmenden Rechtsträgers in die Sozialauswahl einzubeziehen.[356] Mit der unternehmensübergreifenden unternehmerischen Entscheidung seien die Arbeitnehmer des übertragenden und des übernehmenden Rechtsträgers ausreichend miteinander verbunden, um eine gemeinsame Sozialauswahl zu rechtfertigen.[357]

Zur Begründung des Erfordernisses einer rechtsträgerübergreifenden Sozialauswahl führt ein Teil der Literatur an, die Kündigung des Insolvenzverwalters auf Grundlage eines Erwerberkonzeptes sei so zu prüfen, als sei der Erwerber bereits Arbeitgeber.[358] Materiell-rechtlich stelle sich die Kündigung nämlich als Kündigung des Erwerbers dar.[359]

---

351 Vgl. Vossen, BB 1984, Seite 1557 (1560).

352 Vgl. Henckel, ZGR 1984, 225 (236); Sieger/Hasselbach, DB 1999, 430 (433 f.).

353 Vgl. Hoyningen-Huene/Linck, KSchG, § 1, Rn. 882.

354 Vgl. Moll/Steinbach, MDR 1997, 711 (713).

355 Vgl. z.B. Zwanziger, Arbeitsrecht der InsO, § 128 InsO, Rn. 20 (a.E.).

356 Vgl. Wickler, Seite 101; *Zwanziger* in Kittner, KSchR, § 613a BGB, Rn. 205; *Bayreuther* in FAK Arbeitsrecht, § 613a BGB, Rn. 109.

357 Vgl. *Zwanziger* in Kittner, KSchR, § 613a BGB, Rn. 205.

358 Vgl. Hanau, ZIP 1984, 141 (143); *Willemsen* in Umstrukturierung und Übertragung von Unternehmen, Teil H, Rn. 116; *Bertram* in Gottwald, Insolvenzrechts-Handbuch, § 106, Rn. 79; *Steffan* in Ascheid, Kündigungsrecht, § 613a BGB, Rn. 194; wohl auch Hilger, ZGR 1984, 259 (261) und *Oetker* in Erfurter Kommentar, § 1 KSchG, Rn. 316; zumindest im Ergebnis auch *Klumpp* in Beisel/Klumpp, Der Unternehmenskauf, 10. Kapitel, Rn. 64; Grunsky, AP Nr. 34 zu § 613a BGB.

359 Vgl. *Willemsen* in Umstrukturierung und Übertragung von Unternehmen, Teil H, Rn. 116; *Bertram* in Gottwald, Insolvenzrechts-Handbuch, § 106, Rn. 79.

Zum Teil wird auch danach differenziert, ob ein Betriebs- oder Betriebsteilübergang vorliegt. Gehe ein vollständiger Betrieb über, so beschränke sich die Sozialauswahl auf diesen übergehenden Betrieb, unabhängig davon, ob es sich um einen eingliedernden oder fortführenden Betriebsübergang handele.[360] Andere Arbeitnehmer des Insolvenzschuldners sowie des Erwerbers wären daher bei der Sozialauswahl nicht zu berücksichtigen. Dies folge aus dem Gedanken, dass es der Sinn und Zweck des § 613 a Abs. 1, 4 BGB sei, lediglich bereits vor dem Betriebsübergang bestehende Rechtspositionen übergehender Arbeitnehmer zu sichern. Die Einbeziehung der beim Erwerber vorhandenen Belegschaft in die Sozialauswahl würde hingegen eine ungerechtfertigte Besserstellung der vom Betriebsübergang betroffenen Arbeitnehmer im Sinne eines zusätzlichen Bestandsschutzes bedeuten.[361]

Werde aber lediglich ein Betriebsteil eingegliedert, seien hingegen auch die übrigen Arbeitnehmer des Erwerberbetriebes in die Sozialauswahl einzubeziehen.[362] Die übergehenden Arbeitnehmer seien insofern als Arbeitnehmer des Erwerbers zu behandeln.[363] Daher dürften Arbeitnehmer aus anderen Betrieben des übertragenden Rechtsträgers in diesem Fall nicht in die Sozialauswahl einbezogen werden.[364] Dies wird damit begründet, dass Arbeitnehmer aus nicht übergehenden Betriebsteilen zu keinem Zeitpunkt in einem Arbeitsverhältnis zu dem Erwerber stünden. Aus der unternehmerischen Entscheidung des Erwerbers, also dem Erwerberkonzept, dürfe daher kein Kündigungsrisiko für diese Arbeitnehmer erwachsen.[365]

Eine Ausnahme will *Hanau* zulassen, wenn der Betriebsübergang die einzige Sanierungsmöglichkeit sei und der potentielle Erwerber die Auswahl der zu übernehmenden Arbeitnehmer nach Leistungsfähigkeit und nicht nach sozialen Auswahlkriterien durchführen wolle. Hier lägen wirtschaftliche Bedürfnisse i.S.d. § 1 Abs. 3 Satz 2 KSchG vor, die es rechtfertigen, Arbeitnehmer aus der Sozialauswahl herauszunehmen.[366]

---

360 Vgl. *Preis* in Erfurter Kommentar, § 613a BGB, Rn. 172; *Steffan* in Ascheid, Kündigungsrecht, § 613a BGB, Rn. 194.

361 Vgl. *Preis* in Erfurter Kommentar, § 613a BGB, Rn. 172.

362 Vgl. *Preis* in Erfurter Kommentar, § 613a BGB, Rn. 172; ders. in Stahlhacke/Preis, KSchG, Rn. 1055; Bütefisch, Seite 99; *Steffan* in Ascheid, Kündigungsrecht, § 613a BGB, Rn. 194.

363 Vgl. *Bertram* in Gottwald, Insolvenzrechts-Handbuch, § 106, Rn. 79 (a.E.).

364 Vgl. *Bertram* in Gottwald, Insolvenzrechts-Handbuch, § 106, Rn. 79 (a.E.); Bütefisch, Seite 98; *Steffan* in Ascheid, Kündigungsrecht, § 613a BGB, Rn. 194.

365 Vgl. Bütefisch, Seite 98; *Steffan* in Ascheid, Kündigungsrecht, § 613a BGB, Rn. 194.

366 Vgl. Hanau, ZIP 1984, 141 (143).

c) Sphärentheorie

Ein Teil der Literatur differenziert danach, aus wessen Sphäre die betriebsbedingten Gründe stammen, welche die Kündigung rechtfertigen.[367] Werde die Kündigung ausschließlich auf Gründe gestützt, die aus der Sphäre des übertragenden Rechtsträgers stammen, so sei die Sozialauswahl auf diesen zu beschränken. In diesem Fall sei es dem Veräußerer bzw. Insolvenzverwalter nicht möglich, auf die Verhältnisse des übernehmenden Rechtsträgers abzustellen. Darüber hinaus würde ein entsprechendes Erfordernis zu einer nicht hinzunehmenden Einschränkung der unternehmerischen Entscheidungsfreiheit des Veräußerers (bzw. Insolvenzverwalters) führen, da dieser auch die Verhältnisse beim Erwerber berücksichtigen müsste, obwohl er selbst betriebsbedingt kündigen könnte. Auch wird angeführt, eine solche rechtsträgerübergreifende Sozialauswahl würde bei Kündigungsgründen, die ausschließlich aus der Sphäre des übertragenden Rechtsträgers stammen, entgegen dem Rechtsgedanken des § 613a BGB zu einer Besserstellung der übergehenden Arbeitnehmer führen.[368]

Stützt sich die Kündigung hingegen auch oder ausschließlich auf Gründe, die aus der Sphäre des übernehmenden Rechtsträgers stammen, so rechtfertige dies, die Sozialauswahl auch auf dessen Arbeitnehmer auszudehnen. In diesem Fall würde dem Veräußerer kein eigenes betriebsbedingtes Kündigungsrecht zustehen, die Kündigung stelle sich vielmehr materiellrechtlich als Kündigung des Erwerbers dar; der Schutzzweck des § 613a Abs. 4 BGB gebietet es daher, die Sozialauswahl auch auf den Erwerberbetrieb auszudehnen.[369]

d) Maßgeblichkeit der Kündigungsfrist

Teilweise wird in der Literatur vertreten, dass für die Sozialauswahl die Verhältnisse im Zeitpunkt des Ablaufs der Kündigungsfrist maßgeblich seien.[370] Es komme daher darauf an, wo der Arbeitnehmer zu diesem Zeitpunkt beschäftigt werde. Dementsprechend sei die Sozialauswahl jeweils bei dem Rechtsträger und abhängig von den entsprechenden betrieblichen Strukturen durchzuführen, bei dem der Arbeitnehmer bei Ablauf der Kündigungsfrist voraussichtlich beschäftigt werde.[371] Läuft die Kündigungsfrist vor dem Betriebsübergang ab, so sei die Sozialauswahl daher in dem Betrieb des übertragenden Rechtsträgers durchzu-

367 Vgl. Loritz, RdA 1987, 79 (84); Deneke, Seite 211 f..
368 Vgl. Schuhmacher-Mohr, NZA 2004, 629 (632).
369 Vgl. Schumacher-Mohr, NZA 2004, 629 (632); Deneke, Seite 212.
370 Vgl. Annuß/Lembke, Arbeitsrechtliche Umstrukturierung, Rn. 129; Annuß/Stamer, NZA 2003, 1247 (1249); Gaul/Bonanni/Naumann, DB 2003, 1902 (1904).
371 Vgl. auch Annuß/Lembke, Arbeitsrechtliche Umstrukturierung, Rn. 129.

führen. Laufe die Kündigungsfrist erst nach dem Betriebsübergang ab, so habe die Sozialauswahl unter Einbeziehung der Arbeitnehmer des übernehmenden Rechtsträgers zu erfolgen.

4. Stellungnahme

Mangels spezieller gesetzlicher Regelungen ist die Sozialauswahl bei einer Kündigung des Insolvenzverwalters auf Grundlage eines Erwerberkonzeptes – wie bei jeder anderen betriebsbedingten Kündigung – an § 1 Abs. 3 KSchG zu messen.[372] Danach ist eine betriebsbedingte Kündigung i.S.d. § 1 Abs. 2 KSchG auch dann sozial ungerechtfertigt, wenn der Arbeitgeber bei der Auswahl des Arbeitnehmers die Dauer der Betriebszugehörigkeit, das Lebensalter, die Unterhaltspflichten und die Schwerbehinderung des Arbeitnehmers nicht oder nicht ausreichend berücksichtigt hat. Der Arbeitgeber soll anhand dieser Kriterien mittels einer Sozialauswahl entscheiden, welchem Arbeitnehmer auf Grund des Wegfalls eines Arbeitsplatzes gekündigt werden kann. Der Sinn und Zweck der Sozialauswahl besteht daher in deren Individualisierungsfunktion.[373]

Bevor Arbeitnehmer entsprechend der in § 1 Abs. 3 KSchG aufgelisteten sozialen Kriterien untereinander verglichen werden können, ist zu klären, welche Arbeitnehmer überhaupt miteinander verglichen werden sollen. Wie bereits oben dargestellt, werden zur Bestimmung des auswahlrelevanten Personenkreises bei der Kündigung auf Grundlage eines Erwerberkonzeptes in der Literatur die verschiedensten Auffassungen vertreten. Neben dogmatischen Überlegungen, ist diese Diskussion stark durch wertende Gesichtspunkte geprägt. So erscheint es bei einigen Autoren als eine Art Billigkeitskontrolle, wenn diese meinen, die Sozialauswahl sei rechtsträgerübergreifend zwischen den übergehenden Arbeitnehmern und den Arbeitnehmern des aufnehmenden Erwerberbetriebes durchzuführen, da die Personalreduzierung auf einem Konzept des Erwerbers beruhe. Dieser sei somit Verursacher der Kündigung und daher müssten auch dessen Arbeitnehmer in gleicher Weise an dem Kündigungsrisiko partizipieren. Allein der Umstand einer äußeren Beeinflussung im Sinne einer „conditio sine qua non" kann jedoch nicht ausreichen, um eine rechtsträgerübergreifende Sozialauswahl zu rechtfertigen. Wäre dies der Fall, so müsste (als Extrembeispiel) immer dann, wenn ein Wettbewerber bewusst eine Konkurrenzfirma vom Markt verdrängt, die Sozialauswahl bei der Stilllegung des verdrängten Unternehmens auf beide Unternehmen ausgeweitet werden, da es ja letztendlich eine unternehmerische

372 Vgl. *Berkowsky* in Münchener Handbuch Arbeitsrecht, § 139, Rn. 35.
373 Vgl. *Kiel* in Ascheid, Kündigungsrecht, § 1 KSchG, Rn. 654.

Entscheidung des Wettbewerbers war, welche die Stilllegung und somit auch den Arbeitsplatzverlust verursacht hat. Dies kann offensichtlich nicht vom Gesetzgeber beabsichtigt gewesen sein.

Des Weiteren wird von vielen Autoren bei der Bestimmung des auswahlrelevanten Personenkreises aufgrund der zeitlichen Nähe zum Betriebsübergang auf den Sinn und Zweck des § 613a BGB abgestellt. So heißt es z.B. bei *Vossen*, eine Berücksichtigung von Arbeitnehmern des übernehmenden Rechtsträgers außerhalb der übergehenden Einheit würde zu einer von § 613a BGB nicht beabsichtigten Besserstellung der übergehenden Arbeitnehmer führen.[374] Auch *Preis* greift diesen Gedanken auf, wenn er bei einem eingliedernden Betriebsübergang eine Einbeziehung der Arbeitnehmer des übernehmenden Rechtsträgers mit dem Argument ablehnt, dies stelle eine ungerechtfertigte Besserstellung der vom Betriebsübergang betroffenen Arbeitnehmer im Sinne eines zusätzlichen Bestandsschutzes dar.[375] Richtigerweise sollte dieser Gedanke vollständig unbeachtet bleiben. Denn die Sozialauswahl ist nicht Regelungsgegenstand des § 613a BGB.[376] Die Sozialauswahl richtet sich allein nach § 1 KSchG. Aus diesem Grund ist es auch nicht schlüssig, für die Durchführung der Sozialauswahl danach zu differenzieren, ob i.S.d. § 613a BGB ein Betriebs- oder Betriebsteilübergang vorliegt.[377]

Im Folgenden soll zunächst untersucht werden, ob sich eine Kündigung des Insolvenzverwalters auf Grundlage eines Erwerberkonzeptes – wie zum Teil in der Literatur beschrieben[378] – als vorgezogene Kündigung des Erwerbers darstellt. Wäre dies der Fall, könnte dies eventuell rechtfertigen, die Bestimmung des auswahlrelevanten Personenkreises bereits vor dem Betriebsübergang tatsächlich so durchzuführen, als wäre der Betriebsübergang bereits erfolgt.

Auch die oben unter dem Stichwort „Maßgeblichkeit der Kündigungsfrist" erläuterte Literaturauffassung soll vorab untersucht werden, um zu klären, ob es sachgerecht wäre, wenn sich die Bestimmung des auswahlrelevanten Personenkreises bei einer Kündigung des Insolvenzverwalters auf Grundlage eines Erwerberkonzeptes tatsächlich immer auf den Ablauf der jeweiligen Kündigungsfrist bezieht.

---

374 Vgl. Vossen, BB 1984, Seite 1557 (1560).

375 Vgl. *Preis* in Erfurter Kommentar, § 613a BGB, Rn. 172.

376 Vgl. Picot/Schnitker, Teil I, Rn. 398; a.A. *Steffan* in Ascheid, Kündigungsrecht, § 613a BGB, Rn. 193; in diesem Sinne auch BAG v. 28.10.2004, 8 AZR 391/03, NZA 2005, 285 (siehe unter II., 3., c), aa) der Entscheidungsgründe).

377 So aber: *Preis* in Erfurter Kommentar, § 613a BGB, Rn. 172.

378 Vgl. Hanau, ZIP 1984, 141 (143); *Willemsen* in Umstrukturierung und Übertragung von Unternehmen, Teil H, Rn. 116; *Bertram* in Gottwald, Insolvenzrechts-Handbuch, § 106, Rn. 79; *Steffan* in Ascheid, Kündigungsrecht, § 613a BGB, Rn. 194; wohl auch Hilger, ZGR 1984, 259 (261); im Ergebnis auch *Klumpp* in Beisel/Klumpp, Der Unternehmenskauf, 10. Kapitel, Rn. 64; Grunsky, AP Nr. 34 zu § 613a BGB.

Sofern diese beiden Theorien nicht zu einem überzeugenden Ergebnis führen, bedarf es einer weiteren Untersuchung des § 1 Abs. 3 KSchG. Hierbei wären der Grundsatz des Betriebsbezugs der Sozialauswahl sowie der insofern maßgebliche Bezugszeitpunkt zu untersuchen.

a) Stellungnahme zur „Theorie der vorgezogenen Erwerberkündigung"

Wie bereits oben ausgeführt[379], überzeugt das Konzept der vorgezogenen Kündigung des Erwerbers im Ergebnis nicht. Diesem liegt im Kern der Gedanke zu Grunde, dass der Veräußerer bzw. Insolvenzverwalter als Sachwalter der Interessen des Erwerbers auftrete[380] und die Kündigungen quasi für den Erwerber ausspreche. Die auf Grundlage eines Erwerberkonzeptes vor dem Betriebsübergang ausgesprochene Kündigung sei daher als vorgezogene Kündigung des Erwerbers zu werten. Bereits dieser Ansatz ist jedoch nicht überzeugend. Das Erwerberkonzept mag zwar vom Erwerber stammen, die unternehmerische Entscheidung zur Umsetzung des Erwerberkonzeptes stammt hingegen vom Insolvenzverwalter.[381] Mit der Umsetzung des Erwerberkonzeptes geht der Insolvenzverwalter nämlich den ihm obliegenden Pflichten zur bestmöglichen Gläubigerbefriedigung nach. Insofern tritt der Insolvenzverwalter gerade nicht als „Sachwalter" des Erwerbers auf. Vor diesem Hintergrund erscheint es verfehlt, wenn *Kreitner*[382] und *Willemsen*[383] von einer „vorgezogenen Kündigung auf Erwerberkonzept" sprechen. Es besteht daher auch kein Grund, die materiell-rechtlichen Voraussetzungen der Kündigung so zu prüfen, als spreche der Erwerber die Kündigung aus.

b) Stellungnahme zur „Maßgeblichkeit der Kündigungsfrist"

Sofern in der Literatur[384] vertreten wird, es komme für die Bestimmung des auswahlrelevanten Personenkreises darauf an, wo der Arbeitnehmer zum Zeitpunkt des Ablaufs seiner Kündigungsfrist beschäftigt werde, kann dem nicht gefolgt werden. Die Vertreter dieser Auffassung meinen, die Sozialauswahl sei jeweils

---

379 Siehe oben: III.A.2.b).

380 Vgl. *Willemsen* in Willemsen, Umstrukturierung und Übertragung von Unternehmen, Teil H, Rn. 114.

381 Siehe oben: III.A.2.

382 Vgl. Kreitner, Seite 111.

383 Vgl. *Willemsen* in Willemsen, Umstrukturierung und Übertragung von Unternehmen, Teil H, Rn. 114.

384 Vgl. Annuß/Lembke, Arbeitsrechtliche Umstrukturierung, Rn. 129; Annuß/Stamer, NZA 2003, 1247 (1249); Gaul/Bonanni/Naumann, DB 2003, 1902 (1904).

bei dem Rechtsträger durchzuführen, bei dem der Arbeitnehmer bei Ablauf der Kündigungsfrist voraussichtlich beschäftigt werde.[385] Laufe die Kündigungsfrist vor dem Betriebsübergang ab, so sei die Sozialauswahl mithin in dem Betrieb des übertragenden Rechtsträgers durchzuführen; laufe die Kündigungsfrist hingegen erst nach dem Betriebsübergang ab, so habe die Sozialauswahl unter Einbeziehung der Arbeitnehmer des übernehmenden Rechtsträgers zu erfolgen.

Im Ergebnis kann diese Auffassung jedoch nicht überzeugen. Die Sozialauswahl soll nämlich gerade der Auswahl des zu kündigenden Arbeitnehmers dienen. Die Kündigungsfrist selbst ist aber von dem individuellen Arbeitsverhältnis des ausgewählten Arbeitnehmers abhängig, also erst eine Konsequenz der Auswahl. Würde man den auswahlrelevanten Personenkreis nun davon abhängig machen, zu welchem Zeitpunkt die Kündigungsfrist abläuft, dann müsste der Arbeitgeber zunächst wissen, welches Arbeitsverhältnis zu welchem Zeitpunkt zu kündigen wäre. Denn nur so kann die konkrete Kündigungsfrist überhaupt erst bestimmt werden. Genau dies ist aber die Frage, die mittels der Sozialauswahl geklärt werden soll.

Selbst wenn man aber auf einen fiktiven identischen Kündigungszugang bei allen Arbeitnehmern abstellt und auf Grundlage dessen die Kündigungsfristen berechnet, führt diese Auffassung zu unüberwindbaren Problemen bei der Identifikation des zu kündigenden Arbeitnehmers. Im Ergebnis müssten nämlich regelmäßig zwei Auswahlkreise gebildet werden, einer für Arbeitnehmer, deren Kündigungsfrist vor dem Betriebsübergang abläuft, und ein weiterer für Arbeitnehmer, deren Kündigungsfrist nach dem Betriebsübergang abläuft. Bei einfach gelagerten Fällen kann hier durchaus noch ein sachgerechtes Ergebnis erzielt werden. Fällt z.B. der Arbeitsplatz des einzigen Staplerfahrers weg, so könnte durchaus für diesen geprüft werden, wann dessen Kündigungsfrist abläuft. Je nachdem ob diese vor oder nach dem Betriebsübergang ausliefe, wäre der Kreis der in die Sozialauswahl einzubeziehenden Arbeitnehmer entweder unter Einbeziehung der Arbeitnehmer des übertragenden oder des übernehmenden Rechtsträgers zu bilden. Auf den ersten Blick mag hier ein sachgerechtes und handhabbares Ergebnis zu finden sein. Diese Theorie stößt an ihre Grenzen, sofern mehrere Arbeitsplätze von dem Erwerberkonzept betroffen sind. Dies kann an folgendem Beispiel veranschaulicht werden:

In einem Unternehmen bestehen zwei Betriebsteile (Teil A und Teil B), mit jeweils 10 Mitarbeitern. Die Betriebsteile unterstehen einem einheitlichen Leitungsapparat, verfolgen aber eigene abgrenzbare wirtschaftliche Funktionen. Mit anderen Worten: Kündigungsschutzrechtlich handelt es sich bei dem Unternehmen um einen Betrieb, i.S.d. § 613a BGB handelt es sich aber bei den Betriebs-

---

385 Vgl. Annuß/Lembke, Arbeitsrechtliche Umstrukturierung, Rn. 129; Annuß/Stamer, NZA 2003, 1247 (1249); Gaul/Bonanni/Naumann, DB 2003, 1902 (1904).

teilen A und B um selbständige Betriebsteile. Alle 20 Mitarbeiter der beiden Betriebsteile haben identische Qualifikationen und wären sowohl arbeitsvertraglich als auch tatsächlich austauschbar. Betriebsteil A soll in Zukunft als selbständiger Betrieb von einem Erwerber fortgeführt werden. Vorher soll die Produktion in dem Betriebsteil A auf Grundlage eines Erwerberkonzeptes stark eingeschränkt werden, so dass fünf der 10 Arbeitsplätze wegfallen werden. In den Betriebsteilen A und B gibt es jeweils Mitarbeiter, deren Kündigungsfrist vor, als auch Mitarbeiter, deren Kündigungsfrist nach dem geplanten Betriebsübergang ablaufen würde.

Sinn und Zweck der Sozialauswahl wäre es nunmehr, Aufschluss darüber zu geben, welchem Mitarbeiter aufgrund des Wegfalls der fünf Arbeitsplätze im Betriebsteil A gekündigt werden soll. Würde man nunmehr den Kreis der in die Sozialauswahl einzubeziehenden Arbeitnehmer allein davon abhängig machen, wann die Kündigungsfristen der einzelnen Arbeitnehmer abliefen, so wären hier zwei Gruppen von Arbeitnehmern zu bilden. Eine Gruppe (Gruppe 1) mit Arbeitnehmern, deren Kündigungsfrist vor und eine Gruppe (Gruppe 2) mit Arbeitnehmern, deren Kündigungsfrist nach dem geplanten Betriebsübergang abliefe. Hierdurch würde ein schwer lösbares Zuordnungsproblem entstehen. Es wäre nämlich gar nicht klar, wie vielen Arbeitnehmern aus welcher Gruppe nun letztendlich zu kündigen wäre. Es steht lediglich fest, dass insgesamt fünf Arbeitsplätze wegfallen werden. Wie viele Arbeitnehmer pro Gruppe gekündigt werden können, kann hingegen nicht entschieden werden. Man könnte sich hierbei lediglich quotal an der Größe der jeweiligen Vergleichsgruppen im Verhältnis zur Anzahl der wegfallenden Arbeitsplätze orientieren. Wenn die Gruppen einen extremen Größenunterschied aufweisen, würde dies quasi die Herausnahme der Arbeitnehmer der kleineren Gruppe aus der Sozialauswahl bedeuten. Auf der anderen Seite würden auch Probleme auftreten, wenn beide Vergleichsgruppen zwar eine identische Größe aufweisen, aber eine ungerade Anzahl von Arbeitsplätzen wegfiele. In obigem Beispiel wären dann wohl jeweils 2,5 Arbeitnehmer aus den beiden Vergleichsgruppen zu kündigen. Im Ergebnis würde dies bedeuten, dass anstelle der fünf Beendigungskündigungen lediglich vier Beendigungs- und zwei Änderungskündigungen ausgesprochen werden könnten.

Darüber hinaus würde dies auch dazu führen, dass die Mitarbeiter der übergehenden Einheit aufgrund der Zuordnung zu verschiedenen Gruppen bei der Sozialauswahl untereinander nicht mehr verglichen würden. Ein solches Ergebnis ist schlichtweg nicht sachgerecht. Von daher kann es auch nicht überzeugen, sofern *Annuß/Lembke* zu dieser Problematik ausführen, dass es auf diese Weise zwar innerhalb eines einheitlichen Personalabbaus zu einer unterschiedlichen Bestimmung des Beurteilungsrahmens für die Wirksamkeit der Kündigungen komme, dies aber letztendlich „nichts anderes als eine unmittelbare Folge des in § 613a Abs. 1 Satz 1 BGB angeordneten Rechtsträgerwechsels"[386] sei. Dies ist bereits deshalb nicht überzeugend, da auf diese Weise nicht einmal die 10 Arbeitnehmer des Betriebsteils A untereinander verglichen werden könnten. Diese wären aber zumindest ohne eine Kündigung grundsätzlich alle von dem anstehenden Rechtsträgerwechsel betroffen. Es erscheint hier nur auf den ersten Blick sachgerecht zu argumentieren, dass ein Arbeitnehmer, dessen Kündigungsfrist vor dem Betriebsübergang ablaufen würde, bei einer angenommenen Kündigung zu keinem Zeitpunkt in einem Arbeitsverhältnis zum Erwerber stehen würde. Ohne Kündigung wären nämlich beide Arbeitnehmer von dem anstehenden Betriebsübergang betroffen. Und ob dem Arbeitnehmer gekündigt werden kann, soll ja gerade erst mittels der Sozialauswahl herausgefunden werden.

c) Eigene Ansicht zur Bestimmung des auswahlrelevanten Personenkreises

Sowohl die Theorie von der vorgezogenen Erwerberkündigung als auch ein Abstellen auf den Zeitpunkt des Ablaufs der individuellen Kündigungsfrist können nicht zu einem sachgerechten und überzeugenden Ergebnis führen. Insofern bedarf es einer weiteren Untersuchung des § 1 Abs. 3 KSchG, um zu bestimmen, wie im Falle einer Kündigung des Insolvenzverwalters auf Grundlage eines Erwerberkonzeptes der auswahlrelevante Personenkreis zu bilden ist.

Hierbei sollte man sich von dem Sinn und Zweck der Sozialauswahl leiten lassen. Dieser liegt in der personellen Zuordnung einer kündigungsbegründenden unternehmerischen Entscheidung.[387] Jede betriebsbedingte Kündigung setzt zunächst eine unternehmerische Entscheidung voraus.[388] Diese bedingt allerdings lediglich den Wegfall eines Arbeitsplatzes. Welcher konkrete Arbeitnehmer auf Grund des Wegfalls dieses Arbeitsplatzes gekündigt werden kann, ist eine Frage der Sozialauswahl.

Ausgangspunkt für die Bestimmung des auswahlrelevanten Personenkreises hat daher die kündigungsbegründende unternehmerische Entscheidung zu sein.[389]

Die kündigungsbegründende unternehmerische Entscheidung liegt bei der hier zu untersuchenden Problematik darin, dass sich der Insolvenzverwalter zur

386 Vgl. Annuß/Lembke, Arbeitsrechtliche Umstrukturierung, Rn. 129.

387 Vgl. *Oetker* in Erfurter Kommentar, § 1 KSchG, Rn. 300; Bütefisch, Seite 32; Berkowsky, NJW 1996, 291 (294).

388 Vgl. Hoyningen-Huene/Linck, Kündigungsschutzgesetz, § 1, Rn. 686 ff., *Preis* in Stahlhacke, Kündigung und Kündigungsschutz, Seite 339, Rn. 904; ders., NZA 1995, 241 (243); *Oetker* in Erfurter Kommentar, § 1 KSchG, Rn. 212.

389 Vgl. Bütefisch, Seite 32.

Umsetzung des Konzeptes des Erwerbers entschließt.[390] Der konkrete Inhalt der unternehmerischen Entscheidung des Insolvenzverwalters ist somit nicht zuletzt vom Inhalt des Erwerberkonzeptes abhängig. Aus einer solchen unternehmerischen Entscheidung – und hier ganz konkret aus dem Erwerberkonzept -, ergibt sich zwangsläufig die „Bedrohung" ganz konkreter Arbeitsplätze in einem ganz bestimmten Betrieb auf einer ganz bestimmten betrieblichen Hierarchieebene. Denn die unternehmerische Entscheidung zur Umsetzung eines Erwerberkonzeptes dient gerade dazu, die innerbetriebliche Zwecksetzung in quantitativer oder qualitativer Hinsicht anzupassen. Unabhängig davon, ob es sich um innerbetriebliche oder außerbetriebliche Gründe handelt, ist es diese Anpassung, die den Wegfall des Arbeitsplatzes bedingt.

Somit sind zunächst die auf diesen Arbeitsplätzen beschäftigten Arbeitnehmer der Kündigungsbedrohung am nächsten. Ob die Sozialauswahl auf die in diesem Sinne unmittelbar kündigungsbedrohten Arbeitnehmer zu beschränken ist, ist § 1 Abs. 3 KSchG nicht eindeutig zu entnehmen. Das BAG geht in seiner Rechtsprechung davon aus, das die Sozialauswahl in dem gesamten Betrieb vorzunehmen ist.[391] Auch in der Literatur wird ganz überwiegend vertreten, dass die Sozialauswahl betriebsbezogen durchzuführen sei.[392] Dadurch wäre die Sozialauswahl nicht nur auf die unmittelbar kündigungsbedrohten Arbeitnehmer zu erstrecken, sondern auf alle vergleichbaren Arbeitnehmer des Betriebes auszuweiten. Dieser Betriebsbezug der Sozialauswahl ist im Ergebnis auch zutreffend. Soweit es um die Sozialauswahl geht, ist § 1 KSchG betriebsbezogen konzeptioniert. Dies ergibt sich bereits aus dem Wortlaut des § 1 KSchG. Dort heißt es, die Kündigung eines Arbeitnehmers aus dringenden betrieblichen Erfordernissen i.S.d. Abs. 2 ist sozial ungerechtfertigt, wenn der Arbeitgeber bei der Auswahl des Arbeitnehmers die dort genannten sozialen Kriterien nicht oder nicht ausreichend berücksichtigt hat. Mit diesem Bezug der Sozialauswahl in § 1 Abs. 3 Satz 1 KSchG auf die dringenden *betrieblichen* Erfordernisse in § 1 Abs. 2 KSchG verweist der Gesetzgeber auch für die Sozialauswahl auf den Betrieb als organisatorischen Bezugsrahmen.[393] Dem kann auch nicht entgegengehalten werden, dass § 1 Abs. 2 KSchG sowohl den Betrieb als auch in Satz 2 Nr. 1 b) das Unter-

390 Siehe hierzu auch oben: III.A.2.

391 Vgl. z.B. BAG v. 25.04.1985, 2 AZR 140/84, NZA 1986, 64; BAG v. 22.05.1986, 2 AZR 612/85, NZA 1987, 125; BAG v. 26.02.1987, 2 AZR 177/86, NZA 1987, 775; BAG v. 15.12.1994, 2 AZR 320/94, NZA 1995, 413; BAG v. 28.03.2003, 2 AZR 368/02, NZA 2004, 432; BAG v. 28.10.2004, 8 AZR 391/03, NZA 2005, 285; BAG v. 02.06.2005, 2 AZR 158/04, NZA 2005, 1175.

392 Vgl. *Oetker* in Erfurter Kommentar, § 1 KSchG, Rn. 318; Schiefer, NZA-RR 2002, 169 (170); *Thüsing* in Richardi, BetrVG, § 102, Rn. 155; Spinner, RdA 2008, 153 (154), Bütefisch, Seite 42; Ascheid, Kündigungsrecht, § 1 KSchG, Rn. 665; *Griebeling* in KR, § 1 KSchG, Rn. 608.

393 Vgl. Bütefisch, Seite 42.

nehmen als Bezugspunkte enthält.[394] In seiner ursprünglichen Fassung enthielt § 1 Abs. 2 KSchG nämlich nur die Bestimmung des heutigen Satzes 1 und somit lediglich den Betrieb als Bezugspunkt. Der Unternehmensbezug der Weiterbeschäftigungspflicht in § 1 Abs. 2 Satz 2 KSchG ist daher als eine Ausnahme zum Betriebsbezug zu verstehen, die gerade nicht auf den übrigen Regelungsgegenstand des § 1 KSchG auszuweiten ist.[395]

Die Betriebsbezogenheit der Sozialauswahl lässt sich aber auch anhand folgender Überlegung begründen. Grundsätzlich erfordert jede betriebsbedingte Kündigung im Anwendungsbereich des KSchG zunächst einen Kündigungsgrund. Dieser muss nach dem eindeutigen Wortlaut des Gesetzes einen Betriebsbezug aufweisen. Denn gemäß § 1 Abs. 2 Satz 1 KSchG ist eine Kündigung sozial ungerechtfertigt, wenn sie nicht durch dringende *betriebliche* Erfordernisse, die einer Weiterbeschäftigung des Arbeitnehmers in *diesem Betrieb* entgegenstehen, bedingt ist. Die Sozialauswahl dient nunmehr der personellen Konkretisierung der Kündigungsentscheidung. Bei einer betriebsübergreifenden Sozialauswahl könnte sich aber auch ein Arbeitnehmer aus einem anderen Betrieb als der im Ergebnis zu Kündigende herausstellen, obwohl der *betriebsbedingte* Kündigungsgrund gar nicht seinen Betrieb betrifft. Eine solche Kündigung wäre dann nicht mehr durch „*eigene*", sondern durch „*fremde*" betriebliche Erfordernisse bedingt, da diese gerade nicht einer Weiterbeschäftigung des betroffenen Arbeitnehmers in *diesem Betrieb* entgegenstehen.[396] Es würde mithin am Bezug zu dem Betrieb des Kündigungsadressaten fehlen. Da die Kündigungsgründe betriebsbezogen ausgestaltet sind, muss im Ergebnis auch die Sozialauswahl betriebsbezogen durchgeführt werden.

Nunmehr stellt sich die Frage, wann der Betriebsbezug vorzuliegen hat. Die Frage nach dem maßgeblichen Zeitpunkt zur Bestimmung des auswahlrelevanten Personenkreises bildet im Grunde genommen den Kern des Problems der Sozialauswahl bei der Kündigung auf Grundlage eines Erwerberkonzeptes. Wäre für die Sozialauswahl nämlich allein der Betriebsbezug im Zeitpunkt des Zugangs der Kündigung maßgeblich, so wäre eine rechtsträgerübergreifende Sozialauswahl mit einem Betrieb des Erwerbers ausgeschlossen.[397] Bei der Umsetzung eines Erwerberkonzeptes durch den Insolvenzverwalter werden die Kündigungen nämlich vor dem Betriebsübergang durch den Insolvenzverwalter ausgesprochen. Zu diesem Zeitpunkt besteht das Arbeitsverhältnis (noch) mit dem Insolvenz-

394 Vgl. Berkowsky, NZA 1996, 290 (291).

395 Vgl. Ascheid, Kündigungsrecht, § 1 KSchG, Rn. 587; Bütefisch, Seite 44.

396 Vgl. *Griebeling* in KR, § 1 KSchG, Rn. 608; Bütefisch, Seite 43.

397 Ausgenommen natürlich, der Betrieb des Erwerbers und der Betrieb des Veräußerers stellen einen gemeinsamen Betrieb i.S.d. KSchG dar. Da dieser Fall äußerst selten sein dürfte, soll diese Fallgruppe hier vernachlässigt werden.

schuldner und eine betriebsübergangsbedingte Umstrukturierung der betrieblichen Strukturen hat noch nicht stattgefunden. Der erforderliche Betriebsbezug kann in diesem Zeitpunkt daher lediglich zu dem Betrieb des Insolvenzschuldners bestehen. Gleichzeitig wäre die Sozialauswahl auf alle Arbeitnehmer dieses Betriebes zu erstrecken, denn auch die nicht übergehenden Arbeitnehmer des Insolvenzschuldners gehören ggf. noch zum Betrieb i.S.d. KSchG. Im Falle eines Betriebsteilübergangs wären mithin auch Arbeitnehmer nicht übergehender Betriebsteile in die Sozialauswahl einzubeziehen.

Bereits zu diesem Zeitpunkt kann absehbar sein, dass sich die betrieblichen Strukturen mit dem Betriebsübergang ändern werden. Zumindest beim fortführenden/eingliedernden Betriebs*teil*übergang und im Falle des eingliedernden Betriebsübergangs ändern sich mit dem Betriebsübergang die betrieblichen Strukturen und somit auch der zukünftige Bezugspunkt zur Bildung des auswahlrelevanten Personenkreises. Fraglich ist daher, ob bereits zum Zeitpunkt des Ausspruchs der Kündigung eine Art Zukunftsprognose bezüglich der sich durch den Betriebs(teil)übergang verändernden betrieblichen Strukturen gestattet sein soll.

Generell wird in der Literatur unterschiedlich beurteilt, ob das Prognoseprinzip auch auf die Sozialauswahl Anwendung finden soll. Ein Teil der Literatur lehnt dies grundsätzlich mit der Folge ab, dass sich die Sozialauswahl lediglich auf den Zeitpunkt des Zugangs der Kündigung konzentriert.[398] Für diese Auffassung sprechen in erster Linie Gründe der Rechtssicherheit. Ein anderer Teil in der Literatur vertritt hingegen die Auffassung, die Sozialauswahl sei unter Berücksichtung der sich bis zum Ablauf der Kündigungsfrist abzeichnenden Entwicklungen vorzunehmen: Bereits absehbare feststehende Entwicklungen, die bis zum Ablauf der Kündigungsfrist eintreten werden, seien daher ebenfalls bei der Sozialauswahl zu berücksichtigen.[399]

Bei der hier zu entscheidenden Frage geht es allerdings nicht darum, absehbare zukünftige Entwicklungen in Bezug auf die in § 1 Abs. 3 KSchG enumerativ festgelegten sozialen Kriterien zu berücksichtigen.[400] Es geht also nicht darum, zu berücksichtigen, dass die Frau eines Arbeitnehmers bei Zugang der Kündigung bereits im 8. Monat schwanger ist und daher absehbar ist, dass bei Beendigung

---

398 Vgl. *Kiel* in Ascheid, Kündigungsrecht, § 1 KSchG, Rn. 664; Krebber, RdA 2006, 235 (238); Kleinebrink, DB 2005, 2522 (2523).

399 Vgl. *Ulrich* in Moll, MAH Arbeitsrecht, § 40, Rn. 154; *Oetker* in Erfurter Kommentar, § 1 KSchG, Rn. 300; Moll/Steinbach, MDR 1997, 711 (712); *Oetker* in Erfurter Kommentar, § 1 KSchG, Rn. 333; *Bertram* in Gottwald, Insolvenzrechts-Handbuch, § 106, Rn. 79; so auch ArbG Berlin v. 16.02.2005, 9 Ca 27525/04, BB 2006, 1455 (in Bezug auf die Berücksichtigung bevorstehender Unterhaltspflichten).

400 Dauer der Betriebszugehörigkeit, das Lebensalter, die Unterhaltspflichten und die Schwerbehinderung.

des Arbeitsverhältnisses zusätzliche Unterhaltspflichten bestehen werden, die bei Zugang der Kündigung noch nicht bestehen.[401] Vielmehr setzt das hier bestehende Problem bereits auf einer vorgelagerten Ebene an. Denn bevor die einzelnen Kriterien der Sozialauswahl in Relation zueinander gesetzt werden können muss gefragt werden, welche Arbeitnehmer überhaupt miteinander verglichen werden sollen. Es geht um die Frage, ob bei der Bestimmung des auswahlrelevanten Personenkreises auf den Zeitpunkt des Zugangs der Kündigung abzustellen ist oder ob der anstehende Betriebsübergang eine anderweitige Zuordnung der übergehenden Arbeitsverhältnisse rechtfertigt.

Zur Beantwortung dieser Frage sollte man sich auf den Sinn und Zweck der Sozialauswahl konzentrieren. Die Sozialauswahl dient der personellen Konkretisierung der unternehmerischen Entscheidung, die zum Wegfall eines Arbeitsplatzes führt. Die Sozialauswahl individualisiert somit den zu kündigenden Arbeitnehmer. Daher muss die unternehmerische Entscheidung der Ausgangspunkt für die Bestimmung des auswahlrelevanten Personenkreises sein. Es ist daher zu fragen, wann nach der unternehmerischen Entscheidung der betroffene Arbeitsplatz wegfallen soll. Maßgeblich für die Bildung des auswahlrelevanten Personenkreises haben dann die betrieblichen Strukturen zu sein, die im Zeitpunkt des prognostizierten Wegfalls dieses Arbeitsplatzes bestehen. Allein diese Betrachtung wird dem einheitlichen Betriebsbezug von Sozialauswahl und Kündigungsgrund gerecht.

Dieser Zeitpunkt kann sowohl vor als auch nach dem Betriebsübergang liegen. Insofern gelten hier in Bezug auf das Prognoseprinzip bei der betriebsbedingten Kündigung keine Besonderheiten. Der zeitlich erst nach dem Betriebsübergang liegende Wegfall eines Arbeitsplatzes berechtigt daher auch schon vor dem Betriebsübergang zum Ausspruch einer Kündigung. Wichtig – aber auch ausreichend – für das Bestehen des Kündigungsgrundes ist allein, dass bereits zum Zeitpunkt des Ausspruchs der Kündigung absehbar ist, dass mit Ablauf der Kündigungsfrist der Beschäftigungsbedarf entfallen sein wird. Die Frage, welcher Arbeitnehmer bei einem an sich gegebenen Kündigungsgrund gekündigt werden kann, hat sich dann danach zu richten, in welchen betrieblichen Strukturen der Arbeitsplatz wegfallen wird. Sieht das Erwerberkonzept (und dem entsprechend auch die unternehmerische Entscheidung des Insolvenzverwalters zur Umsetzung des Erwerberkonzeptes) vor, dass eine Abteilung des übergehenden Betriebes bereits vor dem Betriebsübergang stillgelegt werden soll, entfallen die dortigen Arbeitsplätze bereits vor dem Betriebsübergang. Maßgeblich wären daher die betrieblichen Strukturen zu diesem Zeitpunkt. Entsprechend wäre die Sozialauswahl auf alle Arbeitnehmer des Betriebes des übertragenden Rechtsträgers zu beziehen, in dem die betroffene Abteilung stillgelegt werden soll. Zu erfassen

401 Vgl. zu diesem und weiteren Beispielen: Moll/Steinbach, MDR 1997, 711 (712).

wären daher auch Arbeitnehmer des übertragenden Rechtsträgers, die außerhalb der übergehenden Einheit beschäftigt werden. Hingegen wären Mitarbeiter des übernehmenden Rechtsträgers nicht in die Sozialauswahl einzubeziehen. Im Zeitpunkt des Wegfalls des Arbeitsplatzes sind diese nicht dem Betrieb des Insolvenzschuldners zuzuordnen, weswegen für diese auch kein betriebsbezogener Kündigungsgrund bestehen würde, der „einer Weiterbeschäftigung des Arbeitnehmers in diesem Betrieb entgegenstehen" würde (§ 1 Abs. 2 Satz 1 KSchG).

Soll hingegen dieselbe Abteilung erst nach dem Betriebsübergang stillgelegt werden, so sind die betrieblichen Strukturen in diesem Zeitpunkt maßgeblich. In diesem Fall würde nämlich die übergehende Einheit gemäß der unternehmerischen Entscheidung zunächst auf den Erwerber übergehen und erst danach würden die Arbeitsplätze entfallen. Die Sozialauswahl wäre daher auf die übergehenden Arbeitnehmer sowie eventuell auf andere Arbeitnehmer des übernehmenden Rechtsträgers auszudehnen, die im Zeitpunkt des prognostizierten Wegfalls des Arbeitsplatzes in dem selben Betrieb beschäftigt werden, in dem der Arbeitsplatz entfällt. Andere Arbeitnehmer des Betriebes des übertragenden Rechtsträgers, dem die übertragende Einheit vor dem Betriebsübergang kündigungsschutzrechtlich zugeordnet war, wären in die Sozialauswahl hingegen nicht einzubeziehen.

Anhand dieses Ergebnisses wird auch deutlich, warum die bisher in der Literatur aufgezeigten Modelle in der Regel starke Abgrenzungsschwierigkeiten aufweisen, nur schwierig handhabbar sind und zu überwiegend unbefriedigenden Ergebnissen führen. Die oben dargestellten Fallbeispiele beruhen nämlich auf einer Typisierung von Betriebsübergangsszenarien. In der Regel versuchen die in der Literatur anzutreffenden Auffassungen, für eine bestimmte Form des Betriebsübergangs[402] und der damit einhergehenden Änderung der betrieblichen Strukturen eine einheitliche Regel zu finden, nach der dann immer der auswahlrelevante Personenkreis zu bestimmen sei. So wird z.B. vertreten, dass bei einem eingliedernden Betriebs- oder Betriebsteilübergang immer sowohl die Arbeitnehmer des übertragenden als auch des übernehmenden Rechtsträgers in die Sozialauswahl rechtsträgerübergreifend einzubeziehen seien.[403] Entsprechende „Einheitsmodelle" sind bereits deshalb zum Scheitern verurteilt, da diese versuchen, typisierende Fallgruppen des § 613a BGB und den Betriebsbezug des § 1 KSchG miteinander zu synchronisieren. Da diesen beiden Vorschriften grundlegend verschiedene Regelungsmechanismen zu eigen sind, ist es zum einen nicht möglich und zum anderen besteht auch keine Notwendigkeit, gleichlaufende Lösungsansätzen zu suchen. Daher ist es z.B. bei einem eingliedernden Betriebsteilübergang sowohl denkbar, dass der auswahlrelevante Personenkreis lediglich beim

402 Fortführender Betriebsübergang, Fortführender Betriebsteilübergang, Eingliedernder Betriebsübergang, Eingliedernder Betriebsteilübergang.

403 Vgl. Wickler, Seite 101; *Zwanziger* in Kittner, KSchR, § 613a BGB, Rn. 205.

übertragenden Rechtsträger zu bilden wäre als auch rechtsträgerübergreifend zwischen den übergehenden Arbeitnehmern und den Arbeitnehmern des übernehmenden Rechtsträgers. Welches der beiden Auswahlmodelle anzuwenden ist, ist von der unternehmerischen Entscheidung abhängig. Maßgeblich ist dabei, zu welchem Zeitpunkt der konkrete Arbeitsplatz wegfällt und welche betrieblichen Strukturen in diesem Zeitpunkt bestehen.

Dem hierdurch ggf. entstehenden Erfordernis einer rechtsträgerübergreifenden Sozialauswahl kann auch nicht entgegen gehalten werden, dass Insolvenzverwalter und Erwerber nicht die gegenseitigen sozialen Verhältnisse des anderen kennen würden.[404] Insofern ist nämlich schlichtweg eine enge Zusammenarbeit zwischen diesen erforderlich.[405] Und da in der Regel bereits die Erstellung eines Erwerberkonzeptes eine enge Abstimmung und genaue Kenntnis der betrieblichen Strukturen voraussetzt, sollte dies in der Praxis kein tatsächliches Hindernis bereiten.

Da die Bestimmung des auswahlrelevanten Personenkreises davon abhängig ist, zu welchem Zeitpunkt der konkrete Arbeitsplatz entfällt, ist es ratsam, in einem Erwerberkonzept bzw. der das Erwerberkonzept umsetzenden unternehmerischen Entscheidung des Insolvenzverwalters den Zeitpunkt des Wegfalls des Arbeitsplatzes möglichst genau zu bestimmen oder zumindest festzulegen, ob dieser vor oder der Beschäftigungsbedarf vor oder nach dem Betriebsübergang entfällt. Dies sollte in der Regel unproblematisch möglich sein. Denn selbst in den Fällen, in denen ein Arbeitsplatz quasi exakt mit dem Betriebsübergang wegfällt, obliegt es der gestaltenden unternehmerischen Entscheidung, ob der Arbeitsplatz vor oder nach dem Betriebsübergang entfallen soll.

d) Folgeprobleme des hier vertretenen Ansatzes und ihre Lösung

In Bezug auf die Kündigungsbefugnis, die Betriebsratsanhörung sowie das Widerspruchsrecht übergehender Arbeitnehmer darf nicht übersehen werden, dass der hier vorgeschlagene Lösungsansatz zu nicht zu vernachlässigenden Folgeproblemen führen kann.

Sofern die Arbeitsplätze nach dem Erwerberkonzept vor dem Betriebsübergang entfallen sollen, entstehen in der Regel keine besonderen rechtlichen Probleme. Eine rechtsträgerübergreifende Sozialauswahl kommt in diesem Fall nach der hier vertretenen Ansicht nicht in Betracht. Kündigungsbefugt wäre in Bezug auf die in die Sozialauswahl einzubeziehenden Arbeitnehmer des Insolvenzschuld-

404 Vgl. Moll/Steinbach, MDR 1997, Seite 711 (713).

405 Vgl. *Willemsen* in Willemsen, Umstrukturierung und Übertragung von Unternehmen, Teil H, Rn. 117.

ners allein der Insolvenzverwalter. Unstreitig müsste in diesem Fall der Betriebsrat des Insolvenzschuldners gemäß § 102 BetrVG vor Ausspruch der Kündigungen angehört werden, sofern denn einer besteht. Auf das Widerspruchsrecht der Arbeitnehmer gemäß § 613a Abs. 6 BGB hat die Umsetzung des Erwerberkonzeptes grundsätzlich keinen Einfluss. Das Arbeitsverhältnis eines bereits vor dem Betriebsübergang gekündigten Arbeitnehmers würde in gekündigtem Zustand auf den Erwerber übergehen. Der Arbeitnehmer könnte dem Betriebsübergang allerdings „ganz normal" widersprechen.

Fallen die Arbeitsplätze hingegen erst beim übernehmenden Rechtsträger nach dem Betriebsübergang weg, so wäre nach dem hier vorgeschlagenen Modell zur Bestimmung des auswahlrelevanten Personenkreises die Sozialauswahl rechtsträgerübergreifend durchzuführen. Dies kann auch dazu führen, dass an Stelle eines übergehenden Arbeitnehmers ein Arbeitnehmer des Erwerbers zu kündigen wäre. Für diesen ist selbstverständlich nur der Erwerber kündigungsbefugt und es ist der Betriebsrat des Erwerbers vor Ausspruch der Kündigung gemäß § 102 BetrVG anzuhören.

Sofern der Arbeitsplatz erst nach dem Betriebsübergang entfallen soll, kann das Widerspruchsrecht übergehender Arbeitnehmer zu einem besonderen Problem führen. Solange die Frist gemäß § 613a Abs. 6 BGB nicht abgelaufen ist, könnten übergehende Arbeitnehmer dem Betriebsübergang noch widersprechen. In Folge der wirksamen Ausübung des Widerspruchsrechts, besteht das Arbeitsverhältnis zum übertragenden Rechtsträger fort, mithin besteht kein Arbeitsverhältnis zum übernehmenden Rechtsträger. Da der Erwerber vor dem Betriebsübergang wegen des bestehenden Widerspruchsrechts nicht sicher sein kann, wie viele Arbeitnehmer er übernehmen wird, kann dieser im Zweifel auch keine belastbare Zukunftsprognose in Bezug auf die zukünftige Personalstruktur anstellen. Durch einen solchen widerspruchsbedingten „Verlust" an Arbeitnehmern in der nach dem Betriebsübergang beim übernehmenden Rechtsträger bestehenden betrieblichen Einheit, kann es schwierig sein, einen Arbeitskräfteüberhang zu prognostizieren. Dies wäre aber erforderlich, um eine betriebsbedingte Kündigung überhaupt rechtfertiger zu können. Diese Unsicherheit ist als Rechtsreflex des in § 613a Abs. 6 BGB angeordneten Widerspruchsrechts hinzunehmen. Insofern ist auch zu berücksichtigen, dass Insolvenzverwalter und Erwerber es selbst in der Hand haben, die Frist für den Ablauf des Widerspruchsrechts auszulösen. Gemäß § 613a Abs. 6 BGB kann der Arbeitnehmer dem Übergang des Arbeitsverhältnisses nur innerhalb eines Monats nach Zugang der vollständigen Unterrichtung gemäß § 613a Abs. 5 BGB (schriftlich) widersprechen. Die Frist für die Ausübung des Widerspruchsrechts ist mithin unabhängig von dem Zeitpunkt des Betriebsübergangs ausgestaltet und kann somit auch bereits vor dem Betriebsübergang durch den bisherigen Arbeitgeber oder den neuen Inhaber ausgelöst werden (§ 613a Abs. 5 BGB). Sowohl der Insolvenzverwalter als auch der Erwerber können somit durch eine frühzeitige Unterrichtung der vom Betriebsübergang betroffenen Arbeitnehmer die Widerspruchsfrist auslösen und dadurch bereits im Vorfeld des Betriebsübergangs klären, welche Arbeitnehmer übergehen werden.[406]

5. Zwischenergebnis: Sozialauswahl

Mangels spezieller gesetzlicher Regelungen ist die Sozialauswahl bei der Kündigung des Insolvenzverwalters auf Grundlage eines Erwerberkonzeptes – wie bei jeder andere betriebsbedingten Kündigung – an § 1 Abs. 3 KSchG zu messen. Zentrales Problem der Sozialauswahl ist die Bestimmung des auswahlrelevanten Personenkreis. Im Falle einer Kündigung auf Grundlage eines Erwerberkonzeptes stellt sich dieses Problem in zweifacher Hinsicht. Zum einen ist zu bestimmen, ob auch nicht übergehende Arbeitnehmer des übertragenden Rechtsträgers in die Sozialauswahl einzubeziehen sind. Zum anderen ist strittig, ob Arbeitnehmer des übernehmenden Rechtsträgers in die Sozialauswahl einzubeziehen sind.

Die Sozialauswahl und somit der Kreis der in die Sozialauswahl einzubeziehenden Arbeitnehmer ist betriebsbezogen ausgerichtet. Da sich im Zuge der übertragenden Sanierung die betrieblichen Strukturen ändern können, kommt dem Zeitpunkt der Bestimmung des Betriebes als Bezugsobjekt zur Bildung des auswahlrelevanten Personenkreises ein besonderes Gewicht bei. Für die Bestimmung des Betriebes sind nicht die betrieblichen Strukturen maßgeblich, die im Zeitpunkt des Zugangs der Kündigung oder im Zeitpunkt des Ablaufs der Kündigungsfrist bestehen. Maßgeblich haben vielmehr die prognostizierten betrieblichen Strukturen zu sein, die nach der unternehmerischen Entscheidung im Zeitpunkt des prognostizierten Wegfalls des Arbeitsplatzes bestehen werden. Allein diese Betrachtung wird dem einheitlichen Betriebsbezug von Kündigungsgrund und Sozialauswahl gerecht.

Entfällt der Arbeitsplatz nach der unternehmerischen Entscheidung bereits vor dem Betriebsübergang, sind demzufolge die Arbeitnehmer des Betriebes des übertragenden Rechtsträgers in die Sozialauswahl einzubeziehen, in dem der Arbeitsplatz entfallen wird. In die Sozialauswahl könnten daher auch Arbeitnehmer des übertragenden Rechtsträgers einzubeziehen sein, die außerhalb der übergehenden Einheit beschäftigt werden. Hingegen wären Mitarbeiter des übernehmenden Rechtsträgers nicht in die Sozialauswahl einzubeziehen.

406 Vgl. Gaul/Otto, DB 2002, 634 (637).

Entfällt der Arbeitsplatz nach der unternehmerischen Entscheidung hingegen erst nach dem Betriebsübergang, wäre die Sozialauswahl auf die Arbeitnehmer der übergehenden betrieblichen Einheit sowie auf andere Arbeitnehmer des übernehmenden Rechtsträgers auszudehnen, die zum Zeitpunkt des prognostizierten Wegfalls des Arbeitsplatzes in dem Betrieb beschäftigt werden, in dem der Arbeitsplatz entfallen wird. Andere Arbeitnehmer des Betriebes des übertragenden Rechtsträgers, dem die übergehende Einheit vor dem Betriebsübergang kündigungsschutzrechtlich zugeordnet war, wären in die Sozialauswahl hingegen nicht einzubeziehen.

IV. Insolvenzrechtliche Besonderheiten der übertragenden Sanierung auf Grundlage eines Erwerberkonzeptes

Erfolgt die Umsetzung eines Erwerberkonzeptes im Rahmen eines Insolvenzverfahrens durch den Insolvenzverwalter, so sind neben den Regelungen des § 613a BGB und des KSchG auch die Vorgaben des Insolvenzrechts zu berücksichtigen. Diese beeinflussen an vielen Stellen die außerhalb der InsO bestehenden Regelungen des individuellen und kollektiven Arbeitsrechts. Das folgende Kapitel untersucht die insolvenzrechtlichen Besonderheiten, die bei Personalentscheidungen auf Grundlage eines Erwerberkonzeptes im Vorfeld einer übertragenden Sanierung zu beachten sind.

A. Der Begriff „übertragende Sanierung“

Die InsO sieht als Mittel zur Gläubigerbefriedigung die Liquidation, die Fortführung der Gesellschaft und die übertragende Sanierung vor. Im Rahmen eines Insolvenzverfahrens erfolgen über 90 % der erfolgreichen Restrukturierungen auf Grundlage einer übertragenden Sanierung.[407]

Sofern im allgemeinen Sprachgebrauch von der Sanierung eines insolventen Unternehmens die Rede ist, dann ist damit in erster Linie die „Sicherung des Fortbestandes des Unternehmens“ gemeint, was aber keinesfalls gleichbedeutend mit dem Fortbestand des Unternehmensträgers ist.[408] Bei einer übertragenden Sanierung trennt der Insolvenzverwalter das Unternehmen von dem Unternehmensträger. Hierdurch wird eine „Sicherung des Weiterbestehens eines Unternehmens unter Zurücklassung seines Unternehmensträgers“ erreicht.[409] Der Begriff der übertragenden Sanierung wurde durch Schmidt geprägt. Soweit ersichtlich benutzte dieser die Bezeichnung erstmalig in der juristischen Literatur und bezeichnete damit die Übertragung der Aktivmasse eines insolventen Unternehmens auf einen gesunden Rechtsträger, der das insolvente „Unternehmen mit Anlage- und Umlaufvermögen zum Zerschlagungswert aus der Masse erwirbt.“[410] Der Begriff der übertragenden Sanierung wird seit dem in der Literatur mit unterschiedli-

407 Vgl. Undritz, ZGR 2010, 201 (205).
408 Vgl. Wellensiek, NZI 2002, 233 (233); Pfefferle, Seite 148.
409 Hagebusch/Oberle, NZI 2006, 618 (619).
410 Vgl. Schmitt, ZIP 1980, 328 (336, unter III. 3.).

cher Bedeutung belegt und ist gerade deswegen keineswegs frei von Kritik.[411] Kluth meint sogar, der Begriff „übertragende Sanierung" solle „dem Arsenal der Rechtsgeschichte, Abteilung Kuriositäten überantwortet werden".[412] Dem kann jedoch nicht zugestimmt werden. Der Begriff der übertragenden Sanierung hat sich in der juristischen Literatur seit seiner Begründung durch Schmidt weitgehend durchgesetzt.[413] Unter einer übertragenden Sanierung soll für diese Arbeit die Übertragung eines Unternehmens oder Unternehmensteils im Wege eines sog. „Asset-Deals" verstanden werden. Im Gegensatz zu einem sog. „Share-Deal", bei dem die Gesellschaftsanteile auf den Erwerber übergehen, werden beim „Asset-Deal" die einzelnen das Unternehmen bzw. den Unternehmensteil ausmachenden Vermögensgegenstände des Anlage- und Umlaufvermögens übertragen.[414]

Der entscheidende Unterschied liegt in der durch einen Asset-Deal erfolgenden Trennung der beim Unternehmensträger verbleibenden Verbindlichkeiten (Passiva) von den übertragenden Vermögenswerten (Aktiva) des in der Krise befindlichen Unternehmens. Inhaber der Rechte und Pflichten des in der Krise befindlichen Unternehmens ist nämlich der Unternehmensträger als solcher. Dieser ist somit auch Inhaber der Verbindlichkeiten. Würde man nun im Rahmen eines Share-Deals die Gesellschaftsanteile an einen Erwerber übertragen, würde dies an der Gesellschaft als Zuordnungsobjekt der Verbindlichkeiten nichts ändern. Eine Sanierung würde mithin nicht erfolgen. Im Rahmen einer übertragenden Sanierung sollen daher regelmäßig gerade die Verbindlichkeiten nicht an den Erwerber übergehen. Daher werden nur die einzelnen zur erfolgreichen Fortführung des Unternehmens erforderlichen Vermögensgegenstände „als Funktionseinheit im Paket an einen Erwerber verkauft."[415]

B. Das Verfahren der übertragenden Sanierung auf Grundlage eines Erwerberkonzeptes

Eine übertragende Sanierung ist sowohl im Regelinsolvenz- als auch im Insolvenzplanverfahren möglich.[416] Für eine übertragende Sanierung im Regelinsol-

411 Vgl. m.w.N. Kluth, NZI 2002, 1 (Fnn. unter III.).

412 Vgl. Kluth, NZI 2002, 1 (4).

413 Vgl. z.B. Strümpell, Seite 5 ff.; *Dithmar* in Braun, InsO, § 159, Rn. 6; Becker, Insolvenzrecht, § 5, Rn. 183; Müller, NZI 2009, 153 (153); Wellensiek, NZI 2002, 233 (234); ders., NZI 2005, 603 (603); Hagebusch/Oberle, NZI 2006, 618 (619); Hanau/Berscheid, Übertragende Sanierung, Rn. 1; Deneke, Seite 17; Morshäuser/Falkner, NZG 2010, 881 (882).

414 Vgl. m.w.N. Strümpell, Seite 5 ff..

415 Vgl. Wellensiek, NZI 2002, 233 (234).

416 Vgl. *Braun/Franke* in Braun, InsO, Vor §§ 217 – 269, Rn. 1.

venzverfahren stellen die §§ 160 – 163 InsO einen gesetzlichen Rahmen dar, der sowohl Schuldner- als auch Gläubigerinteressen schützt und dem Insolvenzverwalter die Möglichkeit bietet, mit potentiellen Erwerbern flexibel über einen Erwerb zu verhandeln. Im Gegensatz dazu wird das Insolvenzplanverfahren in der Praxis als zu umständlich und zu langwierig empfunden.[417] Z.B. können die Regelungen zum Minderheitenschutz in § 251 InsO, wonach die gerichtliche Bestätigung des Insolvenzplans zu versagen ist, wenn der Gläubiger eine voraussichtliche Schlechterstellung durch das Planverfahren glaubhaft macht, von sanierungsunwilligen Gläubigern als „Störfeuer" genutzt werden. Des Weiteren verlangt § 231 InsO eine gerichtliche Vorprüfung des Insolvenzplans auch in Bezug auf dessen Realisierbarkeit, was eine zusätzliche Belastung des Gerichts mit zum Teil schwierigen betriebswirtschaftlichen Überlegungen bedeuten kann.[418] Und auch wenn die Hürde einer Annahme durch die Gläubiger gemäß der §§ 244 – 246 InsO genommen werden kann und das Gericht den Plan gemäß § 248 InsO bestätigt, so besteht für Gläubiger und Schuldner weiterhin die Möglichkeit der sofortigen Beschwerde gegen den Insolvenzplan gemäß § 253 InsO.[419] Insgesamt gewinnt das Planverfahren zwar bei Fällen an Relevanz, in denen die Beibehaltung des Rechtsträgers für den Erfolg einer Sanierung erforderlich ist.[420] Da der ganz überwiegende Teil der übertragenden Sanierungen im Regelinsolvenzverfahren erfolgt, soll das Insolvenzplanverfahren nicht Gegenstand der Untersuchung sein. Im Folgenden soll kurz der Ablauf einer übertragenden Sanierung auf Grundlage eines Erwerberkonzeptes im Regelinsolvenz- und Eröffnungsverfahren dargestellt werden, sofern dies für diese Arbeit relevant ist.

1. Die übertragende Sanierung im eröffneten Verfahren nach Abhaltung des Berichtstermins

Im Regelfall findet eine übertragende Sanierung auf Grundlage eines Erwerberkonzeptes im Regelinsolvenzverfahren nach dem Berichtstermin statt. Für diesen Fall sind die in den §§ 160 ff. InsO vorgeschriebenen Regelungen zu beachten.

---

417 Vgl. *Braun/Franke* in Braun, InsO, Vor §§ 217 – 269, Rn. 19, Wellensiek, NZI 2002, 233 (238).

418 Vgl. Wellensiek, NZI 2002, 233 (238).

419 Vgl. zum Verlauf eines Insolvenzplanverfahrens: *Braun/Franke* in Braun, InsO, Vor §§ 217 – 269, Rn. 7.

420 Vgl. *Braun/Franke* in Braun, InsO, Vor §§ 217 – 269, Rn. 19; Undritz, ZGR 2010, 201 (208 f.).

a) Das Zustimmungserfordernis gemäß § 160 InsO

Nach der Generalklausel des § 160 Abs. 1 Satz 1 und 2 InsO hat der Insolvenzverwalter die Zustimmung des Gläubigerausschusses bzw. der Gläubigerversammlung einzuholen, wenn er Rechtshandlungen vornehmen will, die für das Insolvenzverfahren von besonderer Bedeutung sind. Die Zustimmung ist nach § 160 Abs. 2 Nr. 1 InsO insbesondere erforderlich, wenn das Unternehmen oder ein Betrieb veräußert werden soll.[421] Gelegentlich wird dem Insolvenzverwalter auch bereits im Berichtstermin pauschal die Zustimmung zu allen in Betracht kommenden Verwertungsmöglichkeiten erteilt.[422] Dies ist rechtlich zumindest dann unbedenklich, wenn kein Gläubigerausschuss bestellt ist, da ansonsten die Primärkompetenz zur Zustimmung bei letzterem liegt.[423]

Das Zustimmungserfordernis des § 160 Abs. 1 Satz 1 InsO ist nicht auf die gesondert aufgelisteten Fälle des Abs. 2 beschränkt; diese sind vielmehr als Regelbeispiele zustimmungsbedürftiger Rechtshandlungen zu verstehen.[424] Zustimmungsbedürftig sind nach der Generalklausel vielmehr alle Rechtsgeschäfte des Insolvenzverwalters, „die von einer normalen Verwertung abweichen oder mit einem besonderen Risiko behaftet sind."[425]

Die Unternehmensveräußerung als solche unterfällt in jedem Fall dem Zustimmungserfordernis des § 160 Abs. 2 Nr. 1 InsO. Regelmäßig werden die Unternehmensveräußerung und die Zusage des Insolvenzverwalters zur Umsetzung des Erwerberkonzeptes eine einheitliche Rechtshandlung darstellen, wodurch eine Differenzierung im Rahmen des Zustimmungserfordernisses nicht notwendig ist. Dies ist z.B. der Fall, wenn in dem Unternehmenskaufvertrag die Umsetzung des Erwerberkonzeptes als Bedingung aufgenommen würde, was in der Praxis den Regelfall darstellen dürfte.

Es ist aber auch durchaus denkbar, dass die Zustimmung zur Unternehmensveräußerung und die Entscheidung zur Umsetzung eines Erwerberkonzeptes auseinanderfallen. Dies wäre z.B. der Fall, wenn dem Insolvenzverwalter bereits im Berichtstermin die Zustimmung zur Veräußerung des Unternehmens erteilt wurde, der konkrete Erwerber aber noch nicht feststeht. Das Erwerberkonzept kann in diesem Fall erst nach der Zustimmung erarbeitet werden. Daher stellt sich die Frage, ob auch die Umsetzung eines Erwerberkonzeptes zustimmungsbedürftig i.S.d. § 160 InsO ist.

---

421 Vgl. Morshäuser/Falkner, NZG 2010, 881 (881)

422 Vgl. *Dithmar* in Braun, InsO, § 160, Rn. 3.

423 Vgl. *Uhlenbruck* in Uhlenbruck, InsO, § 160, Rn. 7.

424 Vgl. *Uhlenbruck* in Uhlenbruck, InsO, § 160, Rn. 19; *Dithmar* in Braun, InsO, § 160, Rn. 11.

425 Vgl. *Uhlenbruck* in Uhlenbruck, InsO, § 160, Rn. 17.

(1) Rechtshandlung

Zu beachten ist dabei zunächst, dass nur Rechtshandlungen des Insolvenzverwalters zustimmungsbedürftig sind, nicht aber tatsächliche Handlungen. Voraussetzung ist daher, dass die Umsetzung des Erwerberkonzeptes auf einer Rechtshandlung des Insolvenzverwalters i.S.d. § 160 InsO beruht. Unter dem Begriff der Rechtshandlung sind jedenfalls sämtliche Rechtsgeschäfte des Insolvenzverwalters zu verstehen.[426] Zumindest sofern die Umsetzung eines Erwerberkonzeptes im Rahmen eines Vorvertrages festgehalten wird, handelt es sich bei diesem Vorvertrag jedenfalls um ein Rechtsgeschäft i.S.d. Vorschrift.

(2) Besondere Bedeutung der Rechtshandlung

Weiterhin besteht ein Zustimmungserfordernis nur, wenn die Rechtshandlung für das Insolvenzverfahren von besonderer Bedeutung ist. Dabei ist jeweils anhand des konkreten Einzelfalls zu prüfen, ob die Umsetzung des Erwerberkonzeptes für das Insolvenzverfahren von besonderer Bedeutung ist. Von besonderer Bedeutung i.S.d. § 160 Abs. 1 InsO dürfte ein Erwerberkonzeptes regelmäßig dann sein, wenn dieses eine Betriebsänderung i.S.d. § 111 BetrVG beinhaltet, die zu einem erzwingbaren Sozialplan gemäß § 112 BetrVG führt. Dies liegt sowohl an den damit verbundenen erheblichen betrieblichen Änderungen als auch an den finanziellen Auswirkungen eines Sozialplans.

Bereits zu den §§ 133, 134 KO führte der große Senat des BAG aus, dass der Abschluss eines Sozialplans zustimmungsbedürftig sei.[427] Diese Rechtsprechung zu den §§ 133, 134 KO ist auch auf § 160 InsO übertragbar, da die Rechtslage mit Einführung der InsO lediglich flexibilisiert, nicht aber grundlegend geändert werden sollte.[428] Zwar sind im Rahmen eines Insolvenzverfahrens für die Dotierung eines Sozialplans die Besonderheiten des § 125 InsO zu beachten, wodurch ein Sozialplan in der Insolvenz in finanzieller Hinsicht häufig weniger belastend wirkt als außerhalb eines Insolvenzverfahrens. Allerdings kann ein solcher Sozialplan in der Insolvenz gemäß § 125 Abs. 2 InsO zum „Wegfall" von bis zu einem Drittel der Masse führen, die ohne den Sozialplan für die Verteilung an die Insolvenzgläubiger zur Verfügung stünde. Daher ist ein Zustimmungserfordernis zumindest in Bezug auf den Sozialplan grundsätzlich zu bejahen.[429]

---

426 Vgl. *Onusseit* in Kübler/Prütting, InsO, § 160, Rn. 9.

427 Vgl. BAG GS vom 13.12.1978, GS 1/77, AP Nr. 6 zu § 112 BetrVG 1972 (siehe Teil II. B. 6. c) der Erwägungen des großen Senats).

428 Vgl. *Hamacher* in Nerlich/Römermann, Insolvenzordnung, Vorbemerkungen zu §§ 121 bis 124, Rn. 67.

429 Vgl. *Uhlenbruck* in Uhlenbruck, InsO, § 160, Rn. 16; *Hamacher* in Nerlich/Römermann, Insolvenzordnung, Vorbemerkungen zu §§ 121 bis 124, Rn. 67.

Man könnte der Auffassung sein, dass in diesem Fall nicht bereits die Entscheidung zur Umsetzung eines Erwerberkonzeptes und somit die Entscheidung für eine Betriebsänderung, sondern nur der Sozialplan zustimmungsbedürftig sei. Dies ginge aber nicht weit genug. Bei der Entscheidung zur Umsetzung eines Erwerberkonzeptes, welches eine Betriebsänderung beinhaltet, die zu einem erzwingbaren Sozialplan führt, droht bereits konkret die Verringerung der den Gläubigern zur Verfügung stehenden Masse. Sinn und Zweck des Zustimmungserfordernisses ist es gerade, die Gläubiger an den für das Erreichen des Verfahrenszwecks notwendigen Maßnahmen zu beteiligen und vor eigenmächtigen Handlungen des Insolvenzverwalters zu schützen.[430] Insofern sind zumindest auch die Konsequenzen für die möglichen Befriedigungsquoten der Gläubiger einzubeziehen.[431] Eine Beteiligung nur am Abschluss des Sozialplans wäre daher zu spät. Das Zustimmungserfordernis muss bereits bei der Entscheidung zur Umsetzung des sozialplanpflichtigen Erwerberkonzeptes eingreifen.

Die reinen Kosten des mit der Umsetzung eines Erwerberkonzeptes verbundenen Sozialplans sind hierbei nicht allein maßgeblich. Im Gegensatz zu § 158 Abs. 2 InsO stellt § 160 InsO nämlich nicht auf „eine erhebliche Verminderung der Insolvenzmasse“ ab, sondern auf die Bedeutsamkeit der Rechtshandlung für das Verfahren.[432] Selbstverständlich ist es zwar für ein solches von Bedeutung, wenn ein Drittel der Masse wegfällt. Daneben sind aber auch die Auswirkungen des Erwerberkonzeptes auf die Sanierungsfähigkeit des Schuldners und die anderweitigen Möglichkeiten einer übertragenden Sanierung zu berücksichtigen.[433] Passt das Erwerberkonzept das insolvente Unternehmen bereits umfassend an die Strukturen des Erwerbers an, so könnte bei einem Scheitern der Übertragung auf diesen Erwerber eine Sanierung unmöglich gemacht werden. Dies ist insbesondere denkbar, wenn der Erwerber das Unternehmen in einen bereits bestehenden Betrieb eingliedern will. In diesen Fällen sehen nämlich Erwerberkonzepte zur Hebung von Synergieeffekten nicht selten den Wegfall von ganzen Abteilungen vor, deren Aufgaben in Zukunft von den beim Erwerber bestehenden Abteilungen übernommen werden sollen. In Betracht kommt hierbei z.B. der Wegfall von Verwaltungsabteilungen wie Buchhaltung, Einkauf oder Marketing. Scheitert die übertragende Sanierung auf diesen konkreten Erwerber (z.B., da dieser einen erhofften Bankkredit nicht erhält), kann durch die bereits erfolgten Anpassungen an das Erwerberunternehmen sowohl die eigene Sanierungsfähigkeit, als auch eine mögliche Veräußerung an einen anderen Erwerber deutlich

---

430 Vgl. *Balthasar* in Nerlich/Römermann, Insolvenzordnung, § 160, Rn. 3; *Görg* in Münchener Kommentar InsO, § 160, Rn. 1.

431 Vgl. *Görg* in Münchener Kommentar InsO, § 160, Rn. 10.

432 Vgl. *Onusseit* in Kübler/Prütting, InsO, § 160, Rn. 19.

433 Vgl. *Onusseit* in Kübler/Prütting, InsO, § 160, Rn. 19.

erschwert werden. Einer solchen Einflussnahme auf die zukünftige Entwicklung des Verfahrens kann eine besondere Bedeutung i.S.d. § 160 InsO beigemessen werden, wodurch auch die Entscheidung des Insolvenzverwalters zur Umsetzung eines Erwerberkonzeptes zustimmungspflichtig gemäß § 160 InsO wird. Denn auch Entscheidungen, die den weiteren Verfahrensverlauf präjudizieren, sind von besonderer Bedeutung i.S.d. § 160 InsO.[434]

Sieht das Erwerberkonzept eine erhebliche Personalreduzierung vor, so kann dies demzufolge ebenfalls zur Zustimmungsbedürftigkeit gemäß § 160 InsO führen. Nach der ständigen Rechtsprechung des BAG liegt eine Betriebsänderung i.S.d. § 111 Satz 3 a) BetrVG nämlich auch dann vor, wenn in Unternehmen mit in der Regel mehr als 20 wahlberechtigten Arbeitnehmern der Personalabbau eine erhebliche Anzahl von Arbeitnehmern betrifft.[435] Zur Bestimmung der Erheblichkeitsgrenze greift das BAG als Richtschnur zwar auf die Werte des § 17 KSchG zurück, in jedem Fall müssen aber fünf Prozent der Belegschaft betroffen sein.[436] Besteht die Betriebsänderung allein in dem Personalabbau, so sind die Besonderheiten des § 112a BetrVG zu beachten. Erzwingbar ist ein Sozialplan in diesem Fall nämlich erst dann, wenn die in § 112a Satz 1 BetrVG genannten Schwellenwerte erreicht sind.[437] Wegen der damit verbundenen Kosten ist dem Erreichen der Schwellenwerte des § 112a BetrVG daher ein höheres Gewicht beizumessen, als einem Erreichen der Schwellenwerten des § 17 KSchG.

Aber auch unterhalb der Schwellenwerte des § 112a BetrVG wäre ein Zustimmungserfordernis bei einem Personalabbau auf Grundlage eines Erwerberkonzeptes denkbar, wenn dieser gleichwohl von besonderer Bedeutung für das Unternehmen ist. Dies wäre z.B. der Fall, wenn das Erwerberkonzept den Abbau nur schwer oder gar nicht ersetzbarer Arbeitnehmer vorsehen würde, ohne die das Unternehmen nicht mehr existenzfähig wäre. Zu denken wäre hier zum Beispiel an zumindest nicht kurzfristig am Arbeitsmarkt zu ersetzenden Spezialkräften. Auch hier ist die präjudizierende Wirkung des Personalabbaus für den weiteren Verfahrensverlauf entscheidend.[438]

---

434 Vgl. *Balthasar* in Nerlich/Römermann, Insolvenzordnung, § 160, Rn. 10.

435 Vgl. BAG v. 22.05.1979, 1 AZR 848/76, AP Nr. 3 zu § 111 BetrVG 1972; BAG v. 22.05.1979, 1 ABR 17/77, AP Nr. 4 zu § 111 BetrVG 1972; BAG v. 15.10.1979, 1 ABR 49/77, AP Nr. 5 zu § 111 BetrVG 1972; BAG v. 22.01.1980, 1 ABR 28/78, AP Nr. 7 zu § 111 BetrVG 1972; BAG v. 02.08.1983, 1 AZR 516/81, AP Nr. 12 zu § 111 BetrVG 1972; BAG v. 06.12.1988, 1 ABR 47/87, NZA 1989, 557.

436 Vgl. z.B. BAG v. 07.08.1990, 1 AZR 445/89, NZA 1991, 113; BAG v. 28.03.2006, 1 ABR 5/05, NZA 2006, 932.

437 Vgl. *Kania* in Erfurter Kommentar, § 112a BetrVG, Rn. 16; *Däubler* in Däubler/Kittner/Klebe, BetrVG, §§ 112, 112a, Rn. 30.

438 Vgl. *Balthasar* in Nerlich/Römermann, Insolvenzordnung, § 160, Rn. 10.

(3) Zwischenergebnis

Im Ergebnis verbietet sich eine pauschalierte Betrachtungsweise. Die Beurteilung, ob die Umsetzung eines Erwerberkonzeptes eine „besonders bedeutsame Rechtshandlung“ i.S.d. § 160 InsO darstellt, ist im Einzelfall von dessen Inhalt abhängig. In der Praxis obliegt es regelmäßig dem jeweiligen Insolvenzverwalter, dies richtig einzuschätzen. Der damit einhergehenden Rechtsunsicherheit kann dieser begegnen, indem er möglichst eng mit dem Gläubigerausschuss bzw. der Gläubigerversammlung zusammenarbeitet oder sich bereits vorab eine generelle Zustimmung zur Umsetzung von Erwerberkonzepten im Rahmen der übertragenden Sanierung einholt.

b) Zustimmungserfordernis gemäß §§ 162 und 163 InsO

Die §§ 162 und 163 InsO stellen als Sondervorschriften zu § 160 InsO ebenfalls gläubigerschützende Normen im Rahmen der Veräußerung eines Unternehmens dar. Gemäß § 162 InsO ist die Veräußerung des Unternehmens oder eines Betriebes an einen besonderen Personenkreis[439] nur mit Zustimmung der Gläubigerversammlung zulässig, und zwar unabhängig davon, ob ein Gläubigerausschuss besteht. Im Gegensatz zu § 160 InsO erfolgt also eine Kompetenzverschiebung vom Gläubigerausschuss zur Gläubigerversammlung.[440] Ferner kann das Insolvenzgericht die Entscheidungszuständigkeit der Gläubigerversammlung für die geplante Veräußerung des Unternehmens oder eines Betriebes gemäß § 163 InsO auf Antrag des Schuldners oder einer qualifizierten Gläubigerminderheit i.S.d. § 75 Abs. 1 Nr. 3 InsO und nach Anhörung des Insolvenzverwalters anordnen, wenn der jeweilige Antragsteller glaubhaft macht, dass eine Veräußerung an einen anderen Erwerber für die Insolvenzmasse günstiger wäre.[441] In Bezug auf die Umsetzung eines Erwerberkonzeptes ergeben sich hier keine Besonderheiten.

---

439 Erfasst sind gemäß § 162 InsO Veräußerungen, sofern der Erwerber oder eine Person, die an seinem Kapital zu mindestens einem Fünftel beteiligt ist, entweder dem Schuldner i.S.d. § 138 InsO nahe steht oder ein absonderungsberechtigter Gläubiger oder ein nicht nachrangiger Insolvenzgläubiger ist, dessen Absonderungsrechte und Forderungen nach der Schätzung des Insolvenzgerichts zusammen ein Fünftel der Summe erreichen, die sich aus dem Wert aller Absonderungsrechte und den Forderungsbeträgen aller nicht nachrangigen Insolvenzgläubiger ergibt.

440 Vgl. *Dithmer* in Braun, InsO, § 162, Rn. 1.

441 Vgl. *Dithmer* in Braun, InsO, § 163, Rn. 1 ff..

c) Unterrichtung des Schuldners gemäß § 161 InsO

Vor Beschlussfassung gemäß § 160 InsO hat der Insolvenzverwalter den Schuldner im Rahmen des § 161 Satz 1 InsO zu unterrichten. Sofern die Gläubigerversammlung ihre Zustimmung nicht erteilt hat, kann das Insolvenzgericht gemäß § 161 Satz 2 InsO auf Antrag des Schuldners oder einer in § 75 Abs. 1 Nr. 3 InsO bezeichneten Mehrzahl von Gläubigern[442] und nach Anhörung des Insolvenzverwalters die Veräußerung vorläufig untersagen.

d) Rechtsfolgen eines Verstoßes gegen die §§ 160 – 163 InsO

Gemäß § 164 InsO wird die Wirksamkeit der Handlung des Insolvenzverwalters durch einen Verstoß gegen die §§ 160 bis 163 nicht berührt. Rechtshandlungen des Insolvenzverwalters, die dieser entgegen einem Zustimmungserfordernis der §§ 160 – 163 InsO ohne eine entsprechende Zustimmung vornimmt, bleiben daher dennoch wirksam. Spricht der Insolvenzverwalter mithin Kündigungen auf Grundlage eines Erwerberkonzeptes aus, ohne die gegebenenfalls erforderliche Zustimmung des Gläubigerausschusses bzw. der Gläubigerversammlung einzuholen, ist dies für die Wirksamkeit der Kündigungen ohne Bedeutung.[443] Selbst wenn dem Insolvenzverwalter nicht nur keine Zustimmung vorliegt, sondern eine solche ausdrücklich von dem Gläubigerausschuss bzw. der Gläubigerversammlung verwehrt wurde, rechtfertigt dies keine andere Rechtsfolge.[444] Nach dem klaren Wortlaut des § 164 InsO ist die Zustimmung nach den §§ 160 – 163 InsO keine Wirksamkeitsvoraussetzung der Rechtshandlungen des Insolvenzverwalters. § 164 InsO dient dabei der Rechtssicherheit, da der Rechtsverkehr im Außenverhältnis auf die Wirksamkeit der vom Insolvenzverwalter vorgenommenen Rechtshandlungen vertrauen kann.[445]

Bei einem Verstoß gegen die §§ 160 – 163 InsO besteht aber ein nicht unerhebliches Haftungsrisiko des Insolvenzverwalters gemäß § 60 InsO, da eine Verletzung der Zustimmungspflichten eine Pflichtwidrigkeit des Insolvenzver-

---

442 Mindestens fünf absonderungsberechtigten Gläubigern oder nicht nachrangigen Insolvenzgläubigern, deren Absonderungsrechte und Forderungen nach der Schätzung des Insolvenzgerichts zusammen ein Fünftel der Summe erreichen, die sich aus dem Wert aller Absonderungsrechte und den Forderungsbeträgen aller nicht nachrangigen Insolvenzgläubiger ergibt.

443 Vgl. z.B. LAG Köln v. 05 07.2002, 4 (6) Sa 161/02, AP Nr. 7 zu § 113 InsO (siehe unter I., 2), b) der Entscheidungs-gründe).

444 Vgl. *Dithmer* in Braun, InsO, § 164, Rn. 2; *Balthasar* in Nerlich/Römermann; Insolvenzordnung, § 164, Rn. 5.

445 Vgl. *Dithmer* in Braun, InsO, § 164, Rn. 2; *Uhlenbruck* in Uhlenbruck, InsO, § 164, Rn. 2; *Balthasar* in Nerlich/Römermann, Insolvenzordnung, § 164, Rn. 2.

walters i.S.d. § 60 Abs. 1 InsO darstellt. Zusätzlich sind auch aufsichtsrechtliche Maßnahmen des Insolvenzgerichts gemäß der §§ 58, 59 InsO denkbar.

e) Weitere Verfahrensschritte

Zur Ermöglichung einer übertragenden Sanierung sind selbstverständlich weitere Einzelschritte notwendig, die hier nicht abschließend dargestellt werden sollen.[446] Ob die übertragende Sanierung mit oder ohne Erwerberkonzept durchgeführt wird, hat auf diese Schritte im Ergebnis keine speziellen rechtlich zu untersuchenden Auswirkungen. Hierzu gehören unter anderem das Finden eines passenden Erwerbers, das Einholen notwendiger Genehmigungen (zum Beispiel bezüglich einer Fusionskontrolle sowie die Neubeantragung personengebundener Genehmigungen) sowie der Eintritt des Erwerbers in für das Unternehmen notwendige Verträge.[447]

Ein weiterer wichtiger Schritt ist auch die Verhandlung eines adäquaten Kaufpreises für das zu übertragende Unternehmen. Dieser ist zwar zu weiten Teilen durch die Werte der zu übertragenden Aktiva des Anlage- und Umlaufvermögens sowie das Verhandlungsgeschick des Insolvenzverwalters geprägt. Aber auch die Umsetzung eines Erwerberkonzeptes durch den Insolvenzverwalter hat im Hinblick auf die Reduzierung der Personalkosten einen nicht unwesentlichen Einfluss auf den Kaufpreis. Welchen Einfluss das Erwerberkonzept hat, ist eine Frage des Einzelfalls und kann daher nicht pauschal beantwortet werden. Die wesentlichen Einflussfaktoren sind dabei regelmäßig der Umfang der möglichen Personalkostenreduzierung, die Erfolgsaussichten möglicher Kündigungsschutzklagen sowie gegebenenfalls der Dotierungsrahmen eines Sozialplans sein.[448]

2. Die Übertragende Sanierung zwischen Eröffnung und Berichtstermin

Bis zum Inkrafttreten des „Gesetzes zur Vereinfachung des Insolvenzverfahrens“ vom 13. April 2007[449] am 1. Juli 2007 war strittig, ob eine übertragende Sanierung bereits vor dem Berichtstermin zulässig ist.[450] Mit der ausdrücklichen Aufnahme der Veräußerung neben der Stilllegung im ersten und zweiten Abs. des § 158 InsO hat sich dieser Rechtsstreit nunmehr erledigt. Durch die Anpassung

446 Vgl. hierzu Betteray/Gass, BB 2004, 2309.
447 Vgl. hierzu m.w.N. Strümpell, Seite 23 ff..
448 Vgl. zur Dotierung eines Sozialplans in der Insolvenz: IV.C.5.d).
449 BGBl. I, 2007, Seite 509 ff..
450 Vgl. zum früheren Meinungsstand: Strümpell, Seite 99 ff..

§ 158 InsO sollte dem Insolvenzverwalter gerade die Möglichkeit eingeräumt werden, direkt nach der Verfahrenseröffnung zügig eine übertragende Sanierung einzuleiten, ohne gegebenenfalls noch drei Monate bis zum Berichtstermin abwarten zu müssen.[451] Hierdurch sollen weitere Vermögensverluste vermieden und eine Erhaltung des Unternehmens gefördert werden.[452]

Sofern der Insolvenzverwalter das insolvente Unternehmen bereits vor dem Berichtstermin veräußern will, hat er gemäß § 158 Abs. 1 InsO die Zustimmung des Gläubigerausschusses einzuholen, wenn ein solcher bestellt ist. Wurde kein Gläubigerausschuss bestellt, liegt die Zuständigkeit für die Veräußerung des Unternehmens (nach pflichtgemäßem Ermessen) allein beim Insolvenzverwalter.[453] Im Unterschied zur Rechtslage vor dem 1. Juli 2007 ist eine übertragende Sanierung zwischen Eröffnung und Berichtstermin somit auch ohne die Beteiligung der Gläubigervertreter möglich, sofern kein Gläubigerausschuss bestellt ist. Eine alternative Beteiligung einer (vorgezogenen) Gläubigerversammlung sieht § 158 Abs. 1 InsO im Gegensatz zu § 160 Abs. 1 Satz 1 InsO nicht vor. Dies bietet dem Insolvenzverwalter die Möglichkeit, günstige Veräußerungsmöglichkeiten, die sich bereits vor dem Berichtstermin ergeben, zu nutzen.[454] Um das eigene Haftungsrisiko zu begrenzen, wird der spätere Insolvenzverwalter in seinem Eröffnungsgutachten bereits die Einsetzung eines Gläubigerausschusses gemäß § 67 InsO anregen, sofern sich bereits die Notwendigkeit einer Veräußerung vor dem Berichtstermin abzeichnet.

Wie auch bei der übertragenden Sanierung nach dem Berichtstermin berührt eine fehlende Zustimmung der Gläubigervertreter die Wirksamkeit der Veräußerung im Außenverhältnis nicht.[455] Die Regelung des § 164 InsO ist hier entsprechend anzuwenden.[456] Entsprechend ist eine fehlende Zustimmung auch für die vom Insolvenzverwalter auf Grundlage eines Erwerberkonzeptes ausgesprochenen Kündigungen unbeachtlich.[457]

Ein Zustimmungserfordernis des Insolvenzschuldners besteht hingegen nicht. Von einem solchen hat der Gesetzgeber bewusst abgesehen. In der Gesetzesbegründung zu der Neufassung des § 158 InsO heißt es hierzu:[458]

---

451 Vgl. Begründung des Regierungsentwurfes zum „Gesetz zur Vereinfachung des Insolvenzverfahrens“, BT-Drs. 16/3227, Seite 20 zu Nr. 21.

452 Vgl. *Uhlenbruck* in Uhlenbruck, InsO, § 158, Rn. 8.

453 Vgl. *Uhlenbruck* in Uhlenbruck, InsO, § 158, Rn. 9.

454 Vgl. *Görg* in Münchener Kommentar InsO, § 158, Rn. 16.

455 Vgl. *Wegener* in FK-InsO, § 158, Rn. 7.

456 Vgl. *Uhlenbruck* in Uhlenbruck, InsO, § 158, Rn. 10; *Wegener* in FK-InsO, § 158, Rn. 7; BGH v. 05.01.1995, IX ZR 241/93, ZIP 1995, 290 (291).

457 Vgl. z.B. LAG Köln v. 05.07.2002, 4 (6) Sa 161/02, AP Nr. 7 zu § 113 InsO (siehe unter I., 2), b) der Entscheidungs-gründe).

458 Vgl. Begründung des Regierungsentwurfes zum „Gesetz zur Vereinfachung des Insolvenzverfahrens“, BT-Drs. 16/3227, Seite 20 zu Nr. 21.

„Mit der Eröffnung des Insolvenzverfahrens steht fest, dass im Wesentlichen nur noch die wirtschaftlichen Interessen der Gläubiger auf dem Spiel stehen und sie die Folgen von wirtschaftlichen Fehlentscheidungen zu tragen haben. Zudem besteht für das Gericht die Möglichkeit, nach § 67 InsO einen Gläubigerausschuss einzusetzen, der überwacht, ob im Rahmen der geplanten übertragenden Sanierung die Interessen der Gläubigergesamtheit angemessen gewahrt werden. Vor diesem Hintergrund verzichtet die vorgeschlagene Änderung von § 158 InsO auf das Erfordernis einer Zustimmung durch den Schuldner."

Vor der Beschlussfassung des Gläubigerausschusses oder, wenn ein solcher nicht bestellt ist, vor der Veräußerung des Unternehmens hat der Insolvenzverwalter gemäß § 158 Abs. 2 InsO den Schuldner zu unterrichten. Auf Antrag des Schuldners und nach Anhörung des Insolvenzverwalters kann das Insolvenzgericht dann gemäß § 158 Abs. 2 Satz 2 InsO die Veräußerung untersagen, wenn diese ohne eine erhebliche Verminderung der Insolvenzmasse bis zum Berichtstermin aufgeschoben werden kann.

3. Die Übertragende Sanierung vor Eröffnung des Insolvenzverfahrens

Einer Unternehmensveräußerung im Eröffnungsverfahren hat der Gesetzgeber eine klare Absage erteilt. Bereits vor Inkrafttreten des „Gesetzes zur Vereinfachung des Insolvenzverfahrens" vom 13. April 2007[459] am 1. Juli 2007 war dies äußerst fragwürdig und nur als absolute Ausnahme zulässig.[460] In der Gesetzesbegründung zum „Gesetz zur Vereinfachung des Insolvenzverfahrens" hat der Gesetzgeber zur übertragenden Sanierung im Eröffnungsverfahren klar Stellung bezogen. Wörtlich heißt es dazu:[461]

„Obwohl davon auszugehen ist, dass sich im Eröffnungsverfahren gelegentlich günstige Möglichkeiten für eine Gesamtveräußerung des Betriebes bieten, sieht der Gesetzentwurf davon ab, dem vorläufigen Insolvenzverwalter eine solche Verwertungsoption zu eröffnen."

Die Begründung hierfür sieht der Gesetzgeber in der Funktion des Eröffnungsverfahrens sowie dem Schutz des Schuldners. Gemäß § 22 Abs. 1 Satz 2 Nr. 2 InsO habe ein vorläufiger starker Insolvenzverwalter das Unternehmen des Schuldners fortzuführen. Verwertungshandlungen seien von dieser Fortführungspflicht zwar nicht abgedeckt, der starke vorläufige Insolvenzverwalter könne aber solche Verwertungshandlungen vornehmen, die zur Verhinderung einer erheblichen Wertminderung von Massegegenständen notwendig seien. Von dieser Befugnis sei

459 BGBl. I, 2007, Seite 509 ff..

460 Vgl. Strümpell, Seite 104 ff..

461 Vgl. Begründung des Regierungsentwurfes zum „Gesetz zur Vereinfachung des Insolvenzverfahrens", BT-Drs. 16/3227, Seite 10 f. (unter A, II., 3. der Begründung).

jedoch die Veräußerung des gesamten schuldnerischen Betriebes nicht abgedeckt und auch nicht gewollt. In diesem Verfahrensstadium stehe nämlich noch nicht einmal mit Sicherheit fest, dass überhaupt ein Insolvenzgrund vorliegt. Dem Schuldner würde somit sein Unternehmen zu einem Zeitpunkt entzogen, zu dem keine Berechtigung für einen derart schwerwiegenden Eingriff in das Eigentum existiere.[462] Eine übertragende Sanierung auf Grundlage eines Erwerberkonzeptes ist daher vor Eröffnung des Insolvenzverfahrens nicht möglich.[463]

4. Kollusives Zusammenwirken von Insolvenzverwalter und Erwerber

Die Unwirksamkeit einer übertragenden Sanierung kann sich unabhängig von der Wirkung des § 164 InsO aus den allgemeinen Regeln zur Beschränkung der Verwaltungs- und Verfügungsbefugnis bei missbräuchlichen Handlungen des Insolvenzverwalters ergeben. Bei einer übertragenden Sanierung auf Grundlage eines Erwerberkonzeptes kann sich dies ergeben, sofern Insolvenzverwalter und Erwerber kollusiv zum Nachteil der Masse handeln. In der Literatur werden hierbei in Bezug auf die Beschränkung der Verwaltungs- und Verfügungsbefugnis des Insolvenzverwalters im Wesentlichen zwei Theorien vertreten.

Zum einen wird vertreten, dass die Verwaltungs- und Verfügungsbefugnis des Insolvenzverwalters inhaltlich durch den Insolvenzzweck begrenzt sei, weswegen offensichtlich insolvenzzweckwidrige Handlungen des Insolvenzverwalters unwirksam seien.[464] Insolvenzzweckwidrig seien alle Maßnahmen, die dem Ziel der gleichlaufenden Gläubigerbefriedigung entgegenliefen.[465] Zum Teil heißt es auch, Maßnahmen seien dann insolvenzzweckwidrig, wenn der Widerspruch zum Insolvenzzweck unter allen in Betracht kommenden Gesichtspunkten für jeden verständigen Beobachter ohne Weiteres ersichtlich sei.[466] Im Ergebnis wäre daher jede auf die Masse bezogene Rechtshandlung des Insolvenzverwalters der Prüfung zu unterziehen, ob diese noch der Befriedigung der Gläubiger dient. Obwohl die Vertreter dieser Auffassung die Folge der Unwirksamkeit nur bei

462 Vgl. Begründung des Regierungsentwurfes zum „Gesetz zur Vereinfachung des Insolvenzverfahrens“, BT-Drs. 16/3227, Seite 10 f. (unter A, II., 3. der Begründung).

463 Vgl. auch Morshäuser/Falkner, NZG 2010, 881 (882); a.A. Menke, NZI 2003, 522 (525ff.).

464 Vgl. *Kroth* in Braun, Insolvenzordnung, § 80, Rn. 25; *Uhlenbruck* in Uhlenbruck, InsO, § 164, Rn. 3; *Kayser* in Kreft, InsO, § 80 InsO, Rn. 34; *Smid* in Leonhardt, InsO, § 80, Rn. 44 f.; Morshäuser/Falkner, NZG 2010, 881 (882).

465 Vgl. BGH v. 13.01.1983, III ZR 88/81, NJW 1983, 2018 (2019).

466 Vgl. BGH v. 13.01.1983, III ZR 88/81, NJW 1983, 2018 (2019); BGH v. 28.10.1993, IX ZR 21/93, NJW 1994, 323 (326).

evidenter Insolvenzzweckwidrigkeit anwenden wollen, führt diese Auffassung dennoch zu erheblicher Rechtsunsicherheit. Zum einen handelt es sich bei dem Verweis auf den Insolvenzzweck um einen sehr allgemeinen Anknüpfungspunkt, welcher gerade bei größeren Insolvenzverfahren problematisch werden kann. Die Komplexität dieser Verfahren erschwert nämlich die Untersuchung einzelner Rechtshandlungen des Insolvenzverwalters auf ihre Zweckmäßigkeit. Zusätzlich ist auch die Tauglichkeit des Kriteriums der Evidenz in Frage zu stellen. Die Beurteilung, ob ein Verstoß evident insolvenzzweckwidrig und eben nur insolvenzzweckwidrig ist, führt nämlich zwangsläufig zu einer weiteren Rechtsunsicherheit.

Eine weitere Auffassung wendet für die Bewertung der Unwirksamkeit des Verwalterhandelns bei Überschreitung der Verwaltungs- und Verfügungsbefugnis die zum Missbrauch der Vertretungsmacht entwickelten Grundsätze an.[467] Dieser Auffassung haben sich sowohl BGH als auch BAG angeschlossen. In seinem Urteil vom 25. April 2002 führte der BGH aus: „Voraussetzung für die Unwirksamkeit ist danach außer einer Evidenz der Insolvenzzweckwidrigkeit, dass sich dem Geschäftspartner auf Grund der Umstände des Einzelfalls ohne Weiteres begründete Zweifel an der Vereinbarkeit der Handlung mit dem Zweck des Insolvenzverfahrens aufdrängen mussten."[468] Der Anwendbarkeit der Grundsätze zum Missbrauch der Vertretungsmacht hat sich auch der sechste Senat des BAG angeschlossen. In seiner Entscheidung vom 27. Oktober 2005 führte dieser zur Verfügungsbefugnis eines vorläufigen „starken" Insolvenzverwalters in Bezug auf den Ausspruch einer Kündigung aus, diese sei im Außenverhältnis nur begrenzt, „wenn eine Maßnahme des Insolvenzverwalters offensichtlich gegen den Insolvenzzweck des § 1 S. 1 InsO verstößt. Hier gelten dann die Regeln des Missbrauchs der Vertretungsmacht".[469]

Im Fall des kollusiven Zusammenwirkens von Insolvenzverwalter und Erwerber zum Nachteil der Masse kann dieser Theorienstreit in Bezug auf einen missbräuchlichen Unternehmenskaufvertrag unentschieden bleiben. Nach beiden Theorien wäre eine solche Veräußerung des Unternehmens unwirksam, da diese evident insolvenzzweckwidrig wäre und sich dies dem Geschäftspartner, also dem Erwerber, auch aufdrängen muss. Die Veräußerung des Unternehmens muss zwar von dem in Umsetzung des Erwerberkonzeptes erfolgten Ausspruch einer Kündigung getrennt betrachtet werden. Für jede Rechtshandlung des Insolvenzverwalters ist nämlich getrennt zu prüfen, ob diese unwirksam ist. Ist der Unternehmenskaufvertrag unwirksam, wird regelmäßig aber auch die Umsetzung des

467 Vgl. Spickhoff, KTS 2000, 15 ff.; Preuß, NZI 2003, 625.

468 Vgl. BGH v. 25.4.2002, IX ZR 313/99, NZI 2002, 375 (4. Leitsatz der Entscheidung).

469 Vgl. BAG v. 27.10.2005, 6 AZR 5/05, NZA 2006, 727 (729, siehe B, 3., b) der Entscheidungsgründe).

Erwerberkonzeptes und somit der betriebsbedingte Kündigungsgrund entfallen.[470] Die Unwirksamkeit der Kündigung ergibt sich dann bereits aus § 1 KSchG.

C. Insolvenzrechtliche Besonderheiten bei der Umsetzung eines Erwerberkonzeptes

Für die Entscheidung des Erwerbers, einen Personalabbau oder andere Betriebsänderungen bereits durch den Insolvenzverwalter vornehmen zu lassen, sind regelmäßig zwei Umstände maßgeblich. Zum einen ergeben sich bei der Umsetzung eines Erwerberkonzeptes zeitliche Vorteile. Der Insolvenzverwalter kann Betriebsteile bereits vor dem Betriebsübergang stilllegen und entsprechende Kündigungen daher früher aussprechen. Die Personalkosten werden somit schneller gesenkt. Als zweiter Aspekt kommt hinzu, dass der Erwerber die arbeitsrechtlichen Befugnisse des Insolvenzverwalters nutzen will, die diesem in der InsO eingeräumt wurden.

Im Folgenden sollen die insolvenzrechtlichen Besonderheiten bei einem Personalabbau durch den Insolvenzverwalter dargestellt und jeweils daraufhin untersucht werden, ob diese über das Mittel des Erwerberkonzeptes zulässigerweise auch dem Erwerber zur Verfügung stehen.

I. Die Kündigungsberechtigung des Insolvenzverwalters

Außerhalb eines Insolvenzverfahrens sind zunächst die Parteien des Arbeitsvertrages berechtigt, eine Kündigung auszusprechen. Grundsätzlich ist die Kündigung daher von dem einen Vertragspartner abzugeben und gegenüber dem anderen Vertragspartner zu erklären.[471] Bei juristischen Personen ist die Kündigungserklärung selbstverständlich vom entsprechenden Organ abzugeben bzw. muss diesem zugehen.[472]

Die Insolvenz des Arbeitgebers hat erhebliche Auswirkungen auf die Frage, wer (arbeitgeberseitig) kündigungsbefugt ist. Gemäß § 108 Abs. 1 InsO hat die Eröffnung des Insolvenzverfahrens keine unmittelbare Auswirkung auf den Bestand eines Arbeitsverhältnisses und soweit die §§ 113 InsO ff. keine Sonderregelungen enthalten, gelten auch im Rahmen eines Insolvenzverfahrens die arbeits-

470 Vgl. zum Kündigungsschutz des KSchG auch oben: III.

471 Vgl. *Preis* in Ascheid, Kündigungsrecht, Grundlagen D., Rn. 61 ff..

472 Vgl. *Preis* in Ascheid, Kündigungsrecht, Grundlagen D., Rn. 74.

rechtlichen Normen und Grundsätze fort.[473] Das Recht des Schuldners, das zur Insolvenzmasse gehörende Vermögen zu verwalten und über dieses zu verfügen, geht aber durch die Eröffnung des Insolvenzverfahrens gemäß § 80 Abs. 1 InsO auf den Insolvenzverwalter über. Hierdurch gehen auch sämtliche Befugnisse arbeitsrechtlicher Art auf den Insolvenzverwalter über, mithin auch die Kündigungsbefugnis.[474]

Ob ein vorläufiger Insolvenzverwalter bereits im Rahmen des Insolvenzeröffnungsverfahrens berechtigt ist, Kündigungen auszusprechen, hängt von der Art seiner Bestellung ab. Das Insolvenzgericht hat nämlich die Möglichkeit, einen vorläufigen Insolvenzverwalter als sog. „starken" oder „schwachen" Insolvenzverwalter zu bestellen. Bestellt das Insolvenzgericht einen vorläufigen Insolvenzverwalter und legt dem Schuldner gemäß § 21 Abs. 2 Nr. 2 InsO ein allgemeines Verfügungsverbot auf, so geht gemäß § 22 Abs. 1 InsO die Verwaltungs- und Verfügungsbefugnis über das Vermögen des Schuldners auf den vorläufigen Insolvenzverwalter über. Insofern steht dieser sog. „starke Insolvenzverwalter" bezüglich der Ausübung der Arbeitgeberfunktionen einem Insolvenzverwalter gleich und ist auch zur Kündigung von Arbeitsverhältnissen berechtigt.[475]

Wird hingegen ein vorläufiger Insolvenzverwalter gemäß § 21 Abs. 2 Nr. 1 InsO bestellt, d.h., ohne dem Schuldner ein allgemeines Verfügungsverbot aufzuerlegen oder anzuordnen, dass Verfügungen des Schuldners nur mit Zustimmung des vorläufigen Insolvenzverwalters wirksam sind, so gehen die Arbeitgeberfunktionen auch nicht auf den vorläufigen (sog. „schwachen") Insolvenzverwalter über, sondern verbleiben beim Insolvenzschuldner. Nur dieser bleibt zur Ausübung sämtlicher Arbeitgeberfunktionen berechtigt und daher ist auch nur dieser kündigungsbefugt.[476] Das Insolvenzgericht kann nach § 21 Abs. 2 Nr. 2 InsO auch anordnen, dass Verfügungen des Schuldners nur mit Zustimmung des vorläufigen Insolvenzverwalters wirksam sind. Sofern ein solcher beschränkter Zustimmungsvorbehalt besteht, bedarf die Kündigung eines Arbeitsverhältnisses durch den Insolvenzschuldner der Zustimmung des vorläufigen Insolvenzverwalters.[477]

Im Rahmen einer übertragenden Sanierung geht die Kündigungsbefugnis erst mit dem Betriebsübergang auf den Erwerber über.[478] Dies folgt unmittelbar aus § 613a Abs. 1 BGB, wonach der Erwerber „in die Rechte und Pflichten aus den im Zeitpunkt des Übergangs bestehenden Arbeitsverhältnissen" eintritt.

473 Vgl. hierzu *Dörner* in Ascheid, Kündigungsrecht, InsO, Vorbemerkungen, Rn. 2.

474 Vgl. *Uhlenbruck* in Uhlenbruck, InsO, § 80, Rn. 92.

475 Vgl. *Heinze/Bertram* in Gottwald, Insolvenzrechts-Handbuch, § 104, Rn. 19.

476 Vgl. *Heinze/Bertram* in Gottwald, Insolvenzrechts-Handbuch, § 104, Rn. 16.

477 Vgl. BAG v. 10.10.2002, 2 AZR 532/01, NZA 2003, 909.

478 Vgl. *Dreher* in Bernsau, Betriebsübergang, § 613a BGB, Rn. 217.

2. Kündigungsfrist / Verdrängung von „Unkündbarkeitsklauseln"

Gemäß § 113 Satz 1 InsO kann der Insolvenzverwalter Dienstverhältnisse, bei dem der Insolvenzschuldner der Dienstberechtigte ist, ohne Rücksicht auf eine vereinbarte Vertragsdauer oder einen vereinbarten Ausschluss des Rechts zur ordentlichen Kündigung kündigen. Arbeitnehmer sowie sonstige Dienstverpflichtete des insolventen Unternehmens können daher trotz eines vereinbarten Kündigungsausschlusses durch den Insolvenzverwalter ordentlich gekündigt werden. Gemäß § 113 Satz 2 InsO beträgt die maximale Kündigungsfrist drei Monate zum Monatsende.

Mit der Formulierung „vereinbarte Vertragsdauer oder einen vereinbarten Ausschluss des Rechts zur ordentlichen Kündigung" sind sowohl einzelvertragliche als auch in Betriebsvereinbarungen oder Tarifverträgen enthaltene Kündigungsausschlüsse erfasst.[479] Im Rahmen eines Personalabbaus eröffnet dies dem Insolvenzverwalter im Gegensatz zu dem ursprünglichen Arbeitgeber bzw. dem Erwerber nach dem Betriebsübergang eine sehr viel weitere Planungshoheit in Bezug auf eine mögliche Personalreduzierung. So sind z.B. auch (sowohl nach Kalender als auch Zweck) befristet beschäftigte Arbeitnehmer ordentlich kündbar, unabhängig davon, ob das Recht zur ordentlichen Kündigung vorbehalten wurde oder nicht. Die gesetzliche Regelung des § 15 Abs. 3 TzBfG genießt insofern keinen Vorrang.[480] Von besonderer Bedeutung sind hierbei in Betriebsvereinbarungen und Tarifverträgen enthaltene „Unkündbarkeitsklauseln".[481] Auch solche hindern eine ordentliche Kündigung durch den Insolvenzverwalter nicht. Die entsprechenden tariflichen oder betriebsverfassungsrechtlichen Regelungen werden vielmehr von § 113 InsO verdrängt.[482]

Insgesamt sorgt § 113 InsO dafür, dass der Insolvenzverwalter einen Personalabbau im Rahmen eines Insolvenzverfahrens schneller durchführen kann, als dies dem Erwerber nach einer übertragenden Sanierung möglich wäre. Fraglich ist, ob diese Regelung auch dann Anwendung findet, wenn der Insolvenzverwalter die Kündigung im Vorfeld einer übertragenden Sanierung auf Grundlage eines Erwerberkonzeptes ausspricht.

---

479 Vgl. *Beck* in Braun, InsO, § 113, Rn. 11.

480 Vgl. *Linck* in Kreft, InsO, § 113 InsO, Rn. 9.

481 Z.B. sieht der von der IG Metall abgeschlossene Manteltarifvertrag für das Schreinerhandwerk in Baden-Württemberg vom 18.12.2006 in § 10 Nr. 1 folgende Regelung (mit weiteren Ausnahmen) vor: „In Betrieben mit mehr als 10 Beschäftigten (ausgenommen Auszubildende) kann ein Beschäftigter, der das 55., aber noch nicht das 65. Lebensjahr vollendet hat, und dem Betrieb mindestens 5 Jahre angehört, nur noch aus wichtigem Grund gekündigt werden." Ähnliche Regelungen finden sich in einer Vielzahl vergleichbarer Tarifverträge.

482 Vgl. z.B. BAG v. 16.06.1999, 4 AZR 191/98, AP Nr. 3 zu § 113 InsO; BAG v. 19.01.2000, 4 AZR 70/99, NZA 2000, 658; *Linck* in Kreft, InsO, § 113 InsO, Rn. 15.

a) Anwendbarkeit des § 113 InsO im Falle eines Erwerberkonzeptes

In seinem Urteil vom 20. März 2003 hat das BAG zur Anwendbarkeit des § 113 InsO im Falle der Umsetzung eines Erwerberkonzeptes nicht ausdrücklich Stellung genommen. Ein einzelner Satz in dem Urteil könnte aber als Hinweis darauf verstanden werden, dass dies kritisch zu betrachten ist:[483]

> *„Anhaltspunkte dafür, dass die Kündigung (...) erfolgte, um die kürzeren Kündigungsfristen der Insolvenzordnung (§ 113 I InsO) in Anspruch zu nehmen, sind weder vorgetragen oder ersichtlich.“*

Vor dem Hintergrund, dass entsprechende Anhaltspunkte bereits nach eigenen Angaben weder vorgetragen noch ersichtlich waren, ist es fraglich, warum der 8. Senat sich dennoch veranlasst sah, auf diesen Punkt besonders hinzuweisen. Dies könnte zumindest als Andeutung verstanden werden, dass ein Erwerber den Ausspruch betriebsbedingter Kündigungen nicht allein deshalb dem Insolvenzverwalter übertragen dürfe, um die kürzeren Kündigungsfristen des § 113 InsO nutzen zu können.

(1) Wortlaut

Aus dem Wortlaut der Norm ergeben sich keine Einschränkungen. Voraussetzung ist danach zum einen ein bestehendes Dienstverhältnis, bei dem der Schuldner Dienstberechtigter ist. Zum anderen müssen die Kündigung durch den Insolvenzverwalter im eröffneten Insolvenzverfahren ausgesprochen werden.[484] Beides ist bei einer Kündigung von Arbeitnehmern durch den Insolvenzverwalter auf Grundlage eines Erwerberkonzeptes gewahrt.[485] Eine Einschränkung in Bezug auf die Motivation des Kündigenden oder die Umstände der Kündigung enthält der Wortlaut des § 113 InsO nicht. Der Wortlaut des §113 InsO erfasst daher jede ordentliche Kündigung des Insolvenzverwalters.[486]

(2) Systematischer Zusammenhang und Gesetzesgeschichte

Auch der systematischen Stellung im zweiten Abschnitt des dritten Teils der InsO sind keine Aussagen in Bezug darauf zu entnehmen, dass diese Norm im Falle eines Erwerberkonzeptes keine Anwendung finden soll. Gleiches gilt für die his-

483 Vgl. BAG v. 20.03.2003, 8 AZR 97/02, NZA 2003, 1027 (1029).

484 Vgl. *Aghamiri* in Leonhardt, InsO, § 113, Rn. 1; BAG v. 20.1.2005, NZA 2006, 1352.

485 Vgl. zur Anwendbarkeit von § 113 InsO bei Neueinstellungen des Insolvenzverwalters: IV.C.2.b).

486 Vgl. auch BAG v. 16.06.1999, 4 AZR 191/98, AP Nr. 3 zu § 113 InsO (unter II., 1., b) der Entscheidungsgründe).

torische Entwicklung der Norm. § 113 InsO ist die Nachfolgeregelung zu § 22 Abs. 1 KO, welcher wie folgt lautete:

> *„Ein in dem Haushalte Wirtschaftsbetriebe oder Erwerbsgeschäfte des Gemeinschuldners angetretenes Dienstverhältnis kann von jedem Teile gekündigt werden. Die Kündigungsfrist ist, falls nicht eine kürzere Frist bedungen war, die gesetzliche."*

Modifizierungen wurden in erster Linie in Bezug auf die Kündigungsfrist vorgenommen. Während § 22 KO auf die gesetzliche Kündigungsfrist verweist, legt § 113 InsO eine Höchstkündigungsfrist von drei Monaten zum Monatsende fest. Beschränkungen in Bezug auf die Umsetzung eines Erwerberkonzeptes durch den Insolvenzverwalter sind dieser Entwicklung nicht zu entnehmen.

(3) Sinn und Zweck

Auch dem Sinn und Zweck des § 113 InsO kann keine Beschränkung in Bezug auf eine Kündigung auf Grundlage eines Erwerberkonzeptes entnommen werden. Sinn und Zweck der Norm ist es, dem Insolvenzverwalter die Möglichkeit einzuräumen, überschüssigen Personalbestand möglichst schnell abzubauen, um dadurch eine Sanierung zu ermöglichen.[487] Die Beendigung der Arbeitsverhältnisse soll innerhalb einer angemessenen Frist erfolgen, um die Insolvenzmasse vor zukünftigen weiteren Lohnforderungen der Arbeitnehmer zu entlasten. Im Ergebnis schafft die Norm daher „einen Ausgleich zwischen den sozialen Belangen der beschäftigten Arbeitnehmer und sonstigen Dienstverpflichteten des insolventen Unternehmens sowie den Interessen der Insolvenzgläubiger an der Erhaltung der Masse als Grundlage ihrer Befriedigung."[488]

Diesem Zweck steht es nicht entgegen, wenn der Insolvenzverwalter in Umsetzung eines Erwerberkonzeptes bereits Kündigungen im Vorgriff auf die zukünftig beim Erwerber bestehenden Verhältnisse ausspricht. Hierbei ist zu berücksichtigen, dass das zu übertragende Unternehmen aus sich heraus regelmäßig nicht überlebensfähig ist. Auch für einen Erwerber ist das Unternehmen daher zumindest umso interessanter, je niedriger die laufenden Kosten sind, die er zu übernehmen hat. Tritt der Erwerber bei einer übertragenden Sanierung gemäß § 613a BGB in möglichst wenig „überflüssige" Arbeitsverhältnisse auf Arbeitgeberseite ein, so wird hierdurch der Kaufpreis für das Unternehmen entsprechend steigen. Auch dies dient somit dem Erhalt der Insolvenzmasse und der optimalen Gläubigerbefriedigung.

Des Weiteren sind die Arbeitnehmer im Rahmen eines Insolvenzverfahrens auch nicht schutzlos gestellt. Zum einen steht diesen als Ausgleich ein Schadens-

487 Vgl. *Beck* in Braun, InsO, § 113, Rn. 1.

488 Vgl. BT-Drs. 12/2443 v. 15.04.1992, Gesetzesentwurf der Bundesregierung: Entwurf einer Insolvenzordnung, Seite 169 zu § 127 Abs. 1 des Regierungsentwurfs.

ersatzanspruch gemäß § 113 Satz 3 InsO zu. Zum anderen hat auch der Insolvenzverwalter § 1 KSchG zu beachten.[489] § 113 InsO stellt nämlich keinen Sonderkündigungsgrund dar, sondern modifiziert nur die Kündigungsfrist.[490] Zutreffend haben *Annuß/Stamer* daher bereits darauf hingewiesen, der Umstand, dass dem Kündigenden im Insolvenzverfahren die gegebenenfalls kürzere Kündigungsfrist des § 113 InsO zugute komme, sei lediglich eine automatische Folge der kündigungsrechtlichen Erleichterungen der InsO, die gerade im Hinblick auf den im Insolvenzverfahren bestehenden besonderen Anpassungsbedarf bestünden.[491]

(4) Zwischenergebnis

Die Regelung des § 113 InsO findet auch bei Kündigungen uneingeschränkt Anwendung, die der Insolvenzverwalter auf Grundlage eines Erwerberkonzeptes im Vorfeld einer übertragenden Sanierung ausspricht.[492] Dies entspricht insbesondere dem Sinn und Zweck der Norm, dem Insolvenzverwalter die Möglichkeit einzuräumen, den Personalbestand möglichst schnell anzupassen, um dadurch eine Sanierung zu ermöglichen.

Auch dem oben zitierten Hinweis des 8. Senats ist keine gegenteilige Rechtsauffassung zu entnehmen.[493] Dieser ist vielmehr so zu verstehen, dass das Gericht keine Veranlassung sah, sich mit diesem Punkt kritisch auseinanderzusetzen, da in dem betreffenden Verfahren keine Besonderheiten vorlagen. Wäre das BAG aber der Auffassung gewesen, wegen der Nichtanwendbarkeit von § 113 InsO hätte eine längere Kündigungsfrist gegolten, dann hätte das BAG dies sicherlich auch ohne Hinweis des Klägers von Amts wegen geprüft, da die Anwendbarkeit von § 113 InsO eine reine Rechtsfrage ist. Hierzu bestand aber offensichtlich keine Veranlassung.

b) Kündigung von nach Verfahrenseröffnung begründeten Arbeitsverhältnissen

Fraglich ist, ob die Regelung bei Kündigung von Arbeitnehmern auf Grundlage eines Erwerberkonzeptes § 113 InsO auch auf solche Arbeitnehmer Anwendung findet, die der Insolvenzverwalter selber mit Wirkung für die Masse begründet

489 Vgl. Zwanziger, Arbeitsrecht der InsO, Einführung, Rn. 148.
490 Vgl. *Beck* in Braun, InsO, § 113, Rn. 8.
491 Vgl. Annuß/Stamer, NZA 2003, 1247 (1248).
492 Vgl. *Bernsau* in Bernsau, Betriebsübergang, InsO, Rn. 199.
493 BAG v. 20.03.2003, 8 AZR 97/02, NZA 2003, 1027 (1029): „Anhaltspunkte dafür, dass die Kündigung (...) erfolgte, um die kürzeren Kündigungsfristen der Insolvenzordnung (§ 113 I InsO) in Anspruch zu nehmen, sind weder vorgetragen oder ersichtlich."

hat. Die Befugnisse eines Insolvenzverwalters im Rahmen der Umsetzung eines Erwerberkonzeptes können selbstverständlich nicht weitergehen, als im Rahmen der Umsetzung eines eigenen Sanierungskonzeptes. Die herrschende Meinung in der Literatur wendet § 113 InsO auch auf Arbeitsverhältnisse an, die vom Insolvenzverwalter nach Eröffnung des Insolvenzverfahrens mit Wirkung für die Masse begründet wurden.[494] Dieser Auffassung hat sich auch das LAG Berlin-Brandenburg angeschlossen.[495] *Henkel* hingegen vertritt die Auffassung, § 113 InsO sei auf Neueinstellungen durch den Insolvenzverwalter grundsätzlich nicht anwendbar.[496] Ob diese Norm einer solchen Einschränkung bedarf, ist eine Frage der Auslegung. Die Auslegung von Gesetzen hat vom Wortlaut der Norm auszugehen und sich am systematischen Zusammenhang, der Gesetzesgeschichte sowie dem Gesetzeszweck zu orientieren.[497]

(1) Wortlaut

Der Wortlaut des § 113 Satz 1 InsO erfordert ein „Dienstverhältnis, bei dem der Schuldner der Dienstberechtigte ist". Aus der weiteren Formulierung des § 113 Satz 1 InsO, das Dienstverhältnis „kann vom *Insolvenzverwalter* (...) gekündigt werden", und der somit vorgenommenen Differenzierung zwischen Schuldner und Insolvenzverwalter folgert *Henkel*, dass dienstberechtigter Schuldner i.S.d. § 113 InsO nur der Schuldner in Person sein könne. Deswegen seien vom Wortlaut nur solche Dienstverhältnisse erfasst, die bereits vor Verfahrenseröffnung bestanden hätten.[498]

Dies vermag nicht zu überzeugen. Trotz Eröffnung des Insolvenzverfahrens bleibt der Insolvenzschuldner Rechtsträger des insolventen Unternehmens. Schließt der Insolvenzverwalter nach Verfahrenseröffnung neue Dienstverträge mit Wirkung für die Masse ab, so wird der Schuldner Vertragspartner dieses Dienstverhältnisses.[499] Dass § 113 Satz 1 InsO von der Kündigung durch den *Insolvenzverwalter* ausgeht, ist nur konsequent. Zum einen ist mit Eröffnung des Insolvenzverfahrens die Kündigungsbefugnis gemäß § 80 InsO auf diesen übergegangen. Der Schuldner selber kann daher keine wirksamen Kündigungen aus-

494 Vgl. *Müller-Glöge* in Erfurter Kommentar, § 113 InsO, Rn. 5 (a.E.); *Aghamiri* in Leonhardt, InsO, § 113, Rn. 94; *Berscheid* in Uhlenbruck, InsO, § 113, Rn. 9; *Andres* in Andres/Leithaus, InsO, § 113, Rn. 8.

495 Vgl. LAG Berlin-Brandenburg v. 11.07.2007, 23 Sa 450/07, ZIP 2007, 2002.

496 Vgl. Henkel, ZIP 2008, 1265.

497 Vgl. BAG v. 29.09.1983, 2 AZR 179/82, AP Nr.1 zu § 79 BPersVG (siehe A, IV., 2. der Entscheidungsgründe).

498 Vgl. Henkel, ZIP 2008, 1265 (1265).

499 Vgl. LAG Berlin-Brandenburg v. 11.07.2007, 23 Sa 450/07, ZIP 2007, 2002 (2003); *Däubler* in Kittner, KSchR, § 113 InsO, Rn. 13.

sprechen. Zum anderen ist dies auch Ausdruck der Begrenzung der Norm auf das Insolvenzverfahren. Wird das Insolvenzverfahren nach einer erfolgreichen Sanierung eingestellt, so geht die Verwaltungs- und Verfügungsbefugnis gemäß § 215 Abs. 2 Satz 1 InsO wieder auf den Schuldner über. Dieser ist somit wieder kündigungsbefugt, für ihn gelten die kürzeren Kündigungsfristen des § 113 InsO dann allerdings nicht mehr. Vor diesem Hintergrund ist es folgerichtig, dass § 113 Satz 1 InsO einerseits von Dienstverhältnissen spricht, „bei dem der Schuldner der Dienstberechtigte ist" und andererseits von einer Kündigung durch den Insolvenzverwalter.

(2) Systematischer Zusammenhang

Auch aus dem systematischen Zusammenhang der Norm, kann nicht auf die Unanwendbarkeit der kurzen Kündigungsfristen geschlossen werden. Ein von *Henkel* gezogener Vergleich der Regelung des § 113 InsO zu der in § 109 Abs. 1 Satz 1 InsO enthaltenen Kündigungsmöglichkeit bei Miet- und Pachtverhältnissen vermag nicht zu überzeugen. *Henkel* führt an, dass die dreimonatige Kündigungsfrist des § 109 Abs. 1 Satz 1 InsO nicht auf solche Miet- oder Pachtverhältnisse Anwendung finde, die der Insolvenzverwalter neu abgeschlossen habe.[500] Aus diesem Umstand kann jedoch nicht geschlussfolgert werden, dass auch § 113 InsO keine Anwendung auf vom Insolvenzverwalter begründete Arbeitsverhältnisse finden soll. Im Gegenteil: *Henkel* berücksichtigt den unterschiedlichen Wortlaut der Vorschriften nicht in ausreichendem Maße. Während es in § 109 Abs. 1 Satz 1 InsO ausdrücklich heißt:

> *„Ein Miet- oder Pachtverhältnis (...), das der Schuldner als Mieter oder Pächter eingegangen war, kann der Insolvenzverwalter (...) kündigen (...)."*

Hier stellt der Gesetzgeber mithin ausdrücklich darauf ab, wer den Vertrag eingegangen ist. Im Gegensatz dazu heißt es in § 113 Satz 1 InsO aber:

> *„Ein Dienstverhältnis, bei dem der Schuldner der Dienstberechtigte ist, kann vom Insolvenzverwalter (...) gekündigt werden."*

§ 113 Satz 1 InsO stellt daher nicht darauf ab, wer den Vertrag geschlossen hat, sondern wer Vertragspartner ist. Hätte der Gesetzgeber nur solche Arbeitsverhältnisse erfassen wollen, die bereits beim Schuldner bestanden, so hätte er die Formulierung des § 109 InsO verwenden und z.B. formulieren können „Ein Dienstverhältnis, *das der Schuldner als Dienstberechtigter eingegangen war*, kann vom Insolvenzverwalter (...) gekündigt werden." Da der Gesetzgeber hiervon aber keinen Gebrauch gemacht hat, ist davon auszugehen, dass auch sol-

500 Vgl. Henkel, ZIP 2008, 1265 (1266).

che Dienstverhältnisse erfasst werden sollten, die der Insolvenzverwalter für die Masse neu eingeht.

(3) Sinn und Zweck

Die Einbeziehung neu eingestellter Arbeitnehmer in den Geltungsbereich des § 113 InsO widerspricht auch nicht dem Sinn und Zweck dieser Norm. Diese bezweckt, „einen Ausgleich zwischen den sozialen Belangen der beschäftigten Arbeitnehmer und sonstigen Dienstverpflichteten des insolventen Unternehmens sowie den Interessen der Insolvenzgläubiger an der Erhaltung der Masse als Grundlage ihrer Befriedigung."[501] Einen solchen Ausgleich erfüllt die Norm auch bei Einbeziehung neu eingestellter Arbeitnehmer. Auch deren Lohnforderungen belasten nämlich die Masse. Wie der Gesetzgeber diesen Ausgleich ausgestaltet, liegt in dessen gesetzgeberischem Ermessen.

Dabei würde es hingegen zu kurz greifen, den Zweck des § 113 InsO mit *Däubler* darauf zu begrenzen, ungünstige Personalpolitik aus der Zeit vor der Eröffnung des Insolvenzverfahrens zu korrigieren.[502] Zum einen können die Sanierungsbemühungen des Insolvenzverwalters Jahre andauern und unvorhergesehene Wendungen nehmen. Der Hinweis *Däublers*, wonach der Insolvenzverwalter den zu erwartenden Arbeitsanfall überschauen könne und es insofern keiner Korrekturmöglichkeit früherer Entscheidungen mehr bedürfe, geht vor diesem Hintergrund fehl.[503] Zum anderen ist zu beachten, dass die in § 113 Satz 1 InsO enthaltene Kündigungsmöglichkeit für beide Seiten gilt. Zutreffend führt das LAG Berlin-Brandenburg daher aus, auch Dienstverpflichtete hätten „wegen der Gefährdung ihrer Stellung und ihrer Vergütungsansprüche ein Interesse daran, ohne Einhaltung langer Kündigungsfristen aus dem Dienstverhältnis auszuscheiden, um eine neue Tätigkeit aufnehmen zu können."[504] Dieser Regelungszweck erfasse auch neu eingestellte Arbeitnehmer.[505]

Darüber hinaus sind neu eingestellte Arbeitnehmer auch nicht besonders schutzwürdig. Entgegen der Auffassung *Henkels* begründet der Insolvenzverwalter gegenüber neu eingestellten Arbeitnehmern kein besonderes Vertrauen.[506] Im Gegensatz zu den Arbeitnehmern, die eventuell schon lange in dem Unternehmen beschäftigt sind und gegebenenfalls auf eine „Unkündbarkeitsklausel" in einem Tarifvertrag oder einer Betriebsvereinbarung Vertrauen aufbauen konn-

501 Vgl. BT-Drs. 12/2443 v. 15.04.1992, Gesetzesentwurf der Bundesregierung: Entwurf einer Insolvenzordnung, Seite 169 zu § 127 Abs. 1 des Regierungsentwurfs.

502 Vgl. *Däubler* in Kittner, KSchR, § 113 InsO, Rn. 13.

503 Vgl. *Däubler* in Kittner, KSchR, § 113 InsO, Rn. 13.

504 Vgl. LAG Berlin-Brandenburg v. 11.07.2007, 23 Sa 450/07, ZIP 2007, 2002 (2003).

505 Vgl. LAG Berlin-Brandenburg v. 11.07.2007, 23 Sa 450/07, ZIP 2007, 2002 (2003).

506 Vgl. Henkel, ZIP 2008, 1265 (1267).

ten, wissen neu eingestellte Arbeitnehmer, dass sie einen Arbeitsplatz bei einem insolventen Unternehmen eingehen. Daher wissen diese auch von vornherein, dass der Insolvenzverwalter dieses gemäß § 113 InsO mit einer Frist von drei Monaten kündigen kann.

(4) Abweichende Vereinbarungen

Die Regelung des § 113 InsO gilt nach den obigen Ausführungen grundsätzlich auch für Arbeitnehmer, die vom Insolvenzverwalter mit Wirkung für die Masse neu eingestellt wurden. Wie *Henkel* zutreffend erkennt, ist § 113 InsO nach Verfahrenseröffnung aber dispositiv.[507] Gemäß § 119 InsO kann zwar durch Vereinbarungen die Anwendung der §§ 103 bis 118 nicht im Voraus ausgeschlossen oder beschränkt werden. *Im Voraus* heißt dabei vor Eröffnung des Insolvenzverfahrens.[508] Nach Eröffnung des Insolvenzverfahrens sind Insolvenzverwalter und Dienstverpflichteter daher frei, von der Regelung des § 113 InsO abweichende Kündigungsfristen zu vereinbaren. Machen sie hiervon jedoch keinen Gebrauch, bleibt § 113 InsO anwendbar.

c) Zwischenergebnis

Die Regelung des § 113 InsO findet auch bei Kündigungen uneingeschränkt Anwendung, die der Insolvenzverwalter auf Grundlage eines Erwerberkonzeptes im Vorfeld einer übertragenden Sanierung ausspricht. Sieht ein Erwerberkonzept die Kündigung solcher Arbeitnehmer vor, die der Insolvenzverwalter erst nach der Verfahrenseröffnung mit Wirkung für die Masse neu eingestellt hat, sind diese in Bezug auf § 113 InsO grundsätzlich den übrigen Mitarbeitern gleichgestellt. Nach Eröffnung des Insolvenzverfahrens ist § 113 Satz 1 InsO dispositiv, so dass bei Neueinstellungen auch von § 113 InsO abgewichen werden kann.

507 Vgl. Henkel, ZIP 2008, 1265 (1267 f.).

508 Vgl. *Kroth* in Braun, InsO, § 119, Rn. 5; *Marotzke* in Kreft, InsO, § 119 InsO , Rn. 1; *Sinz* in Uhlenbruck, InsO, § 119, Rn. 1; *Huber* in Münchener Kommentar InsO, § 119, Rn. 13; *Andres* in Andres/Leithaus, InsO, § 119 Rn. 3.

3. Neuverhandlung und Kündigung von Betriebsvereinbarungen auf Grundlage eines Erwerberkonzeptes

Gemäß § 120 Abs. 1 Satz 1 InsO sollen Insolvenzverwalter und Betriebsrat über eine einvernehmliche Herabsetzung der in Betriebsvereinbarungen vorgesehenen Leistungen beraten, welche die Insolvenzmasse belasten. Diese Betriebsvereinbarungen können gemäß § 120 Abs. 1 Satz 2 InsO auch dann mit einer Frist von drei Monaten gekündigt werden, wenn eine längere Frist vereinbart ist.

Erfasst werden von § 120 InsO Betriebsvereinbarungen, die eine Belastung für die Masse darstellen. Hierunter fallen z.B. Leistungen wie Urlaubsgelder, Jahressonderzahlungen, übertarifliche Entgeltzuschläge sowie Regelungen zu sozialen Einrichtungen wie z.B. Kantinen, oder Betriebskindergärten.[509] Da solche Vereinbarungen in nicht unerheblichem Maße Kosten verursachen können, besteht ein erhebliches Interesse des Erwerbers daran, diese Verpflichtungen nicht zu übernehmen. Eine Kündigung der Betriebsvereinbarungen gemäß § 120 InsO noch vor der übertragenden Sanierung hätten für den Erwerber grundlegende Vorteile. Hierdurch wären lange Laufzeiten auf die Kündigungsfrist von drei Monaten reduziert und gegebenenfalls kann der Erwerber so einer Transformation der Betriebsvereinbarung in einzelvertragliche Regelungen gemäß § 613a Abs. 1 Satz 2 BGB sowie der damit verbundenen einjährigen Veränderungssperre entgehen.

Im Folgenden soll daher untersucht werden, ob ein Erwerberkonzept auch die Neuverhandlung bzw. Kündigung von Betriebsvereinbarungen durch den Insolvenzverwalter vorsehen kann und ob hierfür die gesetzliche Erleichterung des § 120 InsO Anwendung findet.

a) Geltungsbereich des § 120 InsO

Die Möglichkeiten im Rahmen eines Erwerberkonzeptes können selbstverständlich nicht weitergehen, als die Befugnisse des Insolvenzverwalters im Rahmen eines von diesem selbst erstellten Sanierungskonzeptes. Die Kündigungsmöglichkeit des § 120 InsO erfasst daher nur solche Betriebsvereinbarungen, die Leistungen vorsehen, welche eine Belastung für die Masse darstellen.

Unter der Formulierung „Leistungen, welche die Masse belasten" fallen zunächst unmittelbare Leistungen an Arbeitnehmer, wie z.B. Prämienzahlungen, Gratifikationen, Weihnachtsgeld oder Zusatzurlaub.[510] Erfasst werden auch in

509 Vgl. *Linck* in Kreft, InsO, § 120 InsO, Rn. 4.
510 Vgl. *Aghamiri* in Leonhardt, InsO, § 120, Rn. 6; *Linck* in Kreft, InsO, § 120 InsO, Rn. 4.

Betriebsvereinbarungen vorgesehene Leistungen, die Arbeitnehmern lediglich mittelbar zugute kommen, wie z.B. betriebliche Sozialeinrichtungen (z.B. Kindergarten, Kantine, etc).[511] Nicht erfasst sind rein organisatorische Regelungen in Betriebsvereinbarungen. Zwar können sich durchaus auch reine Organisationsregelungen massebelastend auswirken, hierin sind jedoch keine „Leistungen" i.S.d. § 120 InsO zu sehen.[512]

Betriebsvereinbarungen, die keine Belastung für die Masse darstellen, werden von der Regelung des § 120 InsO nicht erfasst. Enthält eine Betriebsvereinbarung sowohl belastende als auch nicht belastende Regelungen ist zu differenzieren. Eine Teilkündigung ist in diesem Fall lediglich dann möglich, wenn dies vereinbart wurde oder die jeweiligen Teile eigenständige Bedeutung haben.[513] Sofern keine eigenständige Bedeutung der belastenden und der sonstigen Teile vorliegt, kann die Betriebsvereinbarung nur als Ganzes gekündigt werden.[514]

b) Auswirkungen der übertragenden Sanierung auf bestehende Betriebsvereinbarungen

Die Auswirkung einer übertragenden Sanierung (bzw. eines Betriebsübergangs im allgemeinen) auf die bei dem übertragenen Betrieb bestehenden Betriebsvereinbarungen war lange Zeit und ist zum Teil immer noch umstritten. Dies liegt insbesondere an der dem Wortlaut nach in § 613a Abs. 1 Satz 2 BGB angeordneten Transformation der Betriebsvereinbarungen. Sofern die Rechte und Pflichten eines gemäß § 613a Abs. 1 Satz 1 BGB übergehenden Arbeitsverhältnisses nämlich durch Rechtsnormen einer Betriebsvereinbarung geregelt sind, werden diese gemäß § 613a Abs. 1 Satz 2 BGB *Inhalt des Arbeitsverhältnisses* zwischen dem Erwerber und dem Arbeitnehmer. Daher ist strittig, ob Betriebsvereinbarungen im Falle eines Betriebsübergangs kollektivrechtlich oder individualvertraglich fortgelten.

Nach der ganz herrschenden Auffassung stellt die gesetzlich angeordnete individualrechtliche Fortgeltung der Betriebsvereinbarungen lediglich eine Auffangvorschrift zum Schutz der Arbeitnehmer dar.[515] Einzelbetriebsvereinbarungen wirken im Falle eines Betriebsübergangs daher kollektivrechtlich fort, sofern ein Betrieb unter Wahrung seiner betrieblichen Identität als Ganzes übertragen wird.[516] Führt der Erwerber nach der übertragenden Sanierung den Betrieb fort,

511 Vgl. *Linck* in Kreft, InsO, § 120 InsO, Rn. 4.

512 Vgl. *Linck* in Kreft, InsO, § 120 InsO, Rn. 4; Oetker/Friese, DZWIR 2000, 397 (398).

513 Vgl. Oetker/Friese, DZWIR 2000, 397 (404); Hess, Insolvenzarbeitsrecht, § 120, Rn. 26.

514 Vgl. *Wolf* in Braun, InsO, § 120, Rn. 9.

515 Vgl. *Preis* in Erfurter Kommentar, § 613a BGB, Rn. 113.

516 Vgl. *Hohenstatt* in Willemsen, Umstrukturierung und Übertragung von Unternehmen, E, Rn. 6; Braun, Fortgeltung von Betriebsvereinbarungen, Seite 201 f.; *Preis* in Erfurter Kommentar, § 613a BGB, Rn. 114.

ohne die Betriebsidentität im Wesentlichen zu ändern, so gelten Einzelbetriebsvereinbarungen daher auch beim Erwerber kollektivrechtlich fort. Gliedert der Erwerber den Betrieb hingegen in einen bereits bestehenden Betrieb ein, verliert der übergehende Betrieb regelmäßig seine betriebsverfassungsrechtliche Identität. In diesem Fall verliert auch die Betriebsvereinbarung ihre kollektive Rechtsnatur und wird individualrechtlicher Inhalt des Arbeitsverhältnisses der übergehenden Arbeitnehmer.[517] Gleiches gilt auch, wenn der übernommene Betrieb nach der übertragenden Sanierung nicht mehr dem BetrVG unterfällt, sofern dieser nunmehr einen Tendenzbetrieb gemäß § 118 BetrVG darstellt.[518]

Umstritten ist weiterhin, ob diese Grundsätze auch auf Gesamt- und Konzernbetriebsvereinbarungen übertragbar sind. Denn insbesondere wenn nicht alle Betriebe des Unternehmens oder Konzerns auf den Erwerber übertragen werden, wird die ursprüngliche Unternehmens- bzw. Konzernidentität nach der übertragenden Sanierung nicht gewahrt. Dieser Umstand muss für die Rechtsnatur der Betriebsvereinbarung jedoch unbeachtlich sein. Nach zutreffender Auffassung des BAG ist der Bezugspunkt einer Gesamtbetriebsvereinbarung nämlich der einzelne Betrieb und nicht etwa ein „Gesamtbetrieb“. Sofern die Identität des Betriebes als Bezugsobjekt gewahrt bleibe, gelten Gesamtbetriebsvereinbarung daher auch dann kollektivrechtlich – als Einzelbetriebsvereinbarung – fort, wenn lediglich ein Betrieb aus einem Unternehmen übertragen werde.[519] Dies dürfte nach umstrittener Auffassung auch für Konzernbetriebsvereinbarungen gelten, die dann je nach Übertragungsobjekt als Einzel- oder Gesamtbetriebsvereinbarung kollektivrechtlich fortgelten.[520] Unabhängig davon, ob Betriebsvereinbarungen kollektiv- oder individualrechtlich fortgelten, dürfte das Interesse des Erwerbers, die damit verbundenen Kosten zu senken, offensichtlich sein.

c) Anwendbarkeit des § 120 InsO im Rahmen eines Erwerberkonzeptes

Das Beratungsgebot des § 120 InsO stellt zur Vorbereitung einer übertragenden Sanierung auf Grundlage eines Erwerberkonzeptes ein eher weniger geeignetes Instrument zur Kostensenkung dar. Zwar könnte das Konzept des Erwerbers durchaus vorsehen, dass der Insolvenzverwalter über bestehende Betriebsvereinbarungen verhandeln soll. § 120 Abs. 1 Satz 1 InsO ist aber le-

517 Vgl. *Preis* in Erfurter Kommentar, § 613a BGB, Rn. 112.
518 Vgl. *Preis* in Erfurter Kommentar, § 613a BGB, Rn. 116.
519 Vgl. BAG v. 18.09.2002, 1 ABR 54/01, NZA 2003, 670; a.A.: Braun, Fortgeltung von Betriebsvereinbarungen, Seite 202 ff..
520 Vgl. m.w.N. *Hohenstatt* in Willemsen, Umstrukturierung und Übertragung von Unternehmen, E, Rn. 70 ff..

diglich als Soll-Vorschrift konzipiert, eine entsprechende Verhandlungspflicht besteht daher nicht.[521] Auch das Ergebnis solcher Verhandlungen wäre offen und könnte im Rahmen eines Sanierungskonzeptes des Erwerbers nicht einkalkuliert werden.

Wesentlich spannender dürfte für einen Erwerber daher die Möglichkeit sein, im Rahmen eines Erwerberkonzeptes kostenintensive Betriebsvereinbarungen bereits durch den Insolvenzverwalter kündigen zu lassen. Ob § 120 InsO dem Insolvenzverwalter auch dann die Möglichkeit zur Kündigung von Betriebsvereinbarungen mit maximal dreimonatiger Kündigungsfrist eröffnet, wenn dies in einem Erwerberkonzept vorgesehen ist, ist eine Frage der Auslegung.

(1) Wortlaut

Nach dem Wortlaut der Vorschrift ist dies unproblematisch möglich. Danach können Betriebsvereinbarungen, welche die Insolvenzmasse belasten, auch dann mit einer Frist von drei Monaten durch den Insolvenzverwalter gekündigt werden, wenn eine längere Frist vereinbart wurde, § 120 Abs. 1 Satz 2 InsO. Dem Wortlaut der Vorschrift ist keine Einschränkung in Bezug auf das Motiv der Kündigung zu entnehmen. Mithin sind vom Wortlaut auch Kündigungen erfasst, die der Insolvenzverwalter auf Grundlage eines Erwerberkonzeptes tätigt.

(2) Systematischer Zusammenhang und Entstehungsgeschichte

§ 120 InsO befindet sich im zweiten Abschnitt des dritten Teils der InsO und somit bei den Vorschriften, die im eröffneten Insolvenzverfahren Anwendung finden. Eine Beschränkung in Bezug auf die Umsetzung eines Erwerberkonzeptes ist der Stellung der Norm innerhalb der InsO nicht zu entnehmen.

Gleiches gilt auch für die Entstehungsgeschichte der Norm. Die Kündigungsmodalität des § 120 InsO wurde erstmalig in der am 1. Januar 1999 in Kraft getretenen InsO eingeführt. Eine entsprechende Vorgängerregelung in der KO bestand nicht.

(3) Sinn und Zweck

Sinn und Zweck des § 120 InsO besteht darin, dem Insolvenzverwalter die Möglichkeit einzuräumen, die Belastung der Masse durch Betriebsvereinbarungen zu verringern.[522] Grundlage kostenintensiver Betriebsvereinbarungen ist regelmäßig

521 Vgl. *Wolf* in Braun, InsO, § 120, Rn. 7; Oetker/Friese, DZWIR 2000, 397 (402).
522 Vgl. *Aghamiri* in Leonhardt, InsO, § 120, Rn. 1.

ein wirtschaftlich gesundes Unternehmen. Die Insolvenz des Arbeitgebers gibt daher zumindest Anlass, diese Grundlage in Frage zu stellen.[523]

Ob diesem Zweck auch bei der Umsetzung eines Erwerberkonzeptes gedient wird, ist auf den ersten Blick zumindest fraglich. Gegen eine Einbeziehung spricht, dass die Kündigung einer Betriebsvereinbarung auf Grundlage eines Erwerberkonzeptes meist keine direkte Entlastung der Masse bewirkt, sondern einer zukünftigen Entlastung des Unternehmens des Erwerbers dient. Kündigt der Insolvenzverwalter eine kostenverursachende Betriebsvereinbarung (z.B. bzgl. einer übertariflichen Lohnzulage), so hat auch der Insolvenzverwalter die Kündigungsfrist von (maximal) drei Monaten zu beachten. Während dieser Kündigungsfrist müssten die in der Betriebsvereinbarung enthaltenen Leistungen weiterhin bezahlt werden. Findet die übertragende Sanierung vor Ablauf dieser Frist statt – was regelmäßig der Fall sein dürfte – so wäre die Masse zu keinem Zeitpunkt in den direkten „Genuss“ der finanziellen Entlastung durch die Kündigung gekommen. Bis zur übertragenden Sanierung müssten die in der Betriebsvereinbarung vorgesehenen Leistungen nämlich weiterhin von der Masse erbracht werden.

Hierbei ist zu berücksichtigen, dass die Absenkung der zukünftig entstehenden Kosten im Rahmen der Veräußerung eine erhebliche Rolle spielen dürften. Zum einen erleichtert die Möglichkeit zur kurzfristigen Kündigung kostenintensiver Betriebsvereinbarungen die Suche nach einem potentiellen Erwerber. Je geringer die zu erwartenden Betriebskosten eines Unternehmens sind, desto eher wird sich ein Käufer finden. Zum anderen wird dies regelmäßig auch im Rahmen der Kaufpreisfindung eine Rolle spielen. Der Kaufpreis des Unternehmens wird in der Regel höher ausfallen, je geringer die laufenden Kosten sind. Im Ergebnis dient die Kündigung kostenintensiver Betriebsvereinbarungen daher der Gläubigerbefriedigung.

Dies hat bereits der Gesetzgeber erkannt. In dem Gesetzesentwurf der Bundesregierung zur InsO vom 15. April 1992 heißt es zum Entwurf des heutigen § 120 InsO ausdrücklich:[524]

> *„In Betriebsvereinbarungen können Regelungen getroffen sein, die das Unternehmen des Schuldners mit erheblichen Verbindlichkeiten belasten. (...) Im Insolvenzverfahren muss es möglich sein, das Unternehmen kurzfristig von solchen Verbindlichkeiten zu entlasten, unabhängig davon, ob der betreffende Betrieb stillgelegt, im Rahmen des bisherigen Unternehmens fortgeführt oder an einen Dritten veräußert werden soll.“*

Der Gesetzgeber hat also bereits erkannt, dass die mit Betriebsvereinbarungen verbundenen finanziellen Belastungen einen Verkauf des insolventen Unterneh-

523 Vgl. BT-Drs. 12/2443 vom 15.04.1992, Gesetzesentwurf der Bundesregierung: Entwurf einer Insolvenzordnung, Seite 153 zu § 138 des Regierungsentwurfes.

524 Vgl. BT-Drs. 12/2443 vom 15.04.1992, Gesetzesentwurf der Bundesregierung: Entwurf einer Insolvenzordnung, Seite 153 zu § 138 des Regierungsentwurfes.

mens erschweren können. Die Kündigungsmöglichkeit des § 120 InsO bezweckt daher gerade auch im Rahmen einer übertragenden Sanierung, das Unternehmen für einen potentiellen Erwerber „attraktiver" zu machen. Ob in diesem Zusammenhang das Konzept zur Kündigung vom Insolvenzverwalter oder vom Erwerber stammt, kann vor diesem Hintergrund keinen Unterschied machen.

Dem steht auch nicht der Rechtsgedanke des § 613a BGB entgegen. Die Kündigung einer Betriebsvereinbarung im Vorfeld einer übertragenden Sanierung auf Grundlage eines Erwerberkonzeptes ist auch keine unzulässige Umgehung des § 613a Abs. 1 Satz 2 BGB. Diese Vorschrift stellt zwar eine Schutzvorschrift zu Gunsten der Arbeitnehmer dar, welche gerade auch die Aufrechterhaltung der kollektivrechtlich geregelten Arbeitsbedingungen im Rahmen eines Betriebsübergangs bezweckt.[525] Es ist aber davon auszugehen, dass der Gesetzgeber dieses Spannungsfeld erkannt und mit § 120 InsO eine Regelung getroffen hat, die im Hinblick auf die Fortgeltung kollektivrechtlicher Vereinbarungen sowie die in § 613a Abs. 1 Satz 2 BGB enthaltene Veränderungssperre eine Lösungsmöglichkeit im Vorfeld der übertragenden Sanierung schaffen sollte. Hierzu heißt es nämlich in der Gesetzesbegründung ausdrücklich:[526]

> *„Im Falle einer geplanten Betriebsveräußerung kann es besonders wichtig sein, eine belastende Betriebsvereinbarung rechtzeitig zu ändern oder aufzuheben: Bestehende Betriebsvereinbarungen sind gemäß § 613a Abs. 1 Satz 2 BGB auch für den Erwerber des Betriebs verbindlich, und Erwerbsinteressenten könnten es ablehnen, einen so belasteten Betrieb zu übernehmen. Der Wegfall der Belastung kann dann zur Erhaltung der Arbeitsplätze beitragen."*

Der Gesetzgeber hat also nicht nur erkannt, dass der Wegfall belastender Betriebsvereinbarungen die Übertragung eines Unternehmens erschweren kann. Die Kündigungsmöglichkeit des § 120 InsO sollte den Insolvenzverwalter gerade in die Lage versetzen, auf die Bedürfnisse potentieller Erwerber zu reagieren. Nichts anderes stellt aber die Umsetzung eines Erwerberkonzeptes dar. Im Ergebnis steht der Kündigung einer Betriebsvereinbarung auf Grundlage eines Erwerberkonzeptes daher auch nicht der Sinn und Zweck des § 120 InsO entgegen.

d) Rechtsfolgen einer Kündigung

Die Regelung des § 120 InsO stellt eine Einschränkung der Dispositionsbefugnis der Betriebsparteien über den zeitlichen Geltungsbereich der Betriebsvereinba-

525 Vgl. *Preis* in Erfurter Kommentar, § 613a BGB, Rn. 2.

526 Vgl. BT-Drs. 12/2443 vom 15.04.1992, Gesetzesentwurf der Bundesregierung: Entwurf einer Insolvenzordnung, Seite 153 zu § 138 des Regierungsentwurfes.

rungen dar.[527] Hierzu modifiziert § 120 InsO lediglich die anwendbare Kündigungsfrist, regelt aber nicht die Rechtsfolge einer Kündigung. Die Rechtsfolgen der Kündigung einer Betriebsvereinbarung in der Insolvenz richten sich daher nach den allgemeinen betriebsverfassungsrechtlichen Grundsätzen.[528] Freiwillige Betriebsvereinbarungen enden daher mit Ablauf der Kündigungsfrist. Betrifft der Regelungsgegenstand der Betriebsvereinbarung einen Fall der erzwingbaren Mitbestimmung, so wirkt die Betriebsvereinbarung gemäß § 77 Abs. 6 BetrVG nach, bis sie durch eine andere Abmachung ersetzt wird.[529]

e) Zwischenergebnis

Sieht ein Erwerberkonzept im Vorfeld einer übertragenden Sanierung vor, dass der Insolvenzverwalter Betriebsvereinbarungen kündigt, die eine Belastung für die Masse darstellen, so ist auf eine entsprechende Kündigung § 120 InsO anwendbar.

4. Der Interessenausgleich bei Betriebsänderungen auf Grundlage eines Erwerberkonzeptes

Regelmäßig sind im Rahmen eines Insolvenzverfahrens Betriebsänderungen notwendig, um das insolvente Unternehmen zu sanieren. Im Vorfeld einer übertragenden Sanierung kann es für einen Erwerber von Vorteil sein, geplante Betriebsänderungen bereits durch den Insolvenzverwalter durchführen zu lassen. Für Betriebsänderungen gelten im Rahmen eines Insolvenzverfahrens die Besonderheiten der §§ 121 ff. InsO. Diese Vorschriften bezwecken in erster Linie eine Beschleunigung der im Zusammenhang mit Betriebsänderungen stehenden Beteiligungsrechte des Betriebsrates. Die Vorverlagerung einer von einem Erwerber geplanten Betriebsänderung vor die übertragende Sanierung kann zusätzlich zu diesen zeitlichen, aber auch rechtliche und finanzielle Vorteile mit sich bringen. Häufigster Fall in der Praxis dürfte dabei die Betriebsänderung in Form einer Massenentlassung sein.

Die Durchführung von Betriebsänderungen in der Insolvenz sind bereits hinreichend in der Literatur beschrieben[530]. Die nachfolgenden Ausführungen

527 Vgl. Oetker/Friese, DZWIR 2000, 397 (406).

528 Vgl. Linck in Kreft, InsO, § 120 InsO, Rn. 9; Oetker/Friese, DZWIR 2000, 397 (406).

529 Vgl. auch *Kreutz* in GK-BetrVG, § 77, Rn. 396 ff..

530 Vgl. z.B. Annuß, NZA 1999, 344; Lakies, BB 1999, 206; m.w.N. *Matthes* in Münchener Handbuch Arbeitsrecht, § 271, Rn. 1 ff.; *Oetker* in GK-BetrVG, § 111, Rn. 40.

beschränken sich daher lediglich auf Teilaspekte, die im Zusammenhang mit Betriebsänderungen auf Grundlage eines Erwerberkonzeptes im Vorfeld einer übertragenden Sanierung stehen.

a) Interessenausgleich

Bis ein Interessenausgleich außerhalb der Insolvenz abgeschlossen wird bzw. ein solcher durch einen Spruch der Einigungsstelle ersetzt wurde, vergehen regelmäßig Monate. Diese Zeit besteht in einem Insolvenzverfahren meist nicht. Daher sieht § 122 Abs. 1 Satz 1 InsO hierfür die Beschleunigungsmöglichkeit einer gerichtlichen Zustimmung zur Betriebsänderung vor. Dies macht es für einen Erwerber besonders in zeitlicher Hinsicht interessant, Betriebsänderungen noch durch den Insolvenzverwalter durchführen zu lassen.

Für den Insolvenzverwalter stellt die Durchführung von Betriebsänderungen nicht selten eine Notwendigkeit dar, um überhaupt eine übertragende Sanierung zu ermöglichen. Dabei hat der Insolvenzverwalter ein nicht unerhebliches Interesse daran, seinen betriebsverfassungsrechtlichen Pflichten nachzukommen. Tut er dies nämlich nicht, so entstehen gemäß § 113 BetrVG Nachteilsausgleichsansprüche der betroffenen Arbeitnehmer. Diese Ansprüche stellen Masseverbindlichkeiten i.S.d. § 55 Abs. 1 Nr. 1 InsO dar. Sofern sich dies nachteilig für andere Verfahrensbeteiligte auswirkt, wird der Insolvenzverwalter hierfür regelmäßig gemäß § 60 InsO haften.[531]

(1) Anwendungsbereich der §§ 121, 122 InsO

Die §§ 121, 122 InsO modifizieren lediglich die Vorschriften der §§ 111, 112 BetrVG, setzen deren Anwendbarkeit daher voraus.[532] Auch im Rahmen eines Insolvenzverfahrens ist ein Interessenausgleich daher nur in Unternehmen mit in der Regel mehr als zwanzig wahlberechtigten Arbeitnehmern zu verhandeln (§ 111 Abs. 1 Satz 1 BetrVG), sofern dort eine der in § 111 Abs. 1 Satz 3 BetrVG aufgezählten Maßnahmen geplant ist und ein Betriebsrat existiert.[533]

In zeitlicher Hinsicht ist die Anwendbarkeit der Vorschriften auf das Insolvenzverfahren begrenzt. Gemäß § 128 Abs. 1 Satz 1 InsO sind die kündigungsrechtlichen Erleichterungen der §§ 125 bis 127 InsO jedoch auch dann anwendbar, wenn die Betriebsänderung erst nach einer Betriebsveräußerung durchgeführt werden soll.

531 Vgl. Annuß, NZI 1999, 344 (345).

532 Vgl. Fitting, BetrVG, § 111, Rn. 37; Hess, Insolvenzarbeitsrecht, §§ 121, 122, Rn. 10.

533 Vgl. Annuß, NZI 1999, 344 (344).

Soweit ersichtlich wird in Rechtsprechung und Literatur von niemandem vertreten, die §§ 121, 122 InsO seien auf Betriebsänderungen des Insolvenzverwalter, die auf einem Erwerberkonzept beruhen, nicht anwendbar. Richtigerweise bestehen daher keine Bedenken, diese Normen auch dann anzuwenden, wenn der Insolvenzverwalter eine Betriebsänderung zur Vorbereitung einer übertragenden Sanierung vornimmt, die auf der Konzeption des Erwerbers beruht. Dies entspricht auch dem Sinn und Zweck dieser Vorschriften. Die §§ 121, 122 InsO bewirken eine Beschleunigung der Vorbereitung einer Betriebsänderung in der Insolvenz und bezwecken die zügige Abwicklung des Insolvenzverfahrens.[534] Dies gilt gleichermaßen auch dann, wenn das Konzept eines Erwerbers die Durchführung einer Betriebsänderung vor einer übertragenden Sanierung vorsieht. Müsste der Insolvenzverwalter in diesem Fall das zeitlich aufwendigere Verfahren des § 112 BetrVG durchlaufen, so könnte die übertragende Sanierung scheitern. Daher ist es gerechtfertigt, die §§ 121, 122 InsO auch auf Betriebsänderungen auf Grundlage eines Erwerberkonzeptes anzuwenden.

(2) Die rechtzeitige und umfassende Unterrichtung des Betriebsrates

Sowohl innerhalb als auch außerhalb der Insolvenz ist im Rahmen der Interessenausgleichsverhandlung gemäß § 111 Abs. 1 Satz 1 BetrVG die rechtzeitige und umfassende Unterrichtung des Betriebsrates erforderlich. Verpflichteter des § 111 BetrVG ist grundsätzlich der Unternehmer. Da der Insolvenzverwalter gemäß § 80 InsO an die Stelle des Unternehmers tritt, treffen diesen vor der übertragenden Sanierung die betriebsverfassungsrechtlichen Pflichten zur Unterrichtung des Betriebsrates und zur Verhandlung des Interessenausgleichs.[535] Beruht die Betriebsänderung auf einem Erwerberkonzept, so besteht zwar die Besonderheit, dass der Urheber des Konzeptes zur Betriebsänderung und der aus § 111 BetrVG Verpflichtete auseinanderfallen. Dies kann jedoch nichts daran ändern, dass die Unterrichtung durch den Insolvenzverwalter zu erfolgen hat.[536] Nur dieser ist im Laufe des Insolvenzverfahrens befugt, Betriebsänderungen durchzuführen. Eine Einwirkung des Erwerbers auf die Betriebsänderung kann daher auch nur mittels Beratung mit dem Insolvenzverwalter erfolgen.

Bezüglich der Tatbestandsmerkmale „rechtzeitig“ und „umfassend“ knüpft § 122 InsO an § 111 BetrVG an, so dass auf die hierzu bestehenden Grundsätze

534 Vgl. BT-Drs. 12/2443 vom 15.04.1992, Gesetzesentwurf der Bundesregierung: Entwurf einer Insolvenzordnung, Seite 153 f. zu § 140 des Regierungsentwurfes.

535 Vgl. *Matthes* in Münchener Handbuch Arbeitsrecht, § 271, Rn. 3; *Oetker* in GK-BetrVG, § 111, Rn. 221; Fitting, BetrVG, § 111, Rn. 106.

536 Vgl. Zwanziger, Arbeitsrecht der InsO, § 122 InsO, Rn. 21.

zurückgegriffen werden kann.[537] Nach dem Sinn und Zweck des § 111 BetrVG ist die Unterrichtung rechtzeitig, wenn der Betriebsrat in die Lage versetzt wird, auf das Ob und Wie der geplanten Betriebsvereinbarung Einfluss zu nehmen.[538] Zum Zeitpunkt der Unterrichtung muss daher sowohl die Art als auch der Umfang der geplanten Betriebsänderung bereits bekannt und konkretisiert sein.[539] Der Insolvenzverwalter kann daher erst dann mit dem Betriebsrat über die vom Erwerber geplante Betriebsänderung verhandeln, wenn das Erwerberkonzept als solches konkrete Formen angenommen hat. Hierzu ist zum einen erforderlich, dass der Erwerber die Vorüberlegungsphase bereits abgeschlossen hat. Zum anderen ist aber auch erforderlich, dass der Insolvenzverwalter als das für die Betriebsänderung zuständige Organ die Umsetzung des Erwerberkonzeptes plant. Erst zu diesem Zeitpunkt kann von einer konkretisierten Maßnahme gesprochen werden, über die der Betriebsrat zu informieren ist. Nicht mehr rechtzeitig wäre eine Unterrichtung selbstverständlich dann, wenn der Insolvenzverwalter bereits mit der Umsetzung der in dem Erwerberkonzept vorgesehenen Betriebsänderung begonnen hat.[540] Im Falle einer geplanten Massenentlassung wäre dies z.B. der Fall, wenn der Insolvenzverwalter bereits Kündigungen ausgesprochen hätte.

Die Fixierung des Erwerberkonzeptes mittels eines Vorvertrages dürfte hingegen unschädlich sein. Ein solcher Vorvertrag sieht nämlich regelmäßig keine konkrete Verpflichtung des Insolvenzverwalters zur Durchführung einer bestimmten Betriebsänderung vor. Daher wird der Betriebsrat durch einen entsprechenden Vorvertrag auch nicht vor vollendete Tatsachen gestellt. Der Sinn und Zweck der Interessenausgleichsverhandlungen kann daher noch erfüllt werden, denn der Betriebsrat kann weiterhin auf das Ob und Wie der Betriebsänderung Einfluss nehmen. Auf der anderen Seite ist das Planungsstadium bei Abschluss eines Vorvertrages, welcher sich auf die Umsetzung eines Erwerberkonzeptes bezieht, meist auch abgeschlossen. Zu diesem Zeitpunkt sollte daher auch die Unterrichtung des Betriebsrates erfolgen.

Die Unterrichtung hat des Weiteren umfassend zu sein. Hierzu hat sich der Insolvenzverwalter zunächst selbst ein umfassendes Bild von der vom Erwerber geplanten Betriebsänderung zu machen, da er ansonsten kaum in der Lage sein wird, den Betriebsrat umfassend zu unterrichten. Die Unterrichtungspflicht umfasst dabei Gründe, Inhalt und Zeitplan der geplanten Betriebsänderung sowie die möglichen Auswirkungen auf die Arbeitnehmer in dem Betrieb des Insol-

---

537 Vgl. Oetker/Friese, DZWIR 2001, 133 (135).

538 Vgl. BAG v. 14.09.1976, 1 AZR 784/75, AP Nr. 2 zu § 113 BetrVG 1972; BAG v. 20.11.2001, 1 AZR 97/01, NZA 2002, 992.

539 Vgl. Fitting, BetrVG, § 111, Rn. 108 f..

540 Vgl. *Oetker* in GK-BetrVG, § 111, Rn. 183.

venzschuldners.[541] Der Betriebsrat ist des Weiteren auch über mögliche Alternativen zu der Betriebsänderung zu unterrichten, sofern der Insolvenzverwalter solche überhaupt erwogen hat.[542] Maßgeblich ist hierbei die Sicht des Insolvenzverwalters. Da dieser die Betriebsänderung durchführt, kommt es nicht auf Alternativplanungen des Erwerbers an. Regelmäßig wird der Erwerber den Insolvenzverwalter allerdings in die Planung der Betriebsänderung einbeziehen. Dies bietet sich bereits deshalb an, da der Erwerber nur über den Insolvenzverwalter Zugriff auf die betriebsinternen Informationen hat, die zur Planung einer Betriebsänderung notwendig sind.

Liegt dem Insolvenzverwalter ein schriftliches Erwerberkonzept vor, so ist dieses ebenfalls dem Betriebsrat zuzuleiten, sofern dies erforderlich ist. Die entsprechende Verpflichtung folgt aus § 80 Abs. 2 Satz 2 BetrVG.[543] Für ein Erwerberkonzept besteht jedoch kein Schriftformerfordernis. Liegt dem Insolvenzverwalter daher kein schriftliches Erwerberkonzept vor, so muss er ein solches auch nicht extra erstellen lassen. Auch der Unternehmer muss im Rahmen des § 111 BetrVG nämlich nur solche Unterlagen weiterreichen, die ihm selber vorliegen.[544]

(3) Die gerichtliche Zustimmung

Kommt der Interessenausgleich nicht innerhalb von drei Wochen nach Verhandlungsbeginn oder schriftlicher Aufforderung zur Aufnahme von Verhandlungen zustande, obwohl der Verwalter den Betriebsrat rechtzeitig und umfassend unterrichtet hat, so kann der Insolvenzverwalter gemäß § 122 Abs. 1 InsO die Zustimmung des ArbG zur Durchführung der Betriebsänderung ohne vorhergehendes Einigungsstellenverfahren beantragen. Diese Beschleunigung stellt einen der Gründe dar, warum die Durchführung der Betriebsänderung im Rahmen des Insolvenzverfahrens für einen Erwerber deutlich attraktiver ist, als die Möglichkeit, diese erst nach der übertragenden Sanierung durchzuführen.

Die Zulässigkeit des Antrages vorausgesetzt, erteilt das Gericht gemäß § 122 Abs. 2 Satz 1 InsO die Zustimmung zu der geplanten Betriebsänderung, „wenn die wirtschaftliche Lage des Unternehmens auch unter Berücksichtigung der sozialen Belange der Arbeitnehmer erfordert“, dass diese ohne vorheriges Verfahren nach § 112 Abs. 2 BetrVG durchgeführt wird. Demzufolge ist eine zweistufige Prüfung vorgesehen. Zunächst ist zu prüfen, ob die wirtschaftliche Lage des Unternehmens die Durchführung der Betriebsänderung ohne vorheriges Ver-

541 Vgl. *Oetker* in GK-BetrVG, § 111, Rn. 177.
542 Vgl. *Oetker* in GK-BetrVG, § 111, Rn. 178.
543 Vgl. Fitting, BetrVG, § 111, Rn. 113.
544 Vgl. Fitting, BetrVG, § 111, Rn. 113.

fahren nach § 112 Abs. 2 BetrVG erfordert. Auf einer zweiten Stufe hat eine Interessenabwägung mit den sozialen Belangen der betroffenen Arbeitnehmer zu erfolgen.

§ 122 InsO stellt auf „die wirtschaftliche Lage des Unternehmens“ ab. Sowohl aus der systematischen Stellung der Norm in der InsO als auch aus dem Sinn und Zweck der Vorschrift, das Insolvenzverfahren zu beschleunigen,[545] folgt, dass mit dem Begriff „Unternehmen“ lediglich das Unternehmen des Insolvenzschuldners und nicht das Unternehmen eines Erwerbers gemeint ist. Die wirtschaftliche Situation des Erwerbers ist daher unbeachtlich. Maßgeblich ist allein die wirtschaftliche Lage des Unternehmens des Insolvenzschuldners. Vor dem Hintergrund des Zwecks des Insolvenzverfahrens, eine größtmögliche Gläubigerbefriedigung zu erzielen, erfordert die wirtschaftliche Lage des Unternehmens i.S.d. § 122 InsO die Betriebsänderung, sofern die bei Durchführung des Verfahrens nach § 112 Abs. 2 BetrVG zu erwartendenden Mehrbelastungen im Vergleich zur sofortigen Durchführung der Betriebsänderung zu einer nicht nur unwesentlichen Schmälerung der Insolvenzmasse führen würde.[546]

In einem zweiten Prüfungsschritt sind die Belange der betroffenen Arbeitnehmer zu berücksichtigen. Hierbei kommt es lediglich auf die Belange der Arbeitnehmer des insolventen Betriebes an, nicht auf die Arbeitnehmer des Erwerbers. Dies ergibt sich bereits daraus, dass das Mandat des Betriebsrates des Insolvenzschuldners nur die Arbeitnehmer des zu übertragenden Betriebes erfasst und nicht auch solche des Erwerbers. Zum anderen bezieht sich die geplante Betriebsänderung, welche es mit dem Betriebsrat des Insolvenzschuldners zu verhandeln gilt, ausschließlich auf den Betrieb des Insolvenzschuldners. Auch dies spricht dafür, dass die zukünftigen Belange der Arbeitnehmer eines bereits bestehenden Erwerberbetriebes nicht maßgeblich sein können. Nur sofern ausnahmsweise beachtliche Belange der Arbeitnehmer des Insolvenzschuldners vorliegen, die bei Durchführung des Verfahrens gemäß § 112 Abs. 2 BetrVG überhaupt oder besser berücksichtigt werden würden, wird das ArbG die Zustimmung verweigern. Die Verzögerung der Betriebsänderung sowie die Verzögerung der übertragenden Sanierung und der damit einhergehende Arbeitgeberwechsel stellen jedoch keine tauglichen Kriterien dar, die als „soziale Belange“ zu berücksichtigen wären. Dies würde dem Sinn und Zweck des § 122 InsO widersprechen. Auch dieser verfolgt nämlich das Ziel, das Insolvenzverfahren zügig zu beenden.[547]

---

545 Vgl. BT-Drs. 12/2443 vom 15.04.1992, Gesetzesentwurf der Bundesregierung: Entwurf einer Insolvenzordnung, Seite 153 f. zu § 140 des Regierungsentwurfes.

546 Vgl. Oetker/Friese, DZWIR 2001, 133 (135).

547 Vgl. BT-Drs. 12/2443 vom 15.04.1992, Gesetzesentwurf der Bundesregierung: Entwurf einer Insolvenzordnung, Seite 153 f. zu § 140 des Regierungsentwurfes.

b) Interessenausgleich und Kündigungsschutz

Im Gegensatz zu den §§ 121, 122 InsO bezwecken die §§ 125 – 128 InsO nicht die Beschleunigung des Interessenausgleichsverfahrens, sondern vielmehr die Beschleunigung der Betriebsänderung selbst.[548] Dabei modifizieren diese Vorschriften auch den Kündigungsschutz der von der Betriebsänderung betroffenen Arbeitnehmer.

(1) Interessenausgleich mit Namensliste, § 125 InsO

Sind in einem Interessenausgleich die Arbeitnehmer, denen gekündigt werden soll, namentlich bezeichnet, so gilt gemäß § 125 Abs. 1 Nr. 1 InsO in Bezug auf § 1 KSchG die gesetzliche Vermutung, dass die Kündigung der Arbeitsverhältnisse der bezeichneten Arbeitnehmer durch dringende betriebliche Erfordernisse, die einer Weiterbeschäftigung in diesem Betrieb oder einer Weiterbeschäftigung zu unveränderten Arbeitsbedingungen entgegenstehen, bedingt ist. Des Weiteren kann die soziale Auswahl der Arbeitnehmer nur im Hinblick auf die Dauer der Betriebszugehörigkeit, das Lebensalter und die Unterhaltspflichten und auch insoweit nur auf grobe Fehlerhaftigkeit nachgeprüft werden.

Um die Rechtsfolge des § 125 InsO herbeizuführen, muss der Interessenausgleich mit Namensliste in zeitlicher Hinsicht zwingend vor dem Ausspruch der Kündigungen abgeschlossen worden sein.[549] Dies ergibt sich eindeutig aus dem Wortlaut der Norm, wonach die Arbeitnehmer benannt werden müssen, „denen gekündigt werden soll“. Für die Umsetzung eines Erwerberkonzeptes durch den Insolvenzverwalter bedeutet dies, dass der Insolvenzverwalter auch die Namensliste verhandeln muss. Eine nachträglich aufgestellte Liste kann die Rechtsfolge des § 125 InsO nicht herbeiführen.[550]

In Bezug auf § 1 KSchG stellt § 125 Abs. 1 InsO im Rahmen nachfolgender Kündigungsschutzprozesse eine nicht zu unterschätzende Erleichterung sowohl für den Insolvenzverwalter als auch den Erwerber dar. Gemäß § 1 Abs. 2 Satz 4 KSchG hätte eigentlich der Arbeitgeber die Tatsachen zu beweisen, welche die Kündigung bedingen. Die gesetzliche Vermutung des § 125 Abs. 1 Nr. 1 InsO bewirkt gemäß § 292 Satz 1 ZPO eine Beweislastumkehr. Der in der Namensliste benannte Arbeitnehmer hat nunmehr in einem Kündigungsschutzprozess darzulegen und zu beweisen, dass die Kündigung nicht durch dringende betriebliche

548 Vgl. *Wolf* in Braun, InsO, § 125, Rn. 1; Oetker/Friese, DZWIR 2001, 177 (177).

549 Vgl. Oetker/Friese, DZWIR 2001, 177 (178); Zwanziger, Arbeitsrecht der InsO, § 125 InsO, Rn. 24; *Wolf* in Braun, InsO, § 125, Rn. 7; Klopp/Mokros, Rechtslage des Arbeitnehmers, Seite 164.

550 Vgl. hierzu auch unten: IV.C.4.b)(3).

Gründe bedingt war, die seiner Weiterbeschäftigung im Betrieb entgegenstanden.[551]

Ein weiterer Vorteil ergibt sich aus der nur eingeschränkten Überprüfbarkeit der Sozialauswahl. Diese kann gemäß § 125 Abs. 1 Nr. 2 InsO gerichtlich nur im Hinblick auf die Dauer der Betriebszugehörigkeit, das Lebensalter und die Unterhaltspflichten und auch insoweit nur auf grobe Fehlerhaftigkeit nachgeprüft werden. Zusätzlich ist die Überprüfung der Sozialauswahl dahingehend eingeschränkt, dass diese nicht als grob fehlerhaft anzusehen ist, wenn sie der Schaffung oder Erhaltung einer ausgewogenen Personalstruktur dient.

Die Rechtsfolgen des § 125 Abs. 1 Satz 1 InsO entfallen, sofern sich die Sachlage nach Zustandekommen des Interessenausgleichs wesentlich geändert hat (§ 125 Abs. 1 Satz 2 InsO). Als Beispiel für eine nachträgliche Änderung der Sachlage werden in dem Regierungsentwurf der InsO explizit „eine neue betriebliche Planung oder ein unvorhergesehenes Ausscheiden anderer Arbeitnehmer" genannt.[552] Eine nachfolgende übertragende Sanierung auf den Erwerber stellt im Falle der Umsetzung eines Erwerberkonzeptes hingegen keine wesentliche Änderung der Sachlage dar. Die übertragende Sanierung war vielmehr Grundlage des Interessenausgleichs und daher sowohl dem Betriebsrat als auch dem Insolvenzverwalter bekannt. Soll hingegen die in dem Erwerberkonzept vorgesehene Betriebsänderung nicht mehr oder nicht mehr wie ursprünglich geplant durchgeführt werden, so kann dies eine wesentliche Änderung der Sachlage darstellen. Insofern gelten keine Besonderheiten zu anderen Betriebsänderungen des Insolvenzverwalters, die z.B. auf einem eigenen Sanierungskonzept beruhen.[553]

In zeitlicher Hinsicht bewirkt § 125 InsO für den Erwerber einen weiteren Vorteil, indem Abs. 2 das Verfahren der Anzeigepflicht bei Massenentlassungen modifiziert. Der Interessenausgleich mit Namensliste ersetzt nämlich die Stellungnahme des Betriebsrats nach § 17 Abs. 3 Satz 2 KSchG.

(2) Das präventive Kündigungsverfahren gemäß § 126 InsO

Bei der Umsetzung eines Erwerberkonzeptes zur Vorbereitung einer übertragenden Sanierung bewirken die §§ 122 und 125 InsO (insbesondere bei namentlicher Nennung der zu kündigenden Arbeitnehmer im Interessenausgleich) eine erhebliche Beschleunigung des Verfahrens nach § 112 BetrVG. Hat der Betrieb keinen Betriebsrat oder kommt aus anderen Gründen innerhalb von drei Wochen ein In-

551 Vgl. Oetker/Friese, DZWIR 2001, 177 (181); Zwanziger, Arbeitsrecht der InsO, § 125 InsO, Rn. 32; *Wolf* in Braun, InsO, § 125, Rn. 7.

552 Vgl. BT-Drs. 12/2443 vom 15.04.1992, Gesetzesentwurf der Bundesregierung: Entwurf einer Insolvenzordnung, Seite 149 zu § 128 des Regierungsentwurfes.

553 Vgl. hierzu z.B.: Zwanziger, Arbeitsrecht der InsO, § 125 InsO, Rn. 83 ff..

teressenausgleich nach § 125 Abs. 1 InsO nicht zustande, obwohl der Insolvenzverwalter den Betriebsrat rechtzeitig und umfassend unterrichtet hat, so kann dieser gemäß § 126 InsO beim ArbG beantragen, festzustellen, dass die Kündigung der Arbeitsverhältnisse bestimmter, im Antrag bezeichneter Arbeitnehmer durch dringende betriebliche Erfordernisse bedingt und sozial gerechtfertigt ist. Diese Vorschrift kann im Falle eines Erwerberkonzeptes bereits vor der übertragenden Sanierung für eine deutliche Erhöhung der Rechtssicherheit beitragen. Der Insolvenzverwalter kann auf diesem Weg vorab die soziale Rechtfertigung der Kündigungen prüfen lassen. Die Komplementärfunktion zu § 125 InsO bedingt es, dass § 126 InsO nur in solchen Betrieben und Fällen Anwendung findet, die einem Interessenausgleich i.S.d. § 125 InsO zugänglich wären. Auf betriebsratslose Betriebe ist § 126 InsO daher nur anwendbar, sofern diese mehr als 20 Arbeitnehmer haben (§ 111 BetrVG).[554]

Gemäß § 127 InsO ist die rechtskräftige Entscheidung im Verfahren nach § 126 InsO für die Parteien bindend, soweit sich die Sachlage nach dem Schluss der letzten mündlichen Verhandlung nicht wesentlich geändert hat.

(3) Die Regelung des § 128 InsO

Gemäß § 128 Abs. 1 InsO wird die Anwendung der §§ 125 – 127 InsO nicht dadurch ausgeschlossen, dass die Betriebsänderung, die dem Interessenausgleich zu Grunde liegt, erst nach einer Betriebsveräußerung durchgeführt werden soll. D.h., auch wenn das Erwerberkonzept den Ausspruch von Kündigungen erst nach der übertragenden Sanierung vorsieht, kann sich der Erwerber weiterhin auf den bereits vor der Übertragung abgeschlossenen Interessenausgleich mit Namensliste berufen.[555] Der Erwerber kommt in diesem Fall trotz Beendigung des Insolvenzverfahrens in den Genuss der kündigungsrechtlichen Erleichterungen der §§ 125 – 127 InsO.

Des Weiteren erstreckt sich die Vermutungswirkung des § 125 Abs. 1 Satz 1 InsO sowie die gerichtliche Feststellung i.S.d. § 126 Abs. 1 Satz 1 InsO auch darauf, dass die Kündigung nicht durch den Betriebsübergang bedingt ist. Durch diese Regelung hat der Gesetzgeber dem Umstand Rechnung getragen, dass sich § 613a Abs. 4 BGB in der Praxis häufig als Sanierungshindernis darstellt. Ein Arbeitnehmer, der aufgrund der §§ 125, 126 InsO „nicht mehr in Frage stellen

554 Vgl. *Wolf* in Braun, InsO, § 126, Rn. 4; *Linck* in Kreft, InsO, § 126 InsO, Rn. 5; m.w.N. *Berscheid* in Uhlenbruck, InsO, § 126, Rn. 8; ausdrücklich offengelassen in BAG v. 29.06.2000, 8 ABR 44/99, NZA 2000, 1180 (unter B., IV., 2., c), bb) der Entscheidungsgründe); a.A.: *Däubler* in Däubler, BetrVG, Anhang zu §§ 111 – 113, § 126 InsO, Rn. 7; Lakies, BB 1999, 206 (208); m.w.N. *Bertram* in Gottwald, Insolvenzrechts-Handbuch, § 108, Rn. 111.

555 Vgl. *Wolf* in Braun, InsO, § 128, Rn. 2.

kann, daß die Kündigung im Sinne des § 1 Abs. 2 Satz 1 Kündigungsschutzgesetz betriebsbedingt ist, kann sich auch nicht mehr mit Erfolg darauf berufen, daß die Kündigung „wegen des Betriebsübergangs“ erfolgt sei“.[556]

In Bezug auf die Umsetzung eines Erwerberkonzeptes, ist der Regelungsgegenstand des § 128 InsO in zwei Punkten ungeklärt. Zum ist strittig, ob ein Erwerber gemäß § 128 InsO auch nach einem Betriebsübergang einen Interessenausgleich i.S.d. § 125 InsO abschließen kann. Zum anderen ist zu klären, ob § 128 InsO eine gesetzliche Anerkennung der Umsetzung eines Erwerberkonzeptes zu entnehmen ist.

(a) Abschluss eines Interessenausgleichs i.S.d. § 125 InsO durch den Erwerber?

Zum Teil wird vertreten, der Erwerber könne gemäß § 128 InsO auch nach einem Betriebsübergang einen Interessenausgleich i.S.d. § 125 InsO abschließen, sofern der Insolvenzverwalter die Interessenausgleichsverhandlung bereits eingeleitet habe.[557] Dem Wortlaut des § 128 InsO ist eine so weitgehende Anwendbarkeit der Norm jedoch nicht zu entnehmen.[558] Hier heißt es lediglich, die Anwendung des § 125 InsO sei nicht ausgeschlossen, sofern die dem Interessenausgleich zu Grunde liegende Betriebsänderung erst nach einer Betriebsveräußerung durchgeführt werden soll. In zeitlicher Hinsicht ist dem Wortlaut daher lediglich zu entnehmen, dass die Betriebsänderung nach dem Betriebsübergang durchgeführt wird. Eine Aussage in Bezug auf die zeitliche Lage des Interessenausgleichs trifft § 128 InsO nicht. Vielmehr bezieht sich dieser auf § 125 InsO, welcher von einem Interessenausgleich „zwischen Insolvenzverwalter und Betriebsrat“ ausgeht.

Auch die systematische Stellung der Norm im zweiten Abschnitt des dritten Teils der InsO bei den Vorschriften, die im eröffneten Insolvenzverfahren Anwendung finden, spricht dafür, diese nach der übertragenden Sanierung und somit außerhalb des Insolvenzverfahrens nicht mehr anzuwenden.

Hierfür spricht auch die Gesetzesbegründung. In dieser heißt es nämlich:[559]

> *„Um einen wirtschaftlich zweckmäßigen Ablauf nicht zu behindern, wird es ermöglicht, daß die Betriebsänderung erst vom Erwerber durchgeführt, daß der Insolvenzverwalter aber schon vor der Betriebsveräußerung nicht nur die erforderlichen Kündigungen ausspricht, sondern auch in den besonderen Verfahren der §§ 128 und 129 des Entwurfs deren Wirksamkeit klärt (...).“*

---

556 Vgl. BT-Drs. 12/2443 vom 15.04.1992, Gesetzesentwurf der Bundesregierung: Entwurf einer Insolvenzordnung, Seite 150 zu § 130 des Regierungsentwurfes.

557 Vgl. m.w.N. *Däubler* in Däubler, BetrVG, Anhang zu §§ 111 – 113, § 128 InsO, Rn. 2 ff..

558 Vgl. auch Oetker/Friese, DZWIR 2001, 177 (184).

559 Vgl. BT-Drs. 12/2443 vom 15.04.1992, Gesetzesentwurf der Bundesregierung: Entwurf einer Insolvenzordnung, Seite 150 zu § 131 des Regierungsentwurfes.

§ 128 des Entwurfes ist weitgehend mit dem heutigen § 125 InsO wortgleich. Vor diesem Hintergrund entsprach es wohl der Vorstellung des Gesetzgebers, dass lediglich die Betriebsänderung durch den Erwerber nach einem Betriebsübergang durchgeführt wird, der Interessenausgleich i.S.d. § 125 InsO (bzw. § 128 des Entwurfs) hingegen bereits vor dem Betriebsübergang durch den Insolvenzverwalter abgeschlossen werde. Der Betriebserwerber kann sich daher lediglich auf die Rechtsfolge eines bereits durch den Insolvenzverwalter abgeschlossenen Interessenausgleichs i.S.d. § 125 InsO berufen, einen solchen aber nicht selber abschließen.[560]

Dieser Streit hat seit der Wiedereinführung der Namensliste in § 1 Abs. 5 KSchG mit dem Gesetz zu den Reformen am Arbeitsmarkt vom 24. Dezember 2003 an Bedeutung verloren. Schließt nicht der Insolvenzverwalter, sondern der Erwerber einen Interessenausgleich mit Namensliste nach dem Betriebsübergang, so gelten für diesen nämlich jedenfalls die Erleichterungen des § 1 Abs. 5 KSchG. Auf die Regelung des § 128 Abs. 2 InsO, wonach sich die Vermutung nach § 125 Abs. 1 Satz 1 Nr. 1 InsO oder die gerichtliche Feststellung nach § 126 Abs. 1 Satz 1 InsO auch darauf erstreckt, dass die Kündigung der Arbeitsverhältnisse nicht wegen des Betriebsübergangs erfolgt, findet dann keine Anwendung. Hier enthält § 1 Abs. 5 KSchG keine parallele Regelung. Der Abschluss des Interessenausgleichs mit Namensliste bereits durch den Insolvenzverwalter wäre daher aus Sicht des Erwerbers vorteilhaft.

(b) Gesetzliche Anerkennung der Kündigung auf Grundlage eines Erwerberkonzeptes in der Insolvenz?

Seit Inkrafttreten der InsO wird in der Literatur vertreten, die Zulässigkeit eine Kündigung auf Grundlage eines Erwerberkonzeptes auszusprechen, ergebe sich aus § 128 InsO.[561] Ausdrücklich ist dies in der Vorschrift nicht geregelt. Ob dieser Norm gleichwohl eine Anerkennung der Kündigung auf Grundlage eines Erwerberkonzeptes entnommen werden kann ist eine Frage der Auslegung ist daher anhand des Wortlauts der Norm, des systematischen Zusammenhangs, der Gesetzesgeschichte sowie dem Gesetzeszweck zu beantworten.[562]

560 Vgl. Oetker/Friese, DZWIR 2001, 178 (184).

561 Vgl. *Pfeiffer* in KR, § 613a BGB, Rn. 189 (am Ende des ersten Absatzes); Lipinski, Sonderkündigungsschutz, Seite 60; *Vossen* in Stahlhacke, Kündigung und Kündigungsschutz, Seite 898, Rn. 2345; *Cohnen/Tepass* in Moll, MAH Arbeitsrecht, § 51, Rn. 179; Kappenhagen, BB 2003, 2182 (2182); Balz/Arlinghaus, Praxisbuch M&A, Seite 247; Blask, Seite 69; wohl auch *Bezani/Richter* in Hommel/Knecht/Wohlenberg, Handbuch Unternehmensrestrukturierung, Seite 1176; Deneke, Seite 207 (Fn. 691).

562 Vgl. BAG v. 29.09.1983, 2 AZR 179/82, AP Nr.1 zu § 79 BPersVG (siehe A, IV., 2. der Entscheidungsgründe).

Nach dem Wortlaut des § 128 Abs. 1 Satz 1 InsO wird die Anwendung der §§ 125 bis 127 InsO nicht dadurch ausgeschlossen, dass eine Betriebsänderung, die dem Interessenausgleich oder dem Feststellungsantrag zu Grunde liegt, erst nach einer Betriebsveräußerung durchgeführt werden soll. Der Wortlaut des § 128 Abs. 1 InsO enthält jedoch keinen Hinweis darauf, wer „Urheber“ des Konzeptes der zu Grunde liegenden Betriebsänderung ist – Insolvenzverwalter oder Erwerber. Die Norm bezieht sich lediglich auf den Zeitpunkt der Durchführung der Betriebsänderung.

Zwar heißt es in § 128 Abs. 1 InsO, die Anwendung der §§ 125 bis 127 werde nicht dadurch ausgeschlossen, dass die Betriebsänderung erst nach einer Betriebsveräußerung durchgeführt werden *soll*. Hierbei weist die Verwendung des Wortes „soll“ am Ende des Satzes auf ein planerisches Element hin. D.h., die Betriebsveräußerung war zum Zeitpunkt der Planung der Betriebsänderung ebenfalls bereits absehbar. Ob zu diesem Zeitpunkt der konkrete Erwerber bereits feststeht und wessen planerisches Konzept der Betriebsänderung zu Grunde liegt, ist der Vorschrift nicht zu entnehmen. Neben einer Planung durch den Erwerber wäre nämlich auch denkbar, dass der Insolvenzverwalter seinerseits ein Sanierungskonzept plant, welches nach seiner Vorstellung erst von dem Erwerber nach dem Betriebsübergang umgesetzt werden soll. Eine Anerkennung der Veräußererkündigung auf Grundlage eines Erwerberkonzeptes ist dem Wortlaut der Norm daher nicht zu entnehmen.

Sinn und Zweck des § 128 Abs. 1 InsO ist es, die kündigungsrechtlichen Erleichterungen der §§ 125 bis 127 InsO auch auf Fälle zu erstrecken, in denen eine Betriebsänderung erst nach einer Betriebsveräußerung durchgeführt werden soll. Dies setzt mithin zwingend voraus, dass auch Betriebsänderungen, die erst nach dem Betriebsübergang durch den Erwerber durchgeführt werden sollen, Kündigungen von Arbeitnehmern durch den Insolvenzverwalter bereits vor dem Betriebsübergang rechtfertigen können.[563] Sinnvollerweise sollten solche Betriebsänderungen auch auf einer Absprache zwischen dem Insolvenzverwalter und dem zukünftigen Erwerber beruhen. Aus wirtschaftlichen und praktischen Erwägungen erscheint es daher überzeugend, die Veräußererkündigung auf Grundlage eines Erwerberkonzeptes anzuerkennen.

Ob die Umsetzung einer konzeptionellen Planung des Erwerbers durch den Veräußerer mit § 128 InsO anerkannt werden sollte, ist dem Sinn und Zweck dieser Vorschrift nicht zwingend zu entnehmen. Sinn und Zweck der Norm enthalten nämlich keine Aussage darüber, wer Urheber der konzeptionellen Planung der Betriebsänderung sein kann – lediglich der Insolvenzverwalter oder auch der

---

563 Vgl. Zwanziger, Arbeitsrecht der InsO, § 128 InsO, Rn. 20; a.A.: Caspers, Seite 132, Rn. 302, der § 128 InsO so versteht, dass nur Kündigungen des Erwerbers nach dem Betriebsübergang erfasst werden.

Erwerber? Auch regelt die Norm nicht, aus wessen Sphäre die hierzu erforderlichen betrieblichen Umstände stammen dürfen. Dies ist vielmehr eine Frage, die im Rahmen des § 1 KSchG zu klären wäre. *Pfeiffer, Lipinski* und *Vossen* überdehnen daher den Sinn und Zweck der Norm, sofern sie hierin eine generelle Anerkennung der Kündigung des Insolvenzverwalters auf Grundlage eines Erwerberkonzeptes erkennen wollen.[564]

Auch der Gesetzesbegründung kann keine eindeutige Sichtweise entnommen werden. In dieser heißt es zu § 131 des Regierungsentwurfes der InsO, welcher die Grundlage des heutigen § 128 InsO darstellt:[565]

> *„Ein besonderes Bedürfnis für eine rasche Klärung von Kündigungsschutz-Streitigkeiten besteht häufig in dem Fall, daß eine Betriebsveräußerung geplant ist, bei der der Betrieb auf die Erfordernisse des Erwerbers umgestellt werden und ein Teil der Arbeitsplätze wegfallen soll. In diesem Fall soll der Insolvenzverwalter nicht darauf verwiesen werden, die Betriebsänderung selbst durchzuführen und den Betrieb erst anschließend zu veräußern. Um einen wirtschaftlich zweckmäßigen Ablauf nicht zu behindern, wird es ermöglicht, daß die Betriebsänderung erst vom Erwerber durchgeführt, daß der Insolvenzverwalter aber schon vor der Betriebsveräußerung nicht nur die erforderlichen Kündigungen ausspricht, sondern auch in den besonderen Verfahren der §§ 128 und 129 des Entwurfs deren Wirksamkeit klärt (...). (...) Der Entwurf verringert auf diese Weise die praktischen Schwierigkeiten, die sich in der heutigen Konkurspraxis aus dem zwingend vorgeschriebenen Übergang aller Arbeitsverhältnisse auf einen Betriebserwerber (§ 613a BGB) ergeben.“*

Auch der Gesetzesbegründung zu dem heutigen § 128 InsO kann keine Aussage darüber entnommen werden, ob das der Betriebsänderung zu Grunde liegende Konzept von dem Erwerber oder dem Insolvenzverwalter stammt. Zwar wird es in der Praxis häufig sinnvoll sein, dass ein Insolvenzverwalter Betriebsänderungen, die erst nach dem Betriebsübergang durchgeführt werden sollen, mit dem Erwerber berät. Das bedeutet aber nicht, dass das zu Grunde liegende Konzept auch von dem Erwerber stammt. Es wäre durchaus denkbar, dass der Insolvenzverwalter ein eigenes Sanierungskonzept entwickelt, nach dem bestimmte Betriebsänderungen erst für die Zeit nach einem geplanten, aber eventuell noch nicht konkret feststehenden Betriebsübergang vorgesehen wären. Auch diese Fälle sind von § 128 InsO erfasst und auch hier gelten die kündigungsrechtlichen Erleichterungen der §§ 125 bis 127 InsO. Im Ergebnis kann daher der Gesetzesbegründung keine eindeutige Aussage über die Anerkennung der Umsetzung von Erwerberkonzepten durch den Insolvenzverwalter entnommen werden.

---

564 *Pfeiffer* in KR, § 613a BGB, Rn. 189 (am Ende des ersten Absatzes); Lipinski, Sonderkündigungsschutz, Seite 60; *Vossen* in Stahlhacke, Kündigung und Kündigungsschutz, Seite 898, Rn. 2345.

565 Vgl. BT-Drs. 12/2443 v. 15.04.1992, Gesetzesentwurf der Bundesregierung: Entwurf einer Insolvenzordnung, Seite 150 zu § 131 des Regierungsentwurfes.

Auch aus der systematischen Stellung des § 128 InsO im Gesetz lassen sich keine weiteren Erkenntnisse gewinnen. Praktische Erwägungen zu dem Ablauf einer übertragenden Sanierung mögen zwar dafür sprechen, die Umsetzung eines Erwerberkonzeptes anzuerkennen. Der Regelung des § 128 Abs. 1 InsO kann entgegen der zum Teil in der Literatur geäußerten Stimmen[566] keine gesetzliche Regelung zur Anerkennung von Kündigungen auf Grundlage eines Erwerberkonzeptes in der Insolvenz entnommen werden.

5. Sozialplan und Erwerberkonzept

Nach der gesetzlichen Legaldefinition des § 112 Abs. 1 Satz 2 BetrVG handelt es sich bei einem Sozialplan um eine „Einigung über den Ausgleich oder die Milderung der wirtschaftlichen Nachteile, die den Arbeitnehmern infolge der geplanten Betriebsänderung entstehen". Außerhalb der Insolvenz obliegt es grundsätzlich dem Gestaltungsspielraum der Betriebsparteien, in welchem Umfang die von der Betriebsänderung ausgehenden prognostizierten wirtschaftlichen Nachteile ausgeglichen oder abgemildert werden sollen.[567] § 123 InsO stellt für einen Sozialplan, der nach der Eröffnung des Insolvenzverfahrens aufgestellt wird, hingegen Höchstgrenzen für dessen Dotierungsrahmen auf. Auf der einen Seite stellen diese Höchstgrenzen eine erhebliche finanzielle Entlastung der Masse dar. Auf der anderen Seite stellt dies umgekehrt proportional eine Belastung der Arbeitnehmer dar. Je günstiger der Sozialplan für die Masse, desto weniger günstig wird dieser in der Regel für den einzelnen Arbeitnehmer ausfallen.

Diese Höchstgrenzen können es für einen Erwerber durchaus sinnvoll erscheinen lassen, sozialplanpflichtige Betriebsänderungen bereits vor dem Betriebsübergang durch den Insolvenzverwalter durchführen zu lassen.[568] Hierzu sind im Wesentlichen zwei Fragen zu klären. Zum einen, ob ein Erwerber für Ansprüche aus einem Sozialplan, der vom Insolvenzverwalter aufgestellt wurde, haften würde. Zum anderen ist zu untersuchen, ob sich der Dotierungsrahmen eines vom Insolvenzverwalter im Hinblick auf Betriebsänderungen auf Grundlage eines Erwerberkonzeptes abgeschlossenen Sozialplans gemäß § 123 InsO an den Verhältnissen des Veräußerers oder an den Verhältnissen des Erwerbers zu orientieren hat.

566 Vgl. *Pfeiffer* in KR, § 613a BGB, Rn. 189 (am Ende des ersten Absatzes); Lipinski, Sonderkündigungsschutz, Seite 60; *Vossen* in Stahlhacke, Kündigung und Kündigungsschutz, Seite 898, Rn. 2345; *Cohnen/Tepass* in Moll, MAH Arbeitsrecht, § 51, Rn. 179; Kappenhagen, BB 2003, 2182 (2182).

567 Vgl. z.B. Fitting, BetrVG, § 112, 112a, Rn. 138; Boemke/Tietze, DB 1999, 1389 (1390 f.).

568 Vgl. *Bernsau* in Bernsau, Betriebsübergang, InsO, Rn. 199.

a) Zuständigkeit des Betriebsrats

Einigkeit besteht zunächst insoweit, dass bei Betriebsänderungen, die bereits vor dem Betriebsübergang durch den Insolvenzverwalter vorgenommen werden sollen, diesen die Pflicht zur Verhandlung von Interessenausgleich und Sozialplan treffen.[569] Unabhängig davon, ob der übergehende Betrieb nach dem Betriebsübergang von dem Erwerber als eigenständiger Betrieb fortgeführt oder in einen bereits bestehenden Betrieb eingegliedert wird, ist für die Verhandlung des Sozialplans bei einer vor dem Betriebsübergang durchgeführten Betriebsänderung immer der Betriebsrat des übergehenden Betriebes zuständig.[570]

b) Haftung des Erwerbers

Eine der folgenschwersten Fragen in Bezug auf Betriebsänderungen, die auf Grundlage eines Erwerberkonzeptes durchgeführt werden, betrifft die Haftung des Erwerbers für Sozialpanansprüche übergehender Arbeitnehmer. Grundsätzlich tritt der Erwerber gemäß § 613a Abs. 1 BGB in die Rechte und Pflichten aus den im Zeitpunkt des Übergangs bestehenden Arbeitsverhältnissen ein. Dies gilt prinzipiell auch für Sozialplanansprüche. Vor dem Betriebsübergang ist der ehemalige Arbeitgeber Partei und Schuldner des Sozialplans. Mit dem Betriebsübergang tritt der Erwerber in die Rechtsstellung des Arbeitgebers ein und wäre daher grundsätzlich auch richtiger Ansprechpartner für Ansprüche aus dem Sozialplan.[571]

Wie bereits oben dargestellt, findet § 613a BGB in Bezug auf seine haftungsrechtliche Komponente bei einem Betriebsübergang in der Insolvenz nur eingeschränkt Anwendung.[572] Der haftungsrechtliche Teil des § 613a BGB ist mit den Verteilungsgrundsätzen des Insolvenzverfahrens nicht in Übereinstimmung zu bringen.[573] Denn würde der Erwerber uneingeschränkt für alle Ansprüche übergehender Arbeitnehmer haften, würde dies zu einer Besserstellung dieser Arbeitnehmer gegenüber allen weiteren Gläubigern des Insolvenzschuldners führen. Dies widerspricht aber dem für die Abwicklung der Ansprüche im Rahmen eines Insolvenzverfahrens bestehenden Grundsatz, dass Gläubiger nach Maßgabe der

569 Vgl. Annuß/Stamer, NZA 2003, 1247 (1248).
570 Vgl. *Schweibert* in Willemsen, Umstrukturierung und Übertragung von Unternehmen, C, Rn. 82.
571 Vgl. z.B. BAG v. 15.01.2002, 1 AZR 58/01, NZA 2002, 1034 (siehe I., 2. der Entscheidungsgründe).
572 Siehe oben: II.A.
573 Vgl. BAG v. 17.01.1980, 3 AZR 160/79, AP Nr. 18 zu § 613a BGB.

Verteilungsgrundsätze der InsO gleichmäßig befriedigt werden sollen.[574] Verteilungsgrundsätze bestehen aber mit den Regelungen der §§ 38 ff. InsO sowie den §§ 174 ff. InsO eigentlich nur für Insolvenzforderungen. Masseforderungen sind hingegen gemäß § 53 InsO ohne Beschränkungen voll zu befriedigen. Nach verbreiteter Auffassung findet die insolvenzrechtlich gebotene Beschränkung der Erwerberhaftung daher lediglich auf Insolvenz-, nicht jedoch auf Masseforderungen Anwendung.[575]

Mit der Einführung des § 123 Abs. 2 Satz 1 InsO werden Ansprüche aus einem Sozialplan, der nach der Eröffnung des Insolvenzverfahrens aufgestellt wird, als Masseforderungen qualifiziert. Danach dürfte für eine nur eingeschränkte Wirkung des § 613a BGB in Bezug auf die Haftung des Erwerbers für Sozialplanansprüche eigentlich kein Raum sein.

(1) Die Rechtslage unter dem SozplKonkG

Mit seinem Urteil vom 15. Januar 2002 hatte der 1. Senat des BAG die unter dem SozplKonkG bestehenden Grundsätze zur Haftungsbeschränkung des Erwerbers bei einem Betriebsübergang in der Insolvenz erneut bestätigt.[576] Im Ergebnis sei die Haftung des Erwerbers gemäß § 613a BGB für Sozialplanansprüche von Arbeitnehmern unabhängig davon ausgeschlossen, ob der Sozialplan vor Eröffnung des Konkursverfahrens entstanden sei oder erst durch einen vom Konkursverwalter selbst abgeschlossenen Sozialplan begründet wurde.[577]

Zur Begründung führte das BAG aus, der Schutz der übrigen Konkursgläubiger verlange, dass der betriebsverfassungsrechtliche Eintritt des Erwerbers in die Rechte und Pflichten aus einem Sozialplan nicht in Ansehung solcher Sozialplanforderungen wirke, deren Erfüllung die zur Verteilung stehende Konkursmasse geschmälert hätte. Die Eröffnung des Konkursverfahrens führe dazu, dass die Ansprüche der Konkursgläubiger nur gemäß dem Verteilungsverfahren der KO geltend gemacht werden können. Sofern der Betriebserwerber für Ansprüche der Arbeitnehmer aus einem vor Konkurseröffnung geschlossenen Sozialplan nach § 613a BGB einstehen müsse, würde damit die Masse zu Lasten der anderen Gläubiger und unter Verletzung des Prinzips der gleichmäßigen Befriedigung geschmälert, da der Erwerber die zu erwartende Belastung regelmäßig von dem

574 Vgl. Becker, Insolvenzrecht, § 6, Rn. 210.

575 Vgl. z.B. BAG v. 19.10.2004, 9 AZR 647/03, NZA 2005, 408 (siehe unter II., 1. der Entscheidungsgründe); BAG v. 18.11.2003, 9 AZR 95/03, NZA 2004, 651 (siehe unter B., II., 2. b) der Entscheidungsgründe); BAG v. 18.11.2003, 9 AZR 347/03, NZA 2004, 654; BAG v. 09.12.2009, 7 ABR 90/07, NZA 2010, 461 (462); *Müller-Glöge* in Erfurter Kommentar, Einführung zu §§ 113 – 128 InsO, Rn. 60; Morshäuser/Falkner, NZG 2010, 881 (886).

576 Vgl. zur Rechtslage vor Inkrafttreten des SozplKonkG: Klöver, 33 ff..

577 Vgl. BAG v. 15.01.2002, 1 AZR 58/01, NZA 2002, 1034.

Kaufpreis abziehen würde. Damit seien die übergehenden Arbeitnehmer wirtschaftlich zu Lasten der übrigen Konkursgläubiger, die sich mit der geschmälerten Masse zufrieden geben müssten, bevorzugt. Außerdem würde dadurch die vom Betriebserwerber übernommene Belegschaft mit diesem einen neuen Haftungsschuldner für die bei Konkurseröffnung schon bestehenden Ansprüche erhalten, wodurch sie im Vergleich zu anderen Gläubigern und den ausscheidenden Arbeitnehmern bevorzugt wären.

Dies gelte unabhängig davon, ob der Sozialplan vor Eröffnung des Konkursverfahrens oder erst durch den Konkursverwalter abgeschlossen sei. Zwar seien nach der KO Ansprüche, die vom Konkursverwalter selbst und nicht schon vom Gemeinschuldner begründet worden seien, regelmäßig Masseschulden.[578] Sozialplanansprüche, die nach § 2 SozplKonkG vom Konkursverwalter begründet wurden, seien hingegen gemäß § 4 SozplKonkG ausdrücklich als Konkursforderungen zu qualifizieren. Die für vorkonkurslich begründete Sozialplanansprüche geltende Haftungsbeschränkung sei daher mit gleicher Argumentation auch auf Ansprüche aus nachkonkurslichen Sozialplänen zu erstrecken.

(2) Die Rechtslage unter der InsO

Mit der Einführung der InsO hat sich ein erheblicher Unterschied zur früheren Rechtslage unter dem SozplKonkG ergeben. Während § 4 SozplKonkG Ansprüche aus nachkonkurslichen Sozialplänen ausdrücklich als Konkursforderungen qualifizierte, stellen Ansprüche aus vom Insolvenzverwalter abgeschlossenen Sozialplänen gemäß § 123 Abs. 2 InsO Masseverbindlichkeiten dar.[579] Ob sich hierdurch die Rechtslage in Bezug auf die eingeschränkte Erwerberhaftung gemäß § 613a BGB mit der Einführung der InsO geändert hat, hat das BAG bislang ausdrücklich offengelassen.[580]

Dafür könnte zunächst die geänderte Rechtsnatur der Ansprüche sprechen. Einige Autoren in der Literatur verweisen darauf, dass eine teleologische Reduktion des § 613a Abs. 2 BGB nicht für Masseverbindlichkeiten in Frage komme.[581] Andere Autoren meinen, dass die Insolvenzeröffnung der maßgebliche Zeitpunkt

578 Vgl. bereits Richardi, Sozialplan und Konkurs, Seite 76 ff..

579 Vgl. Neef/Schrader, Arbeitsrechtliche Neuerungen, Seite 54, Rn. 162.

580 Vgl. BAG v. 15.01.2002, 1 AZR 58/01, NZA 2002, 1034 (siehe letzter Satz der Entscheidungsgründe).

581 Vgl. Morshäuser/Falkner, NZG 2010, 881 (886); *Wank* in Münchener Handbuch Arbeitsrecht, § 102, Rn. 158; In diesem Zusammenhang widersprüchlich: *Kreitner* in Küttner, Personalbuch 2010, Betriebsübergang, Rn. 94, der § 613a BGB in Bezug auf Masseverbindlichkeiten zwar uneingeschränkt anwenden will, gleichzeitig aber ungeachtet ihrer Rechtsnatur als Masseverbindlichkeiten von einer Haftungserleichterung in Bezug auf Sozialplanansprüche i.S.d. § 123 Abs. 1 InsO ausgeht.

für die Haftungsbegrenzung sei, wobei diese wegen der Sonderregelung des § 4 SozplKonkG ausnahmsweise auch auf nachkonkursliche Sozialpläne anwendbar sei.[582] Zum Teil wird vertreten, § 123 Abs. 2 Satz 2 InsO enthalte für nach der Insolvenzeröffnung aufgestellte Sozialpläne ebenso wie § 4 SozplKonkG besondere Verteilungsgrundsätze, weshalb das Haftungsprivileg zugunsten des Erwerbers weiterhin zur Anwendung komme.[583]

Dass bei einem Betriebsübergang aus der Insolvenz grundsätzlich eine Notwendigkeit besteht, eine Möglichkeit zur Einschränkung der Regelungen zum Betriebsübergang vorzusehen, hat bereits der europäische Gesetzgeber mit Art. 5 der Richtlinie 2001/23/EG anerkannt. Hier wurde nämlich die Möglichkeit für die Mitgliedstaaten vorgesehen, insolvente Unternehmen von den Regelungen zum Betriebsübergang auszunehmen. Der deutsche Gesetzgeber hat hiervon jedoch keinen Gebrauch gemacht. Sinn und Zweck der gleichwohl im Insolvenzfall weitgehend anerkannten teleologischen Reduktion des § 613a Abs. 2 BGB in Bezug auf die Erwerberhaftung liegt in dem Vorrang der Verteilungsgrundsätze der InsO. Würde der Betriebserwerber auch für Verbindlichkeiten des Veräußerers gegenüber seinen Arbeitnehmern haften, hätte dies eine Minderung des Kaufpreises und damit einhergehend eine geringere Verteilungsmasse zur Folge. Dies würde im Ergebnis zu einer unangemessenen Benachteiligung der übrigen Insolvenzgläubiger führen.

Diese Grundsätze gelten auch unter der InsO. Zwar bewirkt § 123 Abs. 2 InsO, dass die Ansprüche der Arbeitnehmer aus einem Insolvenzsozialplan Masseverbindlichkeiten darstellen. Dies ist allerdings im Zusammenspiel mit den Regelungen zum Dotierungsrahmen eines solchen Sozialplans zu verstehen. § 123 InsO enthält eine absolute und eine relative Obergrenze für die Dotierung eines Sozialplans. Der Gesamtdotierungsrahmen des Sozialplans beträgt gemäß § 123 Abs. 1 InsO maximal zweieinhalb Monatsverdienste der von einer Entlassung betroffenen Arbeitnehmer (absolute Obergrenze). Zusätzlich darf gemäß § 123 Abs. 2 InsO für die Befriedigung dieser Sozialplanforderungen nicht mehr als ein Drittel der Masse verwendet werden, die ohne einen Sozialplan für die Verteilung an die Insolvenzgläubiger zur Verfügung stünde (relative Obergrenze). D.h., zur Ermittlung des für die Sozialplanansprüche zur Verfügung stehenden Betrages sind von der insgesamt zur Verfügung stehenden Masse die Kosten des Verfahrens (§ 54 InsO) sowie die sonstigen Masseverbindlichkeiten (§ 55 InsO) abzuziehen. Die übrig bleibende Masse steht grundsätzlich zur Befriedigung der Sozialplanansprüche sowie der Insolvenzgläubiger i.S.d. § 38 InsO zur Verfügung. Von dieser Masse darf nun maximal ein Drittel zur Befriedigung der

582 Vgl. *Müller-Glöge* in Erfurter Kommentar, Einführung zu §§ 113 – 128 InsO, Rn. 60.

583 Vgl. Lembke, BB 2007, 1333 (1335); Zwanziger, Arbeitsrecht der InsO, Einführung, Rn. 180; Müller, NZI 2009, 153 (153).

Sozialplanansprüche verwendet werden. Reicht dies nicht aus, so sind die Ansprüche der Arbeitnehmer jeweils anteilig zu kürzen.[584]

Eine teleologische Reduktion des § 613a Abs. 2 BGB käme nur in Betracht, wenn die uneingeschränkte Haftung des Erwerbers zu einer nicht gewollten Veränderung dieser Verteilungsgrundsätze führen würde. Dabei ist – wie bereits unter dem SozplKonkG – davon auszugehen, dass die Haftung des Erwerbers potentiell zu einer Kaufpreisminderung führen würde. Hiervon wäre zumindest immer dann auszugehen, wenn die Sozialplanansprüche nicht bereits voll aus der Masse befriedigt werden könnten, was regelmäßig der Fall sein dürfte. Eine entsprechende Kaufpreisminderung würde aber zwangsläufig zu Lasten der übrigen Insolvenzgläubiger gehen, wie folgende vereinfachte Fallbeispiele zeigen werden.

Ausgangsfall A: Der Betrieb des Insolvenzschuldners soll vollständig veräußert werden. Vor der Veräußerung hat der Insolvenzverwalter bereits einen Sozialpan abgeschlossen. Der zu erwartende Kaufpreis ist die einzig zur Befriedung der Insolvenz- und Massegläubiger zur Verfügung stehende Masse. Folgende Zahlenwerte liegen den nachfolgenden Varianten zu Grunde:

Kosten des Verfahrens:	10.000,- EUR
Sozialplanansprüche:	60.000,- EUR
Sonstige Masseverbindlichkeiten:	50.000,- EUR
Insolvenzforderungen	600.000,- EUR
Unternehmenswert:	150.000,- EUR

Variante A 1: Sofern der Erwerber für die Sozialplanansprüche nicht haftet, würde dieser den Unternehmenswert in Höhe von 150.000,- EUR als Kaufpreis bezahlen. Von diesen 150.000,- EUR wären zunächst die Kosten des Verfahrens in Höhe von 10.000 EUR sowie die sonstigen Masseverbindlichkeiten in Höhe von 50.000,- EUR zu befriedigen. Mithin würde zur Befriedigung der Sozialplansprüche und der Insolvenzforderungen ein Restbetrag in Höhe von 90.000,- EUR zur Verfügung stehen. Wegen der relativen Grenze des § 123 Abs. 2 InsO dürfte hiervon maximal ein Drittel zur Befriedigung der Sozialplanforderungen verwendet werden, also 30.000,- EUR. Im Ergebnis würden zur Befriedigung der Insolvenzforderungen die restlichen 60.000,- EUR zur Verfügung stehen, was einer Befriedigungsquote von 10 % entspricht.

Variante A 2: Sollte der Erwerber für die Sozialplanforderungen der Arbeitnehmer haften, so ist davon auszugehen, dass dieser den Kaufpreis des Unternehmens entsprechend mindern würde. Hierbei ist zwar nicht zwangsläufig von einer Minderung in Höhe von 100 % der Sozialplanansprüche auszugehen, da diese ja zum Teil auch aus der Masse bezahlt werden können. Da eine Minderung in Höhe von 100 % der Sozialplanansprüche die höchstmögliche Minderung dar-

584 Vgl. *Aghamiri* in Leonhardt, InsO, § 123, Rn. 22.

stellen würde, soll dies im Folgenden als (extremes) Fallbeispiel gewählt werden. Ausgehend von obigen Zahlen, würde der Erwerber danach lediglich 90.000,- EUR als Kaufpreis zahlen, da er mit Sozialplanansprüchen in Höhe von bis zu 60.000,- EUR rechnen muss (150.000,- EUR abzüglich 60.000,- EUR). Abzüglich der Kosten des Verfahrens in Höhe von 10.000,- EUR sowie der sonstigen Masseverbindlichkeiten in Höhe von 50.000,- EUR würde zur Befriedigung der Sozialplansprüche und der Insolvenzforderungen nunmehr lediglich ein Restbetrag in Höhe von 30.000,- EUR zur Verfügung stehen. Gemäß § 123 Abs. 2 InsO stünden hiervon zwei Drittel zur Befriedigung der Insolvenzforderungen zur Verfügung, mithin 20.000,- EUR, was einer Befriedigungsquote von 3,33 % entspricht.

Diese Fallvarianten zeigen, dass die Haftung des Erwerbers sowie die damit einhergehende Minderung des Kaufpreises – genau wie unter dem Regime des SozplKonkG – zu einer geringeren Befriedigung der Insolvenzgläubiger führen würde. Das spricht zunächst dafür, auch unter dem Regime der InsO von einer Einschränkung der Erwerberhaftung auszugehen. Etwas anderes könnte jedoch dann gelten, wenn der Gesetzgeber mit der Umqualifizierung der Ansprüche aus einem Insolvenzsozialplan als Masseverbindlichkeiten gemäß § 123 InsO gerade auch eine Besserstellung der Sozialplangläubiger im Hinblick auf die Erwerberhaftung beabsichtigt hätte. Dem ist jedoch nicht der Fall. Die vom Gesetzgeber in § 123 InsO vorgesehenen Verteilungsgrundsätze sind nämlich nicht mit einer uneingeschränkten Erwerberhaftung gemäß § 613a Abs. 2 BGB in Einklang zu bringen sind. Dies zeigt sich deutlich anhand der relativen Obergrenze des § 123 Abs. 2 Satz 2 InsO. Die relative Obergrenze bewirkt, dass Sozialplanansprüche als *nachrangige* Masseverbindlichkeiten behandelt werden. Zunächst sind die Kosten des Verfahrens und die sonstigen Masseverbindlichkeiten zu befriedigen. Von dem dann zur Befriedigung der Insolvenzgläubiger zur Verfügung stehenden Betrag soll maximal ein Drittel zur Befriedigung der Sozialplanansprüche verwendet werden. Eine uneingeschränkte Haftung des Erwerbers würde aber dazu führen, dass diese Grundsätze im Ergebnis nicht mehr durchgreifen können, sondern Sozialplanansprüche wie „normale" Masseverbindlichkeiten i.S.d. § 55 InsO behandelt würden. Sozialplanansprüche würden nämlich über die Erwerberhaftung voll befriedigt, was bereits eine nicht gewollte Privilegierung der Sozialplanansprüche darstellen würde. Diese Befriedigung würde aber auch zu Lasten der Insolvenzgläubiger gehen, denn eine Haftung des Erwerbers führt regelmäßig zu einer Minderung des Kaufpreises. Und wie oben in Fallvariante A 2 gezeigt, würde die Minderung des Kaufpreises dazu führen, dass die zur Verteilung an die Insolvenzgläubiger zur Verfügung stehende Masse geschmälert würde.

Die Haftung des Erwerbers würde somit zu einer Umverteilung führen. Was die Insolvenzgläubiger weniger erhalten, würden die Arbeitnehmer als Sozialplanansprüche vom Erwerber bekommen. Die vom Gesetzgeber gewollte relative Obergrenze des § 123 Abs. 2 Satz 2 InsO würde somit über die Haftung des Erwerbers ausgehebelt und damit gegenstandslos werden. Dies kann vom Gesetzgeber nicht gewollt sein. Wie bereits unter dem SozplKonkG verdienen auch hier die Verteilungsgrundsätze der InsO den Vorrang, so dass die teleologische Reduktion des § 613a Abs. 2 BGB und damit eine nur eingeschränkte Erwerberhaftung trotz der Rechtsnatur der Sozialplanansprüche als Masseverbindlichkeiten auch für diese Anwendung findet.[585]

Die Einstufung der Sozialplanansprüche als Masseverbindlichkeiten gemäß § 123 Abs. 2 Satz 1 InsO wird dadurch auch nicht gegenstandslos. Sinn und Zweck dieser Regelung ist vielmehr praktischer Natur. In der Gesetzesbegründung heißt es hierzu:[586]

> *„Die Sozialplanforderungen sollen im künftigen Recht nicht mehr als bevorrechtigte Konkursforderungen eingeordnet werden, sondern als Masseforderungen (Absatz 2 Satz 1). Dadurch wird die Rechtsstellung der Arbeitnehmer mit Sozialplanforderungen formell verbessert. Diese Verbesserung hat allerdings nur begrenzte Bedeutung, da die Vorschrift über eine relative Begrenzung des Sozialplanvolumens bewirkt, daß die Sozialplangläubiger grundsätzlich nur befriedigt werden, wenn die übrigen Masseverbindlichkeiten voll erfüllt werden können. Insofern stehen die Sozialplanforderungen trotz ihrer Höherstufung im Nachrang zu den herkömmlichen Masseforderungen. Die Einordnung der Sozialplangläubiger hat immerhin den praktischen Vorteil, daß eine Anmeldung und Feststellung der Sozialplanforderungen entfällt.“*

§ 123 Abs. 2 Satz 1 InsO sollte danach lediglich eine *formelle* Besserstellung der Arbeitnehmer bewirken, indem die Feststellung und Anmeldung wegfällt. Anzumelden sind nämlich gemäß § 174 InsO nur Insolvenzforderungen, nicht aber Masseforderungen.

Eine Haftungsbeschränkung kommt nur in Frage, sofern die Sozialplanansprüche bereits vor dem Betriebsübergang entstanden sind.[587] Für Ansprüche, die nach dem Betriebsübergang entstehen, haftet der Erwerber hingegen voll. Eine Mithaftung des Veräußerers käme dann nach der Konzeption des § 613a Abs. 2 BGB nicht in Betracht. Der Veräußerer haftet nach dem klaren Wortlaut dieser Regelung nämlich für Ansprüche übergehender Arbeitnehmer nur, sofern diese vor dem Zeitpunkt des Übergangs entstanden sind und vor Ablauf von einem

---

585 Zu pauschal ist daher der folgende Hinweis des 7. Senats (vgl. BAG v. 09.12.2009, 7 ABR 90/07, NZA 2010, 461 (462)): „Besondere Verteilungsgrundsätze bestehen nur hinsichtlich der Forderungen, die ein Gläubiger als Insolvenzgläubiger geltend zu machen hat, d.h. für Insolvenzforderungen (§§ 38, 174ff. InsO).“ Diese Aussage vernachlässigt, dass im Fall von Sozialplanansprüchen auch für Masseverbindlichkeiten besondere Verteilungsgrundsätze bestehen.

586 Vgl. BT-Drs. 12/2443 vom 15.04.1992, Gesetzesentwurf der Bundesregierung: Entwurf einer Insolvenzordnung, Seite 154 zu § 141 des Regierungsentwurfes.

587 Grundlegend hierzu: BAG v. 17.01.1980, 3 AZR 160/79, AP Nr. 18 zu § 613a BGB (siehe unter II., 3., b) der Entscheidungsgründe).

Jahr nach diesem Zeitpunkt fällig werden.[588] Hierbei stellt sich ein weiteres Problem. Wann die Ansprüche aus einem Sozialplan entstehen, können die Betriebsparteien im Sozialplan selber regeln.[589] Als Entstehungszeitpunkt kann z.B. ein bestimmter Kalendertag festgelegt oder der Tag des Ausspruchs der Kündigung als maßgeblicher Zeitpunkt vereinbart werden. Wenn die Sozialplanansprüche erst mit einem Ausscheiden aus dem Betrieb entstehen sollen, kann dies zu einer deutlichen Ungleichbehandlung der Sozialplangläubiger führen. Dies wäre z.B. denkbar, wenn der Insolvenzverwalter alle notwendigen Kündigungen ausspricht, aber nicht alle Kündigungsfristen vor dem Betriebsübergang ablaufen. Entstehen die Sozialplanansprüche in einem solchen Fall erst mit einem Ausscheiden aus dem Betrieb, so wäre Schuldner der vor dem Betriebsübergang ausscheidenden Arbeitnehmer aufgrund der teleologischen Reduktion des § 613a Abs. 2 BGB und der somit nur eingeschränkten Erwerberhaftung allein der Insolvenzverwalter als Veräußerer. Den übergehenden Arbeitnehmern würde hingegen (allein) der Erwerber als Schuldner zur Verfügung stehen. Auch in einem solchen Fall ist wahrscheinlich, dass der Erwerber den Kaufpreis um die Sozialplanansprüche der übergehenden Arbeitnehmer reduzieren würde. Im Ergebnis würde daher – wie in dem obigen Beispiel A 2 – die Abfindung der übergehenden Arbeitnehmer die den Insolvenzgläubigern zur Verfügung stehende Masse mindern.

Sowohl die Ungleichbehandlung der einzelnen Sozialplangläubiger als auch die entsprechende Minderung der für die Verteilung an die Insolvenzgläubiger zur Verfügung stehenden Masse sind als Rechtsreflexe hinzunehmen. Es obliegt der Regelungsbefugnis der Betriebsparteien, den Entstehungszeitpunkt für die Sozialplanansprüche zu wählen. Wollen diese eine Ungleichbehandlung der betroffenen Arbeitnehmer verhindern, so steht es ihnen frei, einen Entstehungszeitpunkt vor dem Betriebsübergang zu wählen. Auch die Minderung der für die Verteilung an die Insolvenzgläubiger zur Verfügung stehenden Masse ist hinzunehmen. Sinn und Zweck der eingeschränkten Erwerberhaftung im Falle eines Betriebsübergangs aus der Insolvenz ist die Wahrung der insolvenzrechtlichen Verteilungsgründsätze. Auf Ansprüche, die erst nach einem Betriebsübergang entstehen, finden diese Grundsätze aber keine Anwendung. Alleiniger Schuldner der Arbeitnehmer wäre hier der Erwerber. Dass sich der Kaufpreis entsprechend reduziert, liegt dabei in der Natur der Sache. Würde der Erwerber die sozialplanpflichtige Betriebsänderung erst nach dem Betriebsübergang selber durchführen, würde sich der Kaufpreis ebenfalls entsprechend reduzieren. Es bedarf an dieser Stelle daher keines weitergehenden Korrektivs.

---

588 Vgl. *Preis* in Erfurter Kommentar, § 613a BGB, Rn. 136.

589 Vgl. m.w.N.: Wolff, 108; BAG v. 27.06.2006, 1 AZR 322/05, NZA 2006, 1238 (Orientierungssatz Nr. 3 der Entscheidung).

(3) Zwischenergebnis

Nach einem Betriebsübergang aus der Insolvenz haftet der Erwerber nicht für bereits entstandene Ansprüche übergehender Arbeitnehmer aus einem Sozialplan, den der Insolvenzverwalter vor dem Betriebsübergang abgeschlossen hat. Auch die mit Einführung der InsO vorgenommene Qualifizierung der Ansprüche aus einem Insolvenzsozialplan als Masseverbindlichkeiten bewirkt nicht, dass der Erwerber im Rahmen von § 613a Abs. 2 BGB für entsprechende Ansprüche übergehender Arbeitnehmer haftet. Der Schutz der Insolvenzgläubiger erfordert es, – wie bereits unter der Geltung des SozplKonkG – das Haftungsregime des § 613a Abs. 2 BGB dahingehend teleologisch zu reduzieren. Entgegen der in der Literatur zum Teil geäußerten Auffassung[590], ist für die Haftungsbegrenzung jedoch nicht der Zeitpunkt der Insolvenzeröffnung maßgeblich. Entscheidend ist vielmehr, ob eine Haftung des Erwerbers gemäß § 613a Abs. 2 BGB mit den in der InsO vorgesehenen Verteilungsgrundsätzen in Einklang zu bringen ist.

c) Rückgriffsanspruch des Insolvenzverwalters

Zum Teil wird vertreten, der Insolvenzverwalter könne im Innenverhältnis den zukünftigen Erwerber gemäß §§ 670, 426 Abs. 1, 2 BGB auf Freistellung von Sozialplanansprüchen in Anspruch nehmen, sofern der Insolvenzverwalter auf Veranlassung des Erwerbers Kündigungen ausgesprochen hat und zwischen diesen nichts Abweichendes vereinbart worden sei.[591] Diese Auffassung ist abzulehnen, da sie zum einen dogmatisch nicht überzeugt und zum anderen nicht mit den Verteilungsgrundsätzen der InsO in Einklang zu bringen ist.

Bereits aus dogmatischen Gründen bestehen große Bedenken, ob es sich bei der Umsetzung eines Erwerberkonzeptes um einen Auftrag i.S.d. § 662 BGB handelt. Ein Auftrag i.S.d. § 662 BGB ist die „vertragliche Übernahme der unentgeltlichen Geschäftsbesorgung für einen anderen".[592] Charakteristisch für ein Auftragsverhältnis ist, dass der Beauftragte zur Besorgung eines Geschäfts für den Auftraggeber verpflichtet ist. Typischerweise werden beim Auftrag Geschäfte besorgt, die aus Sicht des Beauftragten im fremden Interesse liegen.[593] Bereits eine solche Fremdnützigkeit ist hier zu verneinen. Selbst wenn die Umsetzung des Erwerberkonzeptes auch Interessen des Erwerbers berührt, so hat diese aus Sicht des Insolvenzverwalters allein der Vorbereitung einer übertragenden Sa-

590 Vgl. *Müller-Glöge* in Erfurter Kommentar, Einführung zu §§ 113 – 128 InsO, Rn. 60; Pfefferle, Seite 156.
591 Vgl. Wickler, Seite 96 f.; Gaul, DB 2004, 1498 (1503).
592 Vgl. *Mansel* in Jauernig, BGB, § 662, Rn. 1.
593 Vgl. *Sprau* in Palandt, BGB, § 662, Rn. 7; *Martinek* in Staudinger, BGB, § 662, Rn. 27 f..

nierung und somit der Verwertung des insolventen Unternehmens zu dienen. Der Insolvenzverwalter setzt das Erwerberkonzept nämlich in Erfüllung seiner ihm obliegenden Pflicht zur bestmöglichen Gläubigerbefriedigung um und handelt daher gerade nicht fremdnützig.

In der Regel dürfte aber auch kein entsprechender Rechtsbindungswille des Insolvenzverwalters vorliegen. Bei einem Auftrag handelt es sich um einen (wenn auch unvollkommenen) zweiseitigen Vertrag, welcher einen Rechtsbindungswillen der Vertragsparteien voraussetzt.[594] Ohne Weiteres kann nicht darauf geschlossen werden, dass der Insolvenzverwalter sich rechtlich dazu verpflichten will, ein Erwerberkonzept umzusetzen. Zum einen würde dies dem Erwerber einen rechtlich durchsetzbaren Anspruch auf Umsetzung des Erwerberkonzeptes einräumen. Zum anderen ist regelmäßig nicht davon auszugehen, dass sich der Insolvenzverwalter einer entsprechenden Haftung sowie der Auskunfts- und Rechenschaftspflicht gemäß § 666 BGB unterwerfen will.

Maßgeblich sprechen gegen einen entsprechenden Rückgriffsanspruch die Verteilungsgrundsätze der InsO. Würde man einen Rückgriffsanspruch des Insolvenzverwalters für Sozialplanansprüche im Innenverhältnis gegen den Erwerber anerkennen, so würde dies die oben dargestellte teleologische Reduktion des § 613a Abs. 2 BGB in Bezug auf die Erwerberhaftung wieder umkehren. Über das Institut einer solchen Haftung würde im Ergebnis wieder der Erwerber für die Sozialplanansprüche der Arbeitnehmer haften. Wie bereits oben aufgezeigt, widerspricht dies jedoch den Verteilungsgrundsätzen der InsO.[595] Ein Rückgriffsanspruch des Insolvenzverwalters gegen den Erwerber auf Freistellung von Sozialplanansprüchen ist daher ausgeschlossen.

d) Dotierung des Sozialplans in der Insolvenz

Schwierigkeiten kann im Einzelfall der konkrete Dotierungsrahmen des Sozialplans bereiten. Für den Dotierungsrahmen eines Sozialplans, der nach der Eröffnung des Insolvenzverfahrens aufgestellt wird, sind zum einen die absolute und die relative Obergrenze des § 123 InsO beachtlich. Danach beträgt der Gesamtdotierungsrahmen des Sozialplans maximal zweieinhalb Monatsverdienste der von einer Entlassung betroffenen Arbeitnehmer (absolute Obergrenze). Zum anderen ist für Sozialpläne, die auf dem Spruch einer Einigungsstelle beruhen, die Ermessensschranke des § 112 Abs. 5 BetrVG zu beachtlich. Danach hat eine Einigungsstelle bei der Aufstellung des Sozialplans sowohl die sozialen Belange der betroffenen Arbeitnehmer zu berücksichtigen als auch auf die wirtschaftli-

594 Vgl. *Mansel* in Jauernig, BGB, § 662, Rn. 8.
595 Siehe oben: IV.C.5.b).

che Vertretbarkeit ihrer Entscheidung für das Unternehmen zu achten. In Fällen, in denen die Betriebsänderungen in einem engen zeitlichen Zusammenhang zu einem Betriebsübergang stehen, ist die konkrete Anwendung dieser Regelung strittig. Hierbei sind verschiedene Fallvarianten denkbar:

Fallvariante 1: Planung und Durchführung der Betriebsänderung durch den Insolvenzverwalter

Fallvariante 2: Planung der Betriebsänderung durch den Insolvenzverwalter, Durchführung durch den Erwerber

Fallvariante 3: Planung der Betriebsänderung durch den Erwerber, Durchführung durch den Insolvenzverwalter

Fallvariante 4: Planung und Durchführung der Betriebsänderung durch den Erwerber

Im Folgenden sollen die Auswirkungen dieser verschiedenen Gestaltungsvarianten auf die Dotierung eines Sozialplans im Hinblick auf § 123 InsO sowie § 112 Abs. 5 BetrVG untersucht werden.

(1) Anwendbarkeit des § 123 InsO und die Dotierung des „freien" Sozialplans

Die Vorschrift des § 123 InsO modifiziert lediglich die Regelungen der §§ 112, 112a BetrVG und setzt deren Anwendbarkeit somit voraus.[596] Voraussetzung für die Anwendbarkeit des § 123 InsO ist daher zunächst eine geplante Betriebsänderung in einem Unternehmen mit mehr als 20 wahlberechtigten Arbeitnehmern, § 111 Abs. 1 Satz 1 BetrVG.[597] Diese Einschränkung folgt bereits aus dem systematischen Zusammenhang des § 123 InsO mit den §§ 121, 122 InsO und dem dort enthaltenen Verweis auf § 112 BetrVG. Darüber hinaus folgt dies auch aus dem Gedanken, dass es der Regelungen des § 123 InsO lediglich bedarf, sofern auch außerhalb eines Insolvenzverfahrens ein Sozialplan hätte aufgestellt werden müssen.[598]

In zeitlicher Hinsicht findet die Norm nach ihrem eindeutigen Wortlaut nur auf Sozialpläne Anwendung, die nach der Eröffnung des Insolvenzverfahrens aufgestellt werden. Der zeitliche Anwendungsbereich wird durch die Eröffnung des Insolvenzverfahrens einerseits und die Beendigung des Insolvenzverfahrens andererseits begrenzt. Der Zeitpunkt der Insolvenzeröffnung ergibt sich

596 Vgl. *Linck* in Kreft, InsO, § 123 InsO, Rn. 2; *Oetker* in GK-BetrVG, § 111, Rn. 40.
597 Vgl. *Löwisch/Caspers* in Münchener Kommentar InsO, § 123, Rn. 8; *Linck* in Kreft, InsO, § 123 InsO, Rn. 4; Annuß, NZI 1999, 344 (348); a.A. Oetker/Friese, DZWIR, 2001, 265 (266).
598 Vgl. *Löwisch/Caspers* in Münchener Kommentar InsO, § 123, Rn. 8.

direkt aus dem Eröffnungsbeschluss, § 27 Abs. 1 Nr. 3 InsO. Ist der Eröffnungszeitpunkt nicht angegeben, so gilt gemäß § 27 Abs. 2 InsO als Zeitpunkt der Eröffnung die Mittagsstunde des Tages, an dem der Beschluss erlassen worden ist. Nach der Übertragung des Betriebes des Insolvenzschuldners auf einen Erwerber ist § 123 InsO nicht mehr anwendbar. Dies ergibt sich bereits aus der systematischen Stellung der Norm in der InsO. Maßgeblich für die Anwendbarkeit des § 123 InsO ist allein, dass die Aufstellung des Sozialplans in diesen Zeitraum fällt. Aufgestellt ist der Sozialplan, sofern er entweder gemäß § 112 Abs. 1 Satz 1,2 BetrVG schriftlich niedergelegt und von beiden Seiten unterzeichnet oder gemäß § 112 Abs. 4 BetrVG durch den Spruch der Einigungsstelle ersetzt wurde.[599]

Unerheblich ist es hingegen, wann die Betriebsänderung durchgeführt werden soll.[600] Plant der Insolvenzverwalter eine Betriebsänderung und führt er diese auch selber durch (Fallvariante 1), so ist § 123 InsO auf einen vom Insolvenzverwalter abgeschlossenen Sozialplan unzweifelhaft anwendbar. Auch wenn der Insolvenzverwalter davon ausgeht, dass die von ihm geplante Betriebsänderung erst nach einer übertragenden Sanierung von einem Erwerber durchgeführt wird (Fallvariante 2), wäre auf einen vom Insolvenzverwalter abgeschlossenen Sozialplan § 123 InsO anwendbar. Auch in diesem Fall wäre die Planung der Betriebsänderung weiterhin durch den Insolvenzverwalter erfolgt. Dass diese vom Erwerber nach der Betriebsänderung auch tatsächlich durchgeführt wird, mag zwar die Planung des Insolvenzverwalters sein. Der Erwerber wäre hieran allerdings nicht gebunden.

Gleiches gilt auch, wenn der Erwerber eine Betriebsänderung plant, die noch vor der Übertragung durch den Insolvenzverwalter durchgeführt werden soll (Fallvariante 3). Auch in diesem Fall wäre § 123 InsO auf einen vom Insolvenzverwalter abgeschlossenen Sozialplan anwendbar.[601] Die tatsächliche Entscheidung zur Durchführung der Betriebsänderung kann in diesem Fall nämlich nur der Insolvenzverwalter treffen, denn allein der Insolvenzverwalter übt vor der Übertragung die Verwaltungs- und Verfügungsbefugnis aus. In diesem Fall die Dotierungsgrenzen des § 123 InsO nicht anzuwenden, würde (wahrscheinlich) zu einer entsprechend höheren Sozialplandotierung führen, was regelmäßig zu Lasten anderer Insolvenzgläubiger ginge. Mit der Regelung des § 123 InsO soll gerade ein Ausgleich zwischen den Interessen der Arbeitnehmer und der übrigen

599 Vgl. Oetker/Friese, DZWIR, 2001, 265 (268).

600 Vgl. Oetker/Friese, DZWIR, 2001, 265 (268).

601 Vgl. Zwanziger, Arbeitsrecht der InsO, § 123 InsO, Rn. 3; a.A. wohl Wickler, Seite 96, der auch bei der Verhandlung eines „freien Sozialplans“ in diesem Fall stets auf die wirtschaftlichen Verhältnisse des Erwerbers abstellen will.

Gläubiger getroffen werden.[602] In der Regierungsbegründung zu § 2 SozplKonkG heißt es:[603]

> *„Im Konkurs des Arbeitgebers dürfen jedoch Sozialplanforderungen im Interesse der Konkursgläubiger, deren Befriedigungschancen durch den Sozialplan beeinträchtigt werden, nur in Höhe eines gesetzlich bestimmten Gesamtbetrages begründet werden."*

§ 2 SozplKonkG ist mit der heutigen Regelung des § 123 Abs. 1 InsO weitgehend identisch. Die entsprechenden Ausführungen in der Gesetzesbegründung sind auch auf § 123 Abs. 1 InsO übertragbar, da sich der Gesetzgeber diese bei Einführung der InsO mit Übernahme der Regelung zu eigen gemacht hat. Der Gesetzgeber hat danach klar erkannt, dass höhere Sozialplanabfindungen zu Lasten der sonstigen Insolvenzgläubiger gehen. Ein Ausgleich der Interessen der Arbeitnehmer auf der einen und der sonstigen Insolvenzgläubiger auf der anderen Seite wurde durch eine Begrenzung des Dotierungsrahmens des Sozialplanvolumens geschaffen. Diese Obergrenze ist daher auf alle Sozialpläne anwendbar, die nach der Eröffnung des Insolvenzverfahrens durch den Insolvenzverwalter aufgestellt werden.

Dieser Gedanke ist auch auf Fälle anwendbar, in denen der Erwerber eine Betriebsänderung plant und diese erst nach dem Betriebsübergang selber umsetzen möchte (Fallvariante 4). Vom zeitlichen Ablauf her ist ein solches Szenario keinesfalls unwahrscheinlich. Will ein Erwerber direkt nach der übertragenden Sanierung eine Betriebsänderung i.S.d. § 111 BetrVG vornehmen, so müsste er zunächst mit dem Betriebsrat über einen Interessenausgleich verhandeln. Beschleunigen kann er dies nur dadurch, dass der Interessenausgleich – und damit regelmäßig verbunden auch der Sozialplan – bereits vor der übertragenden Sanierung abgeschlossen wird. Dem Erwerber fehlt zu diesem Zeitpunkt mangels Arbeitgeberposition die notwendige Befugnis zum Abschluss eines Interessenausgleichs.[604] Daher bleibt lediglich die Möglichkeit, dass der Interessenausgleich bereits durch den Insolvenzverwalter verhandelt wird. Regelmäßig ist der Betriebsrat zum Abschluss eines Interessenausgleichs (insbesondere wenn es sich um einen Interessenausgleich mit einer Namensliste i.S.d. § 125 Abs. 1 InsO handeln soll) nur bereit, wenn gleichzeitig auch ein Sozialplan abgeschlossen wird.

---

602 Vgl. zum Sinn und Zweck der Einführung von Obergrenzen für im Konkurs- bzw. Insolvenzverfahren abgeschlossene Sozialpläne: BT-Drs. 10/2129 vom 17.10.1984, Gesetzesentwurf der Bundesregierung: Entwurf eines Gesetzes über den Sozialplan im Konkurs- und Vergleichsverfahren, Seite 6 (Allgemeines).

603 BT-Drs. 10/2129 vom 17.10.1984, Gesetzesentwurf der Bundesregierung: Entwurf eines Gesetzes über den Sozialplan im Konkurs- und Vergleichsverfahren, Seite 7 zu § 2 SozplKonkG.

604 Vgl. *Schweibert* in Willemsen, Umstrukturierung und Übertragung von Unternehmen, C, Rn. 88.

Sowohl der Wortlaut der Norm als auch dessen systematische Stellung in der InsO sprechen dafür, § 123 InsO auch in diesem Fall auf einen bereits vor dem Betriebsübergang vom Insolvenzverwalter abgeschlossenen Sozialplan anzuwenden. Wie bereits oben gezeigt, stützen auch die Entstehungsgeschichte sowie der Sinn und Zweck der Norm dieses Ergebnis. Würden die Dotierungsgrenzen des § 123 InsO auf diesen Fall ausnahmsweise nicht angewendet werden, so könnte dies auch zu einer Verringerung des Kaufpreises und damit verbunden einer Schlechterstellung der Insolvenzgläubiger führen. Dies dürfte zumindest immer dann in Betracht kommen, wenn die Sozialplanansprüche erst nach dem Betriebsübergang entstehen und somit eine Einschränkung der Erwerberhaftung nach den oben dargestellten Grundsätzen nicht in Betracht käme.[605]

Diesen Konflikt zwischen den Interessen der Arbeitnehmer auf der einen und den Interessen der übrigen Insolvenzgläubiger auf der anderen Seite hat der Gesetzgeber gelöst, indem er mit § 123 InsO eine Höchstgrenze für den Dotierungsrahmen geschaffen hat. Darüber hinaus gilt es aus rein praktischen Überlegungen zu beachten, dass die Begrenzung des Dotierungsrahmens für die Arbeitnehmer nicht zwingend nachteilig sein muss. Ein Erwerber könnte sich nämlich unter Umständen nach Übernahme des Betriebes auf das Privileg des § 112a Abs. 2 BetrVG berufen, sofern das Unternehmen des Erwerbers neu gegründet wurde. In Folge dessen wäre ein Sozialplan gar nicht erzwingbar. In diesem Fall könnten die Arbeitnehmer mit einem gemäß § 123 InsO „limitierten Insolvenzsozialplan“ sogar besser gestellt sein.[606]

Für die Anwendbarkeit des § 123 InsO ist daher allein maßgeblich, dass der Sozialplan vom Insolvenzverwalter nach Eröffnung des Insolvenzverfahrens und vor dem Betriebsübergang auf den Erwerber abgeschlossen wurde. Unerheblich ist es hingegen, wer die Betriebsänderung geplant hat und wann die Betriebsänderung durchgeführt werden soll.[607]

Verhandelt der Insolvenzverwalter mit dem Betriebsrat den Sozialplan, liegt die Regelungshoheit in Bezug auf die konkrete Ausgestaltung des Sozialplans innerhalb der Grenzen des § 123 InsO bei den Betriebsparteien. Nach dem klaren Wortlaut des § 112 Abs. 5 BetrVG sind die dort enthaltenen Grundsätze lediglich von der Einigungsstelle zu beachten. Der Insolvenzverwalter ist daher grundsätzlich nicht an § 112 Abs. 5 BetrVG gebunden.[608] Da der Insolvenzverwalter aber an das Gebot der größtmöglichen Gläubigerbefriedigung gebunden ist, muss er selbstverständlich berücksichtigen, was eine Einigungsstelle im Falle des Schei-

605 Siehe zur eingeschränkten Erwerberhaftung für Sozialplanansprüche oben: IV.C.5.b).

606 Vgl. Gaul, Arbeitsrecht der Betriebs- und Unternehmensspaltung, § 36, Rn. 44.

607 Vgl. Oetker/Friese, DZWIR, 2001, 265 (268).

608 Vgl. m.w.N.: Diepenbroick-Grüter, Seite 96 ff..

terns der Verhandlungen als Dotierungsrahmen vorsehen könnte.[609] Lediglich über diesen „Umweg" erlangt § 112 Abs. 5 BetrVG letztendlich doch wieder einen gewissen Einfluss auf die „freie" Sozialplanverhandlung der Betriebsparteien.

(2) Die Dotierung des „erzwungenen" Sozialplans

Die allgemeinen betriebsverfassungsrechtlichen Vorschriften sind auch auf einen Sozialplan in der Insolvenz anwendbar. Die §§ 123, 124 InsO schaffen insofern kein anderweitiges Rechtsinstitut eines Insolvenzsozialplans, sondern modifizieren lediglich die Vorschriften der §§ 111, 112 BetrVG.[610] Unstreitig ist insofern, dass auch im Rahmen eines Insolvenzverfahrens der Spruch der Einigungsstelle einen Sozialplan ersetzen kann.[611] Der Spruch der Einigungsstelle ersetzt daher gemäß § 112 Abs. 4 Satz 2 BetrVG die Einigung zwischen Betriebsrat und Insolvenzverwalter. Problematisch ist dabei, welche Grenzen die Einigungsstelle bei der Dotierung des Sozialplans zu berücksichtigen hat. Unstreitig hat die Einigungsstelle jedenfalls die absolute und relative Sozialplangrenze des § 123 InsO zu beachten.[612] Innerhalb dieser Grenzen ist die Anwendbarkeit des § 112 Abs. 5 BetrVG in mehrfacher Hinsicht problematisch. Nach dessen Wortlaut hat die Einigungsstelle *„sowohl die sozialen Belange der betroffenen Arbeitnehmer zu berücksichtigen als auch auf die wirtschaftliche Vertretbarkeit ihrer Entscheidung für das Unternehmen zu achten"*. Nach dem gesetzlichen Leitbild sollen dementsprechend die Interessen der Arbeitnehmer und des Unternehmens gegeneinander abgewogen werden.

(a) Modifizierung in der Insolvenz

Zum Teil wird vertreten, § 112 Abs. 5 BetrVG sei im Insolvenzfall überhaupt nicht anwendbar.[613] Vielmehr könne die Einigungsstelle das Sozialplanvolumen im Rahmen der insolvenzrechtlichen Vorgaben nach billigem Ermessen festlegen.[614] Denn werde das Unternehmen stillgelegt, so entfalle eine Abwägung mit den Unternehmensinteressen, Maßstab seien dann lediglich die Vorgaben der InsO.[615]

Nach überwiegender und zutreffender Ansicht ist § 112 Abs. 5 BetrVG hingegen auch in der Insolvenz anwendbar. Im Falle einer Betriebsänderung zur

609 Vgl. Annuß, NZI 1999, 344 (348); Gaul, DB 2004, 1498 (1499); Willemsen/Tiesler, Interessenausgleich und Sozialplan, Seite 38, Rn. 121.

610 Vgl. *Hamacher* in Nerlich/Römermann, InsO, § 123, Rn. 5; Annuß, NZI 1999, 344 (348).

611 Vgl. *Hamacher* in Nerlich/Römermann, InsO, § 123, Rn. 6a.

612 Vgl. *Wolf* Braun, InsO, § 123, Rn. 19; Wenning-Morgenthaler, Rn. 1067 ff.; Annuß, NZI 1999, 344 (348).

613 Vgl. Klöver, Seite 136.

614 Vgl. Klöver, Seite 136.

615 Vgl. Klöver, Seite 136.

Vorbereitung einer übertragenden Sanierung treten jedoch an die Stelle der Unternehmensinteressen dann die Interessen der Gläubiger.[616] Bei einer Liquidation des Unternehmensträgers kann es nämlich nicht mehr auf die wirtschaftliche Vertretbarkeit für das Unternehmen ankommen. Vielmehr sind es nunmehr die Insolvenzgläubiger, deren Interessen in Konkurrenz zu den Interessen der Arbeitnehmer stehen.[617] § 112 Abs. 5 BetrVG wird somit durch die insolvenzrechtlichen Vorschriften nicht verdrängt, sondern lediglich modifiziert.

(b) Bezugsobjekt der „wirtschaftlichen Vertretbarkeit"

Für die wirtschaftliche Vertretbarkeit eines Sozialplans sind gemäß § 112 Abs. 5 Satz 2 BetrVG die objektiven Umstände im Zeitpunkt des Aufstellens des Sozialplans maßgeblich. Zum Teil wird vertreten, im Rahmen der Abwägungsentscheidung des § 112 Abs. 5 BetrVG sei bei der Umsetzung eines Erwerberkonzeptes grundsätzlich auf die wirtschaftlichen Verhältnisse des Erwerbers abzustellen.[618] Dem ist allerdings nicht zuzustimmen. Sofern *Gaul* dies vertritt, verkennt er bereits, dass dem Insolvenzverwalter kein Rückgriffsrecht gegen den Erwerber zusteht, dieser nicht einmal im Rahmen von § 613a BGB für bereits entstandene Sozialplanansprüche haftet.[619] Jede Erhöhung des Sozialplanvolumens im Hinblick auf die erst zukünftige wirtschaftliche Leistungsfähigkeit des Erwerbers würde dieser, sofern er denn für die Sozialplanansprüche haftet, sicherlich bei der Verhandlung des Kaufpreises berücksichtigen wollen. Wie bereits oben gezeigt, würde dies regelmäßig zu Lasten der Insolvenzgläubiger gehen. Haftet der Erwerber hingegen nicht für die entsprechenden Sozialplanansprüche, ist es auch nicht sachgerecht, bei der Dotierung des Sozialplans auf die wirtschaftlichen Verhältnisse des Erwerbers abzustellen.

Die erst nach dem Betriebsübergang bestehenden Verhältnisse dürfen daher bei der Dotierung des Sozialplans vor dem Betriebsübergang nicht bereits als bestehend vorausgesetzt werden.[620] Auch bei der Umsetzung eines Erwerberkonzeptes zur Vorbereitung einer übertragenden Sanierung hat die Einigungsstelle ihrem Spruch daher nicht bereits die zukünftigen wirtschaftlichen Verhältnisse beim Erwerber, sondern die des Insolvenzschuldners zu Grunde zu legen.[621]

---

616 Vgl. m.w.N. *Annuß* in Richardi BetrVG, Anhang zu § 113, Rn. 4; Annuß, NZI 1999, 344 (348).

617 Vgl. *Annuß* in Richardi BetrVG, Anhang zu § 113, Rn. 4.

618 Vgl. Gaul, DB 2004, 1498 (1503); Wickler, Seite 96.

619 Vgl. zum Rückgriffsrecht des Insolvenzverwalters: IV.C.5.c); vgl. zur telelogischen Reduktion der Erwerberhaftung: IV.C.5.b).

620 Vgl. *Willemsen* in Willemsen, Umstrukturierung und Übertragung von Unternehmen, H, Rn. 119.

621 Vgl. *Cohnen/Tepass* in Moll, MAH Arbeitsrecht, § 51, Rn. 182 (siehe Fn. 411); Annuß/Stamer, NZA 2003, 1247 (1248).

6. Zwischenergebnis: Insolvenzrechtliche Besonderheiten bei der Umsetzung eines Erwerberkonzeptes

Die Regelungen der §§ 113 ff. InsO stellen in vielfacher Hinsicht einen zeitlichen und finanziellen Nutzen bei der Umsetzung von Betriebsänderungen dar, die ein Erwerber sich regelmäßig zu Nutze machen kann.

Die Regelung des § 113 InsO findet auch bei Kündigungen uneingeschränkt Anwendung, die der Insolvenzverwalter auf Grundlage eines Erwerberkonzeptes im Vorfeld einer übertragenden Sanierung ausspricht. Dies gilt auch für Arbeitsverhältnisse, die der Insolvenzverwalter erst nach der Verfahrenseröffnung mit Wirkung für die Masse neu begründet hat.

Sieht ein Erwerberkonzept im Vorfeld einer übertragenden Sanierung vor, dass der Insolvenzverwalter Betriebsvereinbarungen kündigen soll, die eine Belastung für die Masse darstellen, so ist auf diese Kündigungen § 120 InsO anwendbar.

Die Interessenausgleichsverhandlungen mit dem Betriebsrat des Insolvenzschuldners sind auf einen Drei-Wochen-Zeitraum ab rechtzeitiger und umfassender Unterrichtung beschränkt. Darüber hinaus besteht keine Notwendigkeit, in Bezug auf den Interessenausgleich ein Einigungsstellenverfahren durchzuführen, welches je nach Komplexität der Materie ebenfalls einen nicht unerheblichen Zeitraum in Anspruch nehmen kann. Das alternativ durchzuführende gerichtliche Zustimmungsverfahren ist darüber hinaus gemäß § 122 Abs. 2 Satz 3 InsO i.V.m. § 61a Abs. 3 bis 6 ArbGG vorrangig zu erledigen. Auch hier drohen daher keine langwierigen Prozesse.

Nach einem Betriebsübergang aus der Insolvenz haftet der Erwerber nicht für bereits entstandene Ansprüche übergehender Arbeitnehmer aus einem Sozialplan, den der Insolvenzverwalter vor dem Betriebsübergang abgeschlossen hat. Dies gilt auch dann, wenn die dem Sozialplan zu Grunde liegende Betriebsvereinbarung auf einem Konzept des Erwerbers beruht. In diesem Fall stehen dem Insolvenzverwalter im Innenverhältnis gegenüber dem Erwerber auch keine Rückgriffsansprüche für Sozialplanansprüche von Arbeitnehmern zu.

Bei der Dotierung eines zwischen Insolvenzverwalter und Betriebsrat nach der Insolvenzeröffnung und vor dem Betriebsübergang abgeschlossenen Sozialplan sind die Grenzen des § 123 InsO zu beachten. Dies gilt unabhängig davon, ob das der Betriebsänderung zu Grunde liegende Konzept ein solches des Insolvenzverwalters oder des Erwerbers ist und ob die Betriebsänderung vor oder nach dem Betriebsübergang durchgeführt werden soll. Innerhalb dieser Grenzen ist der Insolvenzverwalter nicht an § 112 Abs. 5 BetrVG gebunden. Für eine Einigungsstelle ist § 112 Abs. 5 BetrVG hingegen bindend. An die Stelle der Interessen des Unternehmens treten in der Insolvenz jedoch die Interessen der Gläubiger. Nichts anderes ergibt sich, sofern die Betriebsänderung auf einem Erwerberkonzept beruht. Für die Bewertung der wirtschaftlichen Vertretbarkeit des Sozialplans ist auch dann weiterhin auf die Verhältnisse beim Veräußerer abzustellen.

V. Ergebnisse

Im Rahmen einer übertragenden Sanierung handelt es sich bei einem Erwerberkonzept um ein unternehmerisches Sanierungskonzept des zukünftigen Betriebserwerbers, welches (zumindest teilweise) bereits vor der übertragenden Sanierung durch den Insolvenzverwalter umgesetzt werden kann. Die vorstehende Untersuchung hat gezeigt, dass die Umsetzung eines solchen Erwerberkonzeptes – insbesondere eine Kündigung auf Grundlage eines Erwerberkonzeptes – sowohl mit § 613a BGB als auch den Anforderungen des KSchG sowie der InsO in Einklang zu bringen ist. Die wesentlichen Ergebnisse der Untersuchung können wie folgt zusammengefasst werden:

1. Die Regelung des § 128 Abs. 1 InsO beinhaltet keine gesetzliche Anerkennung von Kündigungen auf Grundlage eines Erwerberkonzeptes.[622]
2. Der Umstand, dass die konzeptionelle Grundlage zur Kündigung von Mitarbeitern des zu erwerbenden Betriebes von dem zukünftigen Erwerber stammt, ist für die Wirksamkeit der Kündigung grundsätzlich unbeachtlich.
3. Die zur Druckkündigung entwickelten Grundsätze sind auf eine durch den Insolvenzverwalter auf Grundlage eines Erwerberkonzeptes ausgesprochene Kündigung nicht übertragbar.[623]
4. Die Durchführbarkeit des Erwerberkonzeptes beim zu übertragenden Betrieb ist keine Wirksamkeitsvoraussetzung einer Kündigung auf Grundlage eines Erwerberkonzeptes.[624]
5. § 613a Abs. 4 BGB stellt ein eigenständiges Kündigungsverbot i.S.d. § 13 Abs. 3 KSchG dar, welches in der Insolvenz uneingeschränkt Anwendung findet.[625] Für eine Kündigung, die ein Insolvenzverwalter auf Grundlage eines Erwerberkonzeptes ausspricht, gelten in Bezug auf § 613a BGB keine anderen Anforderungen als an eine Kündigung, die der Arbeitgeber außerhalb der Insolvenz ausspricht.[626]
6. Die Kündigung eines Arbeitsverhältnisses auf Grundlage eines Erwerberkonzeptes verstößt nur dann gegen § 613a Abs. 4 BGB, wenn objektive Umstände auf einen Betriebsübergang schließen lassen und die Kündigung durch diesen

622 Siehe oben: IV.C.4.b)(3)(b).
623 Siehe oben: I.B.3 sowie II.C.3.c).
624 Siehe oben: II.C.4.
625 Siehe oben: II.B.
626 Siehe oben: II.A.

Betriebsübergang motiviert ist. Im Anwendungsbereich des KSchG ist daher zu prüfen, ob durch die Umsetzung des Erwerberkonzeptes ein Kündigungsgrund i.S.d. § 1 KSchG vorliegt, der für sich genommen die Kündigung rechtfertigen kann. Sofern dies der Fall ist, verstößt die Kündigung nicht gegen § 613a Abs. 4 BGB. Außerhalb des Anwendungsbereichs des KSchG schränkt § 613a BGB die Kündigungsfreiheit des Arbeitgebers dahingehend ein, dass eine Kündigung nicht aufgrund eines Betriebsübergangs ausgesprochen werden darf. Jeder andere von der Rechtsordnung gebilligte Grund wäre hingegen zulässig. In Bezug auf § 613a BGB beschränkt sich der notwendige Inhalt eines Erwerberkonzeptes daher auf einen solchen von der Rechtsordnung gebilligten Grund zur Kündigung.[627]

7. Die unternehmerische Entscheidung zur Umsetzung eines Erwerberkonzeptes trifft der Insolvenzverwalter, nicht der Erwerber. Der Insolvenzverwalter macht sich das Sanierungskonzept insofern zu eigen, als er der Umsetzung zustimmt und selbst mit der Umsetzung des Erwerberkonzeptes beginnt.[628]
8. Die Kündigung auf Grundlage eines Erwerberkonzeptes ist materiell-rechtlich nicht als Kündigung des Erwerbers, sondern als betriebsbedingte Kündigung des Insolvenzverwalters zu prüfen.[629]
9. Für die Wirksamkeit einer Kündigung auf Grundlage eines Erwerberkonzeptes ist es nicht erforderlich, dass das Erwerberkonzept oder der Betriebsübergang bereits rechtlich verbindlich fixiert wurden. Maßgeblich ist allein, dass im Zeitpunkt des Zugangs der Kündigung die Prognose gerechtfertigt war, dass spätestens bei Ablauf der Kündigungsfrist der in Frage stehende Beschäftigungsbedarf entfallen sein wird.[630]
10. *Vertragsimmanente* und *kündigungssubstituierende* Weiterbeschäftigungsmöglichkeiten unterliegen nicht den gleichen Regelungsmechanismen. Beide Formen der Weiterbeschäftigungsmöglichkeit können aber entweder zur Unwirksamkeit der Kündigung oder zu einem Wiedereinstellungsanspruch des gekündigten Arbeitnehmers führen.[631]
11. Ist bei Ausspruch einer Kündigung bereits eine vertragsimmanente Weiterbeschäftigungsmöglichkeit absehbar, so besteht kein Arbeitskräfteüberhang und mithin auch keine betriebsbedingte Kündigungslage. Dies gilt unabhängig davon, ob es sich um eine entsprechende Beschäftigungsmöglichkeit vor oder nach dem Betriebsübergang bzw. beim Veräußerer oder Erwerber handelt. Maßgeblich ist allein, ob diese vom arbeitsvertraglichen Beschäftigungsanspruch des Arbeitnehmers umfasst wäre.[632]

627 Siehe oben: II.D.
628 Siehe oben: III.A.2.b).
629 Siehe oben: III.A.2.
630 Siehe oben: III.A.3.c).
631 Siehe oben: III.B.
632 Siehe oben: III.B.1.

12. *Kündigungssubstituierende* Weiterbeschäftigungsmöglichkeiten sind bei der Prüfung der Wirksamkeit der Kündigung des Insolvenzverwalters lediglich im übergehenden Betrieb bzw. Betriebsteil sowie im restlichen Unternehmen des übertragenden Rechtsträgers zu berücksichtigen. Andere freie Arbeitsplätze beim übernehmenden Rechtsträger haben hingegen keinen Einfluss auf die Wirksamkeit der Kündigung.[633]
13. Ändern sich die der Kündigung zu Grunde liegenden Verhältnisse nach Ausspruch der Kündigung, hat dies grundsätzlich keinen Einfluss auf die Wirksamkeit der Kündigung. Entsteht hierdurch eine *vertragsimmanente* oder *kündigungssubstituierende* Weiterbeschäftigungsmöglichkeit, die, hätte sie bereits bei Ausspruch der Kündigung bestanden, die Unwirksamkeit der Kündigung zur Folge gehabt hätte, so kann diese einen Wiedereinstellungsanspruch des gekündigten Arbeitnehmers begründen.[634]
14. *Kündigungssubstituierende* Weiterbeschäftigungsmöglichkeiten beim übernehmenden Rechtsträger begründen einen Wiedereinstellungsanspruch solcher Arbeitnehmer, die durch den Betriebsübergang in gekündigtem Zustand auf den Erwerber übergehen. Dies gilt auch dann, wenn die *kündigungssubstituierende* Weiterbeschäftigungsmöglichkeit bereits bei Zugang der Kündigung bestanden hat.[635]
15. Mangels spezieller gesetzlicher Regelungen ist die Sozialauswahl bei einer Kündigung des Insolvenzverwalters auf Grundlage eines Erwerberkonzeptes an § 1 Abs. 3 KSchG zu messen. Danach ist die Sozialauswahl und somit der Kreis der in die Sozialauswahl einzubeziehenden Arbeitnehmer betriebsbezogen ausgerichtet. Für die Bestimmung des auswahlrelevanten Personenkreises sind nicht die betrieblichen Strukturen maßgeblich, die im Zeitpunkt des Zugangs der Kündigung oder im Zeitpunkt des Ablaufs der Kündigungsfrist bestehen. Maßgeblich sind vielmehr die prognostizierten betrieblichen Strukturen, die nach der unternehmerischen Entscheidung im Zeitpunkt des prognostizierten Wegfalls des Arbeitsplatzes bestehen werden.[636]
16. Entfällt der Arbeitsplatz nach der unternehmerischen Entscheidung bereits vor dem Betriebsübergang, sind alle Arbeitnehmer des Betriebes des übertragenden Rechtsträgers in die Sozialauswahl einzubeziehen, in dem der Arbeitsplatz entfallen wird. In die Sozialauswahl könnten daher auch Arbeitnehmer des übertragenden Rechtsträgers einzubeziehen sein, die außerhalb der vom Betriebsübergang betroffenen Einheit beschäftigt werden. Hingegen wären Mitarbeiter des übernehmenden Rechtsträgers nicht in die Sozialauswahl einzubeziehen.[637]

633 Siehe oben: III.B.2.
634 Siehe oben: III.B.3.
635 Siehe oben: III.B.3.b).
636 Siehe oben: III.C.4.c).
637 Siehe oben: III.C.4.c).

17. Entfällt der Arbeitsplatz nach der unternehmerischen Entscheidung erst nach dem Betriebsübergang, ist die Sozialauswahl auf die Arbeitnehmer der übergehenden betrieblichen Einheit sowie auf andere Arbeitnehmer des übernehmenden Rechtsträgers auszudehnen, die im Zeitpunkt des prognostizierten Wegfalls des Arbeitsplatzes in dem selben Betrieb beschäftigt werden, in dem der Arbeitsplatz entfallen wird. Andere Arbeitnehmer des Betriebes des übertragenden Rechtsträgers, dem die zu übertragene Einheit vor dem Betriebsübergang kündigungsschutzrechtlich zugeordnet war, wären in die Sozialauswahl hingegen nicht einzubeziehen.[638]
18. Ob die Umsetzung eines Erwerberkonzeptes eine „besonders bedeutsame Rechtshandlung" i.S.d. § 160 InsO darstellt und somit die Zustimmung des Gläubigerausschusses bzw. der Gläubigerversammlung einzuholen ist, ist von dem konkreten Inhalt des Erwerberkonzeptes abhängig.[639] Spricht der Insolvenzverwalter Kündigungen auf Grundlage eines Erwerberkonzeptes aus, ohne die gegebenenfalls erforderliche Zustimmung des Gläubigerausschusses bzw. der Gläubigerversammlung einzuholen, ist dies für die Wirksamkeit der Kündigungen ohne Bedeutung.[640]
19. § 113 InsO findet auch bei Kündigungen uneingeschränkt Anwendung, die der Insolvenzverwalter auf Grundlage eines Erwerberkonzeptes im Vorfeld einer übertragenden Sanierung ausspricht. Sieht ein Erwerberkonzept die Kündigung solcher Arbeitnehmer vor, die der Insolvenzverwalter erst nach der Verfahrenseröffnung mit Wirkung für die Masse neu eingestellt hat, so findet auch auf diese § 113 InsO Anwendung, sofern individualvertraglich nicht etwas anderes vereinbart wurde.[641]
20. Sieht ein Erwerberkonzept im Vorfeld einer übertragenden Sanierung vor, dass der Insolvenzverwalter Betriebsvereinbarungen kündigt, die eine Belastung für die Masse darstellen, so ist auf eine entsprechende Kündigung § 120 InsO anwendbar.[642]
21. Die Regelungen der §§ 121, 122 InsO sind auch dann anwendbar, wenn der Insolvenzverwalter eine Betriebsänderung zur Vorbereitung einer übertragenden Sanierung vornimmt, die auf der Konzeption des Erwerbers beruht.[643]
22. Zur rechtzeitigen und umfassenden Unterrichtung des Betriebsrates im Rahmen von Interessenausgleichsverhandlungen muss der Insolvenzverwalter

638 Siehe oben: III.C.4.c).
639 Siehe oben: IV.B.1a).
640 Siehe oben: IV.B.1.d).
641 Siehe oben: IV.C.2.
642 Siehe oben: IV.C.3.
643 Siehe oben: IV.C.4(1).

dem Betriebsrat ein schriftliches Erwerberkonzept zuleiten, sofern ihm ein solches vorliegt.[644]

23. Sofern im Rahmen des § 122 InsO auf „die wirtschaftliche Lage des Unternehmens“ verwiesen wird, ist damit allein die wirtschaftliche Lage des Insolvenzschuldners gemeint. Auch bei der Umsetzung eines Erwerberkonzeptes ist die wirtschaftliche Situation des Erwerbers unbeachtlich. Des Weiteren sind auch nur die Belange der Arbeitnehmer des insolventen Betriebes berücksichtigungsfähig, nicht aber die Belange der Arbeitnehmer des Erwerbers.[645]
24. Gemäß § 128 Abs. 1 InsO wird die Anwendung der §§ 125 – 127 InsO nicht dadurch ausgeschlossen, dass die Betriebsänderung, die dem Interessenausgleich zu Grunde liegt, erst nach einer Betriebsveräußerung durchgeführt werden soll. D.h., auch wenn das Erwerberkonzept den Ausspruch von Kündigungen erst nach der übertragenden Sanierung vorsieht, kann sich der Erwerber weiterhin auf den bereits vor der Übertragung abgeschlossenen Interessenausgleich mit Namensliste berufen. Der Betriebserwerber kann sich nur auf die Rechtsfolge eines bereits durch den Insolvenzverwalter abgeschlossenen Interessenausgleichs i.S.d. § 125 InsO berufen, einen Interessenausgleichs i.S.d. § 125 InsO aber auch dann nicht selber abschließen, wenn die Interessenausgleichsverhandlungen bereits durch den Insolvenzverwalter begonnen wurden.[646]
25. Die Erwerberhaftung gemäß § 613a Abs. 2 und 3 BGB findet im Rahmen eines Insolvenzverfahrens nur eingeschränkt Anwendung. Dabei ist für die Haftungsbegrenzung nicht maßgeblich, ob es sich um Insolvenz- oder Masseverbindlichkeiten handelt, der Zeitpunkt der Insolvenzeröffnung ist mithin nicht entscheidend. Es kommt allein darauf an, ob eine Haftung des Erwerbers mit den in der InsO vorgesehenen Verteilungsgrundsätzen in Einklang zu bringen ist. Nach einem Betriebsübergang aus der Insolvenz haftet der Erwerber daher nicht für Insolvenzforderungen sowie für bereits entstandene Ansprüche übergehender Arbeitnehmer aus einem Sozialplan, den der Insolvenzverwalter vor dem Betriebsübergang abgeschlossen hat.[647]
26. Der Insolvenzverwalter kann im Innenverhältnis den zukünftigen Erwerber auch dann nicht gemäß §§ 670, 426 Abs. 1, 2 BGB auf Freistellung von Sozialplanansprüchen in Anspruch nehmen, wenn der Insolvenzverwalter auf Veranlassung des Erwerbers Kündigungen ausgesprochen hat.[648]

644 Siehe oben: IV.C.4(2).
645 Siehe oben: IV.C.4(3).
646 Siehe oben: IV.C.4.b)(3).
647 Siehe oben: II.A.3 sowie IV.C.5.
648 Siehe oben: IV.C.5.

27. Bei der Dotierung eines Sozialplans ist für die Anwendbarkeit des § 123 InsO in zeitlicher Hinsicht allein maßgeblich, dass der Sozialplan vom Insolvenzverwalter nach Eröffnung des Insolvenzverfahrens und vor dem Betriebsübergang auf den Erwerber abgeschlossen wurde. Unerheblich ist hingegen, wer die Betriebsänderung geplant hat und wann die Betriebsänderung durchgeführt werden soll.[649]
28. Auch im Rahmen eines Insolvenzverfahrens kann der Spruch der Einigungsstelle einen Sozialplan ersetzen. Die Einigungsstelle hat in diesem Fall die absolute und relative Sozialplangrenze des § 123 InsO zu beachten. Zudem ist von der Einigungsstelle auch § 112 Abs. 5 BetrVG mit der Modifikation zu beachten, dass an die Stelle der Unternehmensinteressen die Interessen der Gläubiger treten. Sofern es im Rahmen des § 112 Abs. 5 BetrVG auf die wirtschaftliche Vertretbarkeit des Sozialplans ankommt, hat die Einigungsstelle auch bei der Umsetzung eines Erwerberkonzeptes zur Vorbereitung einer übertragenden Sanierung ihrem Spruch nicht bereits die zukünftigen wirtschaftlichen Verhältnisse beim Erwerber, sondern die des Insolvenzschuldners zu Grunde zu legen.[650]

649 Siehe oben: IV.C.5.d)(1).
650 Siehe oben: IV.C.5.d)(2).

Literaturverzeichnis

Andres, Dirk / Leithaus, Rolf / Dahl, Michael	Insolvenzordnung, Kommentar, 1. Auflage, München, 2006 (zitiert als: Andres/Leithaus, InsO)
Annuß, Georg	Die Betriebsänderung in der Insolvenz (NZA 1999, Seite 344)
Annuß, Georg	§ 242 BGB als Fundament eines allgemeingültigen Kündigungs-schutzes? (BB 2001, 1898)
Annuß, Georg	Betriebsbedingte Kündigung und arbeitsvertragliche Bindung, Habilitation, Köln, 2004 (zitiert als: Annuß, Betriebsbedingte Kündigung)
Annuß, Georg / Lembke, Mark,	Arbeitsrechtliche Umstrukturierung in der Insolvenz, Köln 2005 (zitiert als: Annuß/Lembke: Arbeitsrechtliche Umstrukturierung)
Annuß, Georg / Stamer, Katrin	Die Kündigung des Betriebsveräußerers auf Erwerberkonzept (NZA 2003, Seite 1247)
Ascheid, Reiner	Die betriebsbedingte Kündigung – § 1 KSchG – § 54 AGB-DDR – § 613a IV 2 BGB (NZA 1991, Seite 873)
Ascheid, Reiner / Preis, Ulrich / Schmidt, Ingrid	Kündigungsrecht – Großkommentar zum gesamten Recht der Beendigung von Arbeitsverhältnissen, 3. Auflage, München 2007 (zitiert als: *Bearbeiter* in Ascheid, Kündigungsrecht)

Bamberger, Heinz Georg / Roth, Herbert	Beck'scher Online-Kommentar BGB (zitiert als: *Bearbeiter* in Bamberger/Roth, BeckOK BGB)
Balz, Ulrich / Arlinghaus, Olaf	Praxisbuch Mergers & Acquisitions, 2. Auflage, Landsberg am Lech, 2007 (zitiert als: Balz/Arlinghaus, Praxisbuch M&A)
Bayreuther, Frank	Anmerkung zu BAG v. 06.04.2006 (DB 2006, Seite 2128)
Bayreuther, Frank	„Betriebsübergang – Achillesferse der Betriebssanierung?“ In Heinrich, Christian (Herausgeber), Wirtschaft im Umbruch: Neue Aufgaben für die Arbeits- und Insolvenzrechtspraxis, 1. Auflage, Baden-Baden, 2010 (zitiert als: Bayreuther, Betriebsübergang – Achillesferse der Betriebssanierung?)
Becker, Christoph	Insolvenzrecht, 3. Auflage, Köln/München, 2010 (zitiert als: Becker, Insolvenzrecht)
Beckschulze, Martin	Der Wiedereinstellungsanspruch nach betriebsbedingter Kündigung (DB 1998, Seite 417)
Beisel, Wilhelm / Klumpp, Hans-Hermann	Der Unternehmenskauf, 6. Auflage, München 2009 (zitiert als: *Bearbeiter* in Beisel/Klumpp, Der Unternehmenskauf)
Berkowsky, Wilfried	Betriebsübergang und Kündigungsverbot nach § 613a BGB (DB 1983, Seite 2683)
Berkowsky, Wilfried	Beschäftigung, Weiterbeschäftigung und Sozialauswahl – Zur Systematik von Beschäftigungsmöglichkeit und Beschäftigungspflicht im Kündigungsrecht (NJW 1996, Seite 291)

Berkowsky, Wilfried	Die „Betriebsbezogenheit" der Sozialauswahl – Gesetzesbefehl oder Notbremse? (NZA 1996, Seite 290)
Berkowsky, Wilfried	Die betriebsbedingte Kündigung, 5. Auflage, München, 2002 (zitiert als: Berkowsky, Betriebsbedingte Kündigung (5. Auflage)
Berkowsky, Wilfried	Die betriebsbedingte Kündigung, 6. Auflage, München, 2008 (zitiert als: Berkowsky, Betriebsbedingte Kündigung)
Berkowsky, Wilfried	Kündigungsschutz außerhalb des KSchG – Eine Heraus-forderung für die Praxis (NJW 2009, Seite 113)
Berkowsky, Wilfried	Aktuelle arbeitsrechtliche Fragen in Krise und Insolvenz (NZI 2009, Seite 302)
Bernsau, Gregor / Dreher, Daniel / Hauck, Friedrich	Betriebsübergang – Kommentar zu § 613a BGB unter Einschluss von betriebsverfassungsrechtlichen und insolvenzrechtlichen Vorschriften, 3. Auflage, Köln, 2010 (zitiert als: *Bearbeiter* in Bernsau, Betriebsübergang)
Berscheid, Ernst-Dieter	Interessenausgleich mit Namensliste – Wiedereinstellungsanspruch bei Betriebsveräußerung im Konkurs (MDR 1998, Seite 1129)
Berscheid, Ernst-Dieter	Arbeitsverhältnisse in der Insolvenz, Recklinghausen, 1999 (zitiert als: Berscheid, Arbeitsverhältnisse)
Betteray, Wolfgang van / Gass Wolfram	Vorverträge, Asset Deals und Unternehmenskaufverträge in der Insolvenz (BB 2004, Seite 2309)

Bichlmeier, Wilhelm	§ 613a BGB und der Wiedereinstellungsanspruch in der Insolvenz (DZWIR 2006, Seite 89)
Blask, Stefan	Arbeitsrechtliche Strategien des Erwerbers beim Betriebsübergang aus der Insolvenz, Diplomarbeit, 1.Auflage, Norderstedt, 2006 (zitiert als: Blask)
Boemke, Burkhard / Tietze, Steffan	Insolvenzarbeitsrecht und Sozialplan (DB 1999, Seite 1389)
Boewer, Dietrich	Der Wiedereinstellungsanspruch – Teil 1 (NZA 1999, Seite 1121)
Boewer, Dietrich	Der Wiedereinstellungsanspruch – Teil 2 (NZA 1999, Seite 1177)
Borngräber, Helmut	Arbeitsverhältnis bei Betriebsübergang, Dissertation, Düsseldorf, 1977 (zitiert als: Borngräber)
Bram, Rainer / Rühl, Werner	Praktische Probleme des Wiedereinstellungsanspruchs nach wirksamer Kündigung (NZA 1990, Seite 753)
Braun, Eberhard	Insolvenzordnung, Kommentar, 4. Auflage, München, 2010 (zitiert als: *Bearbeiter* in Braun, InsO)
Braun, Stephanie	Die Fortgeltung von Betriebsvereinbarungen beim Betriebsübergang, Dissertation, Würzburg, 2006 (zitiert als: Braun, Fortgeltung von Betriebsvereinbarungen)
Bütefisch, Wylka	Die Sozialauswahl, Dissertation, Köln, 2000 (zitiert als: Bütefisch)
Caspers, Georg	Personalabbau und Betriebsänderung im Insolvenzverfahren, Köln, 1998 (zitiert als: Caspers)

Commandeur, Gert / Kleinebrink, Wolfgang	Gestaltungsgrundsätze im Anwendungsbereich des § 613a BGB – Möglichkeiten zur Übernahme einer Wunschmannschaft (NJW 2008, Seite 3467)
Däubler, Wolfgang	Das Arbeitsrecht 2, Ein Leitfaden für die Arbeitnehmer, Arbeitsplatz, Arbeitslosigkeit, Kündigung, 8. Auflage, Hamburg, 1991 (zitiert als: Däubler, Das Arbeitsrecht 2)
Däubler, Wolfgang / Kittner, Michael / Klebe, Thomas / Wedde, Peter	BetrVG – Betriebsverfassungsgesetz, 12. Auflage, Frankfurt am Main, 2010 (zitiert als: *Bearbeiter* in Däubler, BetrVG)
Deneke, Katharina	Die betriebsbedingte Kündigung im Rahmen der übertragenden Sanierung, Dissertation, Hamburg, 2009 (zitiert als: Deneke)
Diepenbroick-Grüter, Hagen, Freiherr von	Der Sozialplan in der Insolvenz, Dissertation, Hamburg, 2003 (zitiert als: Diepenbroick-Grüter)
Dornbusch, Gregor / Fischermeier, Ernst / Löwisch, Manfred	Fachanwaltskommentar Arbeitsrecht, 3. Auflage, Köln, 2010 (zitiert als: *Bearbeiter* in FAK Arbeitsrecht)
Eich, Rolf-Achim	Das Gesetz über die Gleichbehandlung von Männern und Frauen am Arbeitsplatz (NJW 1980, Seite 2329)
Elz, Dirk	Der Wiedereinstellungsanspruch des Arbeitnehmers nach Wegfall des Kündigungsgrundes, Dissertation, Köln, 2002 (zitiert als: Elz)
Ettwig, Bettina	Die betriebsbedingte Kündigung in der Insolvenz, Dissertation, Bonn, 2000 (zitiert als: Ettwig)

Etzel, Gerhard u.a.	KR – Gemeinschaftskommentar zum Kündigungsschutzgesetz und zu sonstigen kündigungsschutzrechtlichen Vorschriften, 9. Auflage, Köln, 2009 (zitiert als: *Bearbeiter* in KR)
Fitting, Karl u.a.	Betriebsverfassungsgesetz, Handkommentar, 25. Auflage, München, 2010 (zitiert als: Fitting, BetrVG)
Franzen, Martin	Die unternehmerische Entscheidung in der Rechtsprechung des BAG zur betriebsbedingten Kündigung (NZA 2001, Seite 805)
Fuchs, Hanns Michael	Die Stellung des Arbeitnehmers bei der Betriebsnachfolge nach dem Betriebsverfassungsgesetz vom 15. 1. 1972, Dissertation, Würzburg, 1974 (zitiert als: Fuchs)
Gaul, Björn	Das Arbeitsrecht der Betriebs- und Unternehmensaufspaltung, Köln, 2002 (zitiert als: Gaul, Arbeitsrecht der Betriebs- und Unternehmensaufspaltung)
Gaul, Björn / Bonanni, Andrea / Naumann, Julia	Betriebsübergang: Neues zur betriebsbedingten Kündigung aufgrund Erwerberkonzepts (DB 2003, Seite 1902)
Gaul, Björn / Otto, Björn	Unterrichtungsanspruch und Widerspruchsrecht bei Betriebsübergang und Umwandlung (DB 2002, Seite 634)
Germelmann, Claas-Hinrich	Arbeitsgerichtsgesetz, 7. Auflage, München 2009 (zitiert als: *Bearbeiter* in Germelmann, Arbeitsgerichtsgesetz)

Gottwald, Peter	Insolvenzrechts-Handbuch, 4. Auflage, München, 2010 (zitiert als: *Bearbeiter* in Gottwald, Insolvenzrechts-Handbuch)
Grunsky, Wolfgang	Arbeits- und sozialrechtliche Probleme der Unternehmenssanierung (ZIP 1982, Seite 772)
Grunsky, Wolfgang	Anmerkung zu BAG v. 26.05.1983 (AP Nr. 34 zu § 613a BGB)
Habscheid, Edgar J.	Neue Probleme zu Streitgegenstand, Rechtskraft und Präklusion im Kündigungsschutzprozeß, (RdA 1989, Seite 88)
Hagebusch, Alfred / Oberle, Thomas	Gläubigerbefriedigung durch Unternehmenssanierung: Die übertragende Sanierung – Eine Bestandsaufnahme vor dem Hintergrund jüngster InsO-Reformen (NZI 2006, Seite 618)
Hambitzer, Ulrich Max	Der Wiedereinstellungsanspruch des Arbeitnehmers nach wirksamer Kündigung, Dissertation, Bonn, 1987 (zitiert als: Hambitzer)
Hanau, Peter	Zur Kündigung von Arbeitsverhältnissen wegen Betriebsübergangs (ZIP 1984, Seite 141)
Hanau, Peter	Perversion und Prävention bei § 613a BGB (ZIP 1998, Seite 1817)
Hanau, Peter	Anmerkung zu BAG v. 10.12.1998 (ZIP 1998, Seite 324)
Hanau, Peter / Berscheid, Ernst-Dieter	„Übertragende Sanierung vor und in der Insolvenz“ in „Kölner Schrift zur Insolvenzordnung“, 2. Auflage, Herne/Berlin, 2000 (zitiert als: Hanau/Berscheid, Übertragende Sanierung vor und in der Insolvenz)

Hanau, Peter / Lorenz, Egon / Matthes, Hans-Christoph — Festschrift für Günther Wiese zum 70. Geburtstag, Neuwied / Kriftel, 1998
(zitiert als: *Bearbeiter* in Festschrift Wiese)

Heckelmann, Dieter — Die Entwicklung des arbeitsrechtlichen Schrifttums im Jahre 1972
(ZfA 1972, Seite 425)

Henkel, Andreas — Zur Anwendbarkeit von § 113 InsO bei Neu-Einstellungen durch den Insolvenzverwalter
(ZIP 2008, Seite 1265)

Henckel, Wolfram — Die Anpassung des Rechts der Betriebsübernahme (§ 613a BGB) an die Insolvenzsituation de lege lata und de lege ferenda
(ZGR 1984, Seite 225)

Herschel, Wilhelm — Kündigung bei Betriebsübergang
(DB 1984, Seite 612)

Hess, Harald — Insolvenzarbeitsrecht, 2. Auflage, Heidelberg, 2000
(zitiert als: Hess, Insolvenzarbeitsrecht)

Hilger, Marie Luise — Korreferat zu *Henckel, Wolfram*: „Die Anpassung des Rechts der Betriebsübernahme (§ 613a BGB) an die Insolvenzsituation de lege lata und de lege ferenda“ in ZGR 1984, Seite 225
(ZGR 1984, Seite 258)

Hillebrecht, Wilfried — Der Bestandsschutz des Arbeitsverhältnisses im Zusammenhang mit § 613a BGB
(NZA 1989 Beilage 4, Seite 10)

Hommel, Ulrich / Knecht, Thomas C. / Wohlenberg, Holger — Handbuch Unternehmensrestrukturierung, 1. Auflage, Wiesbaden, 2006
(zitiert als: *Bearbeiter* in Hommel/Knecht/Wohlenberg, Handbuch Unternehmensrestrukturierung)

Hoyningen-Huene, Gerrick von / Linck, Rüdiger	Kündigungsschutzgesetz, 14. Auflage, München, 2007 (zitiert als: Hoyningen-Huene/Linck, Kündigungsschutzgesetz)
Hüper, Rolf	Der Betrieb im Unternehmerzugriff – Arbeitnehmerinteresse und Mitbestimmung bei Betriebsübergang, Betriebsaufspaltung und Betriebsparzellierung, Frankfurt a.M., 1986 (zitiert als: Hüper)
Jauernig, Othmar u.a	Bürgerliches Gesetzbuch, 13. Auflage, München, 2009 (zitiert als: *Bearbeiter* in Jauernig, BGB)
Kalb, Heinz-Jürgen	9. Landestagung Bremen des Deutschen Arbeitsgerichtsverbandes (RdA 2004, Seite 188)
Kappenhagen, Markus	Kommentierung zu BAG vom 20.03.2003 (BB 2003, Seite 2182)
Kindscher, Reinhard	Die Kündigung wegen Betriebsübergangs, Dissertation, Münster, 1999 (zitiert als: Kindscher)
Kirchhoff, Hans-Peter / Lwowski, Hans-Jürgen / Stürner, Rolf	Münchener Kommentar zur Insolvenzordnung, Band II, 2. Auflage, München, 2008 (zitiert als: *Bearbeiter* in Münchener Kommentar InsO)
Kittner, Michael / Däubler, Wolfgang / Zwanziger, Bertram	KSchR – Kündigungsschutzrecht, 8. Auflage, Frankfurt am Main, 2011 (zitiert als: *Bearbeiter* in Kittner, KSchR)
Kleinebrink, Wolfgang	Ermittlung von Unterhaltspflichten des Arbeitnehmers vor Sozialauswahl und Betriebsratsanhörung (DB 2005, Seite 2522)
Klöver, Karen	Der Sozialplan im Konkurs, Dissertation, Frankfurt am Main, 1993 (zitiert als: Klöver)

Klopp, Onno / Mokros, Ute — Rechtslage des Arbeitnehmers bei Insolvenz seines Arbeitgebers, 1. Auflage, Berlin, 2006 (zitiert als: Klopp/Mokros, Rechtslage des Arbeitnehmers)

Kluth, Thomas — Die „übertragende Sanierung" – Risiken und Nebenwirkungen einer Packungsbeilage zur Unternehmensveräußerung in der Insolvenz (NZI 2001, Seite 1)

Krebber, Sebastian — BAG: Einbeziehung in die Sozialauswahl bei bestehendem, in absehbarer Zeit aber auslaufendem Sonderkündigungsschutz – Besprechung des Urteils BAG v. 21.4.2005 – 2 AZR 241/04 (RdA 2006, Seite 235)

Kreft, Gerhart — Insolvenzordnung, Kommentar, 5. Auflage, Heidelberg, 2008 (zitiert als: *Bearbeiter* in Kreft, InsO)

Kreitner, Jochen — Kündigungsrechtliche Probleme beim Betriebsinhaberwechsel, Dissertation, Heidelberg 1989 (zitiert als: Kreitner)

Kübler, Bruno M. / Prütting, Hanns — InsO – Kommentar zur Insolvenzordnung, Köln, Loseblattsammlung (zitiert als: *Bearbeiter* in Kübler/Prütting, InsO)

Küttner, Wolfdieter / Röller, Jürgen — Personalbuch 2010, 17. Auflage, München, 2010 (zitiert als: *Bearbeiter* in Küttner, Personalbuch)

Kwon, Hyok — Der Wiedereinstellungsanspruch nach betriebsbedingter Beendigung des Arbeitsverhältnisses, Dissertation, Marburg, 2006 (zitiert als: Kwon)

Laux, Rainer — Betriebsveräußerungen im Konkurs, Dissertation, Köln, 1993
(zitiert als: Laux)

Lakies, Thomas — Insolvenz und Betriebsänderungen
(BB 1999, Seite 206)

Lakies, Thomas — Vergütungsansprüche der Arbeitnehmer in der Insolvenz
(NZA 2001, Seite 521)

Lembke, Mark — Besonderheiten beim Betriebsübergang in der Insolvenz
(BB 2007, Seite 1333)

Leonhardt, Peter / Smid, Stefan / Zeuner, Mark — Insolvenzordnung, Kommentar, 3. Auflage, Stuttgart, 2010
(zitiert als: *Bearbeiter* in Leonhardt, InsO)

Lipinski, Wolfgang — Sonderkündigungsschutz bei Betriebsübergang, Dissertation, Regensburg, 2001
(zitiert als: Lipinski, Sonderkündigungsschutz)

Lipinski, Wolfgang — Reichweite der Kündigungskontrolle durch § 613a IV 1 BGB
(NZA 2002, Seite 75)

Löwisch, Manfred — Grenzen der ordentlichen Kündigung in kündigungsschutz-freien Betrieben
(BB 1997, Seite 782)

Loritz, Karl-Georg — Aktuelle Rechtsprobleme des Betriebsübergangs nach § 613a BGB
(RdA 1987, Seite 79)

Meinel, Gernod / Bauer, Thorsten — Der Wiedereinstellungsanspruch
(NZA 1999, Seite 575)

Menke, Thomas — Zum Betriebsübergang im Insolvenzeröffnungsverfahren und zum Verwertungsrecht des vorläufigen Insolvenzverwalters
(NZI 2003, Seite 522)

Meyer, Cord	Personalanpassung des Betriebsveräußerers auf Grund eines Erwerberkonzepteses (NZA 2003, Seite 244)
Moll, Wilhelm	Münchener Anwalts Handbuch Arbeitsrecht, 2. Auflage, München, 2009 (zitiert als: *Bearbeiter* in Moll, MAH Arbeitsrecht)
Moll, Wilhelm / Steinbach, Ute	Sozialauswahl im Rahmen einer betriebsbedingten Kündigung als Prognoseentscheidung (MDR 1997, Seite 711)
Morshäuser, Ralf / Falkner, Tobias	Unternehmenskauf aus der Insolvenz (NZG 2010, Seite 881)
Müller, Reiner	Eintritt des Erwerbers in die begonnene Betriebsänderung durch Personalabbau bei der übertragenden Sanierung (NZI 2009, Seite 153)
Müller-Bonanni, Thomas	Betriebsübergang – ja oder nein? – Die aktuelle Rechtsprechung zum Tatbestand des § 613a BGB (NZA-Beilage 2009, Seite 13)
Müller-Glöge, Rudi / Preis, Ulrich / Schmidt, Ingrid	Erfurter Kommentar zum Arbeitsrecht, 11. Auflage, München 2011 (zitiert als: *Bearbeiter* in Erfurter Kommentar)
Neef, Klaus	Korreferat zu *Henckel, Wolfram*: „Die Anpassung des Rechts der Betriebsübernahme (§ 613a BGB) an die Insolvenzsituation de lege lata und de lege ferenda“ in ZGR 1984, Seite 225 (ZGR 1984, Seite 264)
Neef, Klaus / Schrader, Peter	Arbeitsrechtliche Neuerungen im Insolvenzfall, 1. Auflage, München, 1998 (zitiert als: Neef/Schrader, Arbeitsrechtliche Neuerungen)

Nerlich, Jörg / Römermann, Volker	Insolvenzordnung, Loseblattsammlung, München, 2010 (zitiert als: Nerlich/Römermann, InsO)
Neumann-Duesberg, Horst	Arbeitgeberkündigung bei Betriebsübergang (NJW 1972, Seite 665)
Nicolai, Andrea / Noack, Stefanie	Grundlagen und Grenzen des Wiedereinstellungsanspruchs (ZfA 2000, Seite 87)
Oetker, Hartmut	Gibt es einen Kündigungsschutz außerhalb des Kündigungsschutzgesetzes? (AuR 1991, Seite 41)
Oetker, Hartmut	Der arbeitsrechtliche Bestandsschutz unter dem Firmament der Grundrechtsordnung, Stuttgart, 1996 (zitiert als: Oetker, Der arbeitsrechtliche Bestandsschutz)
Oetker, Hartmut	Der Wiedereinstellungsanspruch des Arbeitnehmers bei nachträglichem Wegfall des Kündigungsgrundes (ZIP 2000, Seite 643)
Oetker, Hartmut / Friese, Birgit	Massebelastende Betriebsvereinbarungen in der Insolvenz (§ 120 InsO) (DZWIR 2000, Seite 397)
Oetker, Hartmut / Friese, Birgit	Der Interessenausgleich in der Insolvenz (I) (DZWIR 2001, Seite 133)
Oetker, Hartmut / Friese, Birgit	Der Interessenausgleich in der Insolvenz (II) (DZWIR 2001, Seite 177)
Oetker, Hartmut / Friese, Birgit	Der Sozialplan in der Insolvenz (DZWIR, 2001, Seite 265)
Ott, Wolfgang / Göpfert, Burkhard Jörg	Unternehmenskauf aus der Insolvenz, 1. Auflage, Wiesbaden, 2005 (zitiert als: Ott/Göpfert, Unternehmenskauf)

Palandt, Otto	Bürgerliches Gesetzbuch, 70. Auflage, München, 2011 (zitiert als: *Bearbeiter* in Palandt, BGB)
Pfefferle, Markus	Der Betriebsübergang (§ 613 a BGB) als Dealbreaker?, Hamburg, 2009 (zitiert als: Pfefferle, Betriebsübergang)
Picot, Gerhard / Schnitker, Elmar	Arbeitsrecht bei Unternehmenskauf und Restrukturierung, München 2001 (zitiert als: Picot/Schnitker)
Plössner, Michael	Der (Teil-)Betriebsübergang im Insolvenzverfahren nach der neueren nationalen wie gemeinschaftsrechtlichen Rechtsprechung (NZI 2003, Seite 401)
Posth, Martin	Arbeitsrechtliche Probleme beim Betriebsinhaberwechsel (§ 613a BGB), Dissertation, Berlin, 1977 (zitiert als: Posth)
Preis, Ulrich	Prinzipien des Kündigungsrechts bei Arbeitsverhältnissen, Dissertation, München, 1987 (zitiert als: Preis, Prinzipien des Kündigungsrechts)
Preis, Ulrich	Autonome Unternehmerentscheidung und „dringendes betriebliches Erfordernis" (NZA 1995, Seite 241)
Preis, Ulrich	Der Kündigungsschutz außerhalb des Kündigungsschutzgesetzes (NZA 1997, Seite 1256)
Preis, Ulrich	Legitimation und Grenzen des Betriebsbegriffes im Arbeitsrecht (RdA 2000, Seite 257)
Preuß, Nicola	„Missbrauch der Vertretungsmacht" des Insolvenzverwalters (NZI 2003, Seite 625)

Pünnel, Leo / Wenning-Morgenthaler, Martin — Die Einigungsstelle, 5. Auflage, Köln, 2009 (zitiert als: Wenning-Morgenthaler, Die Einigungsstelle)

Raab, Thomas — Der Wiedereinstellungsanspruch des Arbeitnehmers bei Wegfall des Kündigungsgrundes (RdA 2000, Seite 147)

Raab, Thomas — Anmerkung zum Urteil des BAG v. 28.6.2000 (RdA 2001, Seite 248)

Rebmann, Kurt / Säcker, Franz Jürgen / Rixecker, Roland (Herausgeber) — Münchener Kommentar zum Bürgerlichen Gesetzbuch
– Band 4, 5. Auflage, München, 2009
(zitiert als: *Bearbeiter* in Münchener Kommentar BGB)

Richardi, Reinhard — Sozialplan und Konkurs, Düsseldorf, 1975 (zitiert als: Richardi, Sozialplan und Konkurs)

Richardi, Reinhard — Die Anwendbarkeit des § 613a BGB bei Betriebserwerb und Neugründung von Unternehmen in den neuen Bundesländern (NZA 1991, Seite 289)

Richardi, Reinhard — Betriebsverfassungsgesetz, 12. Auflage, München, 2010 (zitiert als: *Bearbeiter* in Richardi, BetrVG)

Richardi, Reinhard / Wissmann, Hellmut / Wlotzke, Otfried / Oetker, Hartmut — Münchener Handbuch zum Arbeitsrecht
– Band 1: 3. Auflage, München 2009
– Band 2: 3. Auflage, München 2009
(zitiert als: *Bearbeiter* in Münchener Handbuch Arbeitsrecht)

Ricken, Oliver — Grundlagen und Grenzen des Wiedereinstellungsanspruchs (NZA 1998, Seite 460)

Salamon, Erwin / Hoppe, Christian — Die Maßgabe der fortbestehenden Organisationsstrukturen für den Betriebsteilübergang nach „Klarenberg" (NZA 2010, Seite 989)

Schaub, Günter	Rechtsprobleme des Betriebsübergangs (ZIP 1984, Seite 272)
Schaub, Günter (u.a.)	Arbeitsrechts-Handbuch, 13. Auflage, München 2009 (zitiert als: *Bearbeiter* in Schaub, Arbeitsrechts-Handbuch)
Schiefer, Bernd	Die Sozialauswahl bei der betriebsbedingten Kündigung (NZA-RR 2002, Seite 169)
Schlachter, Monika	Entwicklungen im Individualarbeitsrecht unter dem Einfluss der Rechtsprechung des EuGH – erforderliche und entbehrliche Veränderungen (RdA-Beilage 2009, Seite 31)
Schmitt, Karsten	Organverantwortlichkeit und Sanierung im Insolvenzrecht der Unternehmen (ZIP 1980, Seite 328)
Schmitt, Heidi	Übergang der Arbeitsverhältnisse und Haftung des Betriebserwerbers gemäß § 613a BGB bei Betriebsveräußerung durch den Konkursverwalter (BB 1978, Seite 1724)
Schrader, Peter / Straube, Gunnar	Insolvenzarbeitsrecht, 1. Auflage, München 2008 (zitiert als: Schrader/Straube, Insolvenzarbeitsrecht)
Schubert, Claudia	Der Wiedereinstellungsanspruch des Arbeitnehmers nach betriebsbedingter Kündigung in der Insolvenz (ZIP 2002, Seite 554)
Schumacher-Mohr, Marion	Zulässigkeit einer betriebsbedingten Kündigung durch den Veräußerer bei Betriebsübergang (NZA 2004, Seite 629)

Seiter, Hugo	Betriebsinhaberwechsel – arbeitsrechtliche Auswirkungen eines Betriebsübergangs unter besonderer Berücksichtigung des § 613 a BGB i.d.F. vom 13. August 1980, Stuttgart 1980 (zitiert als: Seiter)
Sieger, Jürgen / Hasselbach, Kai	Veräußererkündigung mit Erwerberkonzept (DB 1999, Seite 430)
Spickhoff, Andreas	Insolvenzzweckwidrige Rechtshandlungen des Insolvenzverwalters (KTS 2000, Seite 15)
Spinner, Günter	Die Rechtsprechung des Bundesarbeitsgerichts zur Sozialauswahl (RdA 2008, Seite 153)
Staudinger, Julius von	Kommentar zum Bürgerlichen Gesetzbuch, Berlin, Neubearbeitung 2004 (zitiert als: *Bearbeiter* in Staudinger, BGB)
Stahlhacke, Eugen / Preis, Ulrich / Vossen, Reinhard	Kündigung und Kündigungsschutz im Arbeitsverhältnis, 10. Auflage, München, 2010 (zitiert als: *Bearbeiter* in Stahlhacke, Kündigung und Kündigungsschutz)
Strümpell, Phillip	Die übertragende Sanierung innerhalb und außerhalb der Insolvenz, Dissertation, München, 2006 (zitiert als: Strümpell)
Uhlenbruck, Wilhelm	Insolvenzordnung, Kommentar, 13. Auflage, München, 2010 (zitiert als: *Bearbeiter* in Uhlenbruck, InsO)
Undritz, Sven-Holger	Restrukturierung in der Insolvenz (ZGR 2010, Seite 201)
Vossen, Reinhard	Die betriebsbedingte Kündigung durch den bisherigen Arbeitgeber aus Anlaß des Betriebsübergangs (BB 1984, Seite 1557)

Wellensiek, Jobst	Übertragende Sanierung (NZI 2002, Seite 233)
Wellensiek, Jobst	Probleme bei der Betriebsveräußerung aus der Insolvenz (NZI 2005, Seite 603)
Wickler, Peter	Die Arbeitgeberkündigung beim rechtsgeschäftlichen Betriebsinhaberwechsel, Dissertation, Frankfurt am Main, 1985 (zitiert als: Wickler)
Wiese, Günther u.a.	Gemeinschaftskommentar zum Betriebsverfassungsrecht, 9. Auflage, Köln, 2010 (zitiert als: *Bearbeiter* in GK-BetrVG)
Willemsen, Heinz Josef	Die Kündigung wegen Betriebsübergangs (ZIP 1983, Seite 411)
Willemsen, Heinz Josef	Europäisches und deutsches Arbeitsrecht im Widerstreit? (NZA Beilage 4/2008, Seite 155)
Willemsen, Heinz Josef	Erneute Wende im Recht des Betriebsübergangs – ein „Christel Schmidt II"-Urteil des EuGH? (NZA 2009, Seite 289)
Willemsen, Heinz Josef / Hohenstatt, Klaus-Steffan	Zur umstrittenen Bindungs- und Normwirkung des Interessenausgleichs (NZA 1997, Seite 345)
Willemsen, Heinz Josef / Hohenstatt, Klaus-Steffan / Schweibert, Ulrike / Seibt, Christoph	Umstrukturierung und Übertragung von Unternehmen – Arbeitsrechtliches Handbuch, 3. Auflage, München, 2008 (zitiert als: *Bearbeiter* in Willemsen, Umstrukturierung und Übertragung von Unternehmen)
Willemsen, Heinz Josef / Tiesler, Ralf-Dietrich	Interessenausgleich und Sozialplan in der Insolvenz, Köln, 1995 (zitiert als: Willemsen/Tiesler, Interessenausgleich und Sozialplan)

Wimmer, Klaus	Frankfurter Kommentar zu Insolvenzordnung, 6. Auflage, Köln, 2011 (zitiert als: *Bearbeiter* in FK-InsO)
Wissmann, Tim / Schneider, David	Europa hat gesprochen: Betriebsübergang ohne Erhalt der organisatorischen Einheit! (BB 2009, Seite 1126)
Wollenschläger, Michael	Arbeitsrecht, 3. Auflage, Köln, 2010 (zitiert als: Wollenschläger, Arbeitsrecht)
Wolff, Andreas	Die Gestaltungsformen des Sozialplans, Dissertation, Berlin 2003 (zitiert als: Wolff)
Zöllner, Wolfgang / Loritz, Karl-Georg / Hergenröder, Curt Wolfgang	Arbeitsrecht, 6. Auflage, München, 2008 (zitiert als: Zöllner, Arbeitsrecht)
Zwanziger, Bertram	Kommentar zum Arbeitsrecht der Insolvenzordnung, 4. Auflage, Frankfurt am Main, 2010 (zitiert als: Zwanziger, Arbeitsrecht der InsO)
Zwanziger, Bertram	Neue Tatsachen nach Zugang einer Kündigung (BB 1997, Seite 42)

Schriften zum deutschen und europäischen Arbeitsrecht

Herausgegeben von Frank Bayreuther

Band 1 Petra Hamann: Die Kündigung wegen häufiger Kurzerkrankungen. 2009.

Band 2 Robert K. Strecker: „Turboprämie" und Sozialplan. 2009.

Band 3 Julia Rath: Die pauschale Abgeltung von Überstunden im Arbeitsvertrag. 2010.

Band 4 Jens Jensen: Der Freiwilligkeitsvorbehalt bei Entgeltleistungen. Rechtsdogmatik und AGB-Kontrolle. 2010.

Band 5 Enrico Meier: Die unterlassene Änderungskündigung als Unwirksamkeitsgrund der Beendigungskündigung. 2011.

Band 6 Jonas Zäh: Die arbeitsrechtlichen Aspekte des § 11 Wertpapiererwerbs- und Übernahmegesetz. Unter Berücksichtigung der Frage, unter welchen Voraussetzungen der Bieter bei einem öffentlichen Angebot i.S.d. WpÜG verpflichtet ist, Angaben zu seinen Absichten zu machen. 2011.

Band 7 Claudia Voggenreiter: Betriebliche Mitbestimmung im Diskriminierungsrecht. 2011.

Band 8 Lars Weinbrenner: Der Sonderkündigungsschutz im Pflegezeitgesetz. 2011.

Band 9 Julian Schmidt: Quotenorientierte Einstellungs- und Beförderungsentscheidungen nach § 5 AGG. Eine rechtsvergleichende Untersuchung positiver Maßnahmen und US-amerikanischer Affirmative Action. 2012.

Band 10 Hendrik Gülker: Die Geltungserstreckung günstigerer Tarifverträge im Anwendungsbereich des AentG. Eine verfassungsrechtliche Analyse. 2012.

Band 11 Steffen Jankowiak: Das behördliche Betriebsübergangsverlangen nach Art. 4 Abs. 5 Verordnung (EG) Nr. 1370/2007 bei der Vergabe von Aufträgen im öffentlichen Personenverkehr. 2012.

Band 12 Falko Daub: Das Erwerberkonzept. Arbeitsrechtliche Aspekte von Erwerberkonzepten bei der übertragenden Sanierung. 2013.

www.peterlang.de

www.ingramcontent.com/pod-product-compliance
Ingram Content Group UK Ltd.
Pitfield, Milton Keynes, MK11 3LW, UK
UKHW022101051026
15623UKWH00003B/599

9 783631 634721